走进科普世界

JIAN HAI DE AOMI

舰海的奥秘

李国斌◎主编

哈尔滨工程大学出版社
Harbin Engineering University Press

图书在版编目（CIP）数据

舰海的奥秘 / 李国斌主编. -- 哈尔滨 : 哈尔滨工程大学出版社, 2018.8

ISBN 978-7-5661-2025-0

Ⅰ. ①舰… Ⅱ. ①李… Ⅲ. ①船舶—青少年读物②海洋—青少年读物 Ⅳ. ①U674-49 ②P7-49

中国版本图书馆CIP数据核字(2018)第154283号

策划编辑 张玮琪
责任编辑 史大伟
封面设计 刘乙睿

出版发行 哈尔滨工程大学出版社
社　　址 哈尔滨市南岗区南通大街145号
邮政编码 150001
发行电话 0451-82519328
传　　真 0451-82519699
经　　销 新华书店
印　　刷 哈尔滨市石桥印务有限公司
开　　本 787 mm×1 092 mm　1/16
印　　张 17.25
字　　数 297千字
版　　次 2018年8月第1版
印　　次 2018年8月第1次印刷
定　　价 49.00元

http://www.hrbeupress.com
E-mail:heupress@hrbeu.edu.cn

内容简介

《舰海的奥秘》由哈尔滨市老科学技术工作者协会组织编撰，系“走进科普世界”系列丛书之一。本书由哈尔滨工程大学从事舰船与海洋专业的资深专家和学界带头人编写，旨在面向青少年及公众普及舰船与海洋科学知识，是提高全民科学素质的科普读物。本书用深入浅出、图文并茂的形式，向读者逐一揭示了海洋与舰船、航空母舰、驱逐舰等水面战舰、潜艇与潜器、舰船动力、舰船导航与控制、舰船雷达通信与声呐、战舰隐身与海战兵器等八个方面的奥秘，既通俗易懂，又具有很强的权威性，将对读者了解海洋与人类的关系，了解船舶尤其世界各国的战舰，认识新世纪“海上丝绸之路”的意义，携手建设海洋强国有所帮助。

走进科普世界——《舰海的奥秘》编写人员

主　编

李国斌

副主编

黄　胜　王芝秋　张树侠

田　坦　刁秋庭　韩伟实　魏　澣

编　委

毕志华　张淑茳　于凯秋

于　凯　付明玉　孟繁荣

姚绪梁　刘　厂　李　慧　徐　博

走进科普世界——《舰海的奥秘》序

当我六周岁对这个世界仍混然不知时，母亲已为我安排了一所好小学，其特点是每两周有一次劳作课，劳作间配有锯、锉等成套工具，第一课就是为自己做了一双木拖鞋。渐渐地，与几个兴趣相投的同学决定合作做一个用橡皮筋作动力的船模并到小河里试航，后来又升级做了个电动的。凭着小学时的兴趣，考大学时选择了上海交通大学船舶动力系，毕业后又分配至舰船动力研究所，实现了幼时的梦想。相信也会有年轻的读者在读了《舰海的奥秘》后，决意努力加入这支队伍。

正因为如此，我很愿意成为这本书的首读者，并为之作序。在通俗基础上具有权威性，有趣的同时会激发对科技的热情，这是本书的特色。还要感谢并钦敬诸位作者所做的有意义的工作，他们都是各自领域的专家，有些老者已年逾七旬或至耄耋之年，却仍愿意埋头做科普的工作，为新时代的强国梦再献心力。而哈尔滨市老科学技术工作者协会多年来坚持做公益的科普工作，每年推出一本科普书籍，相信也会渐见成效的。

中国船舶重工集团公司

第七〇三研究所

中国工程院士 闻雪友

二〇一八年六月于上海

目 录

第一章 海洋与舰船的奥秘

第二章　航空母舰的奥秘

第三章 驱逐舰等水面战舰的奥秘

第四章　潜艇与潜器的奥秘

第五章　心脏——舰船动力的奥秘

第六章　大脑与手足——舰船导航与控制的奥秘

第七章 千里眼与顺风耳——舰船雷达、通信与声呐的奥秘

第八章 战舰隐身与海战兵器的奥秘

舰 海

Haiyang Yu Jianchuan De Aomi

一 海洋与舰船的奥秘

第一章　海洋与舰船的奥秘

1. 海洋是怎样形成的?

科学研究表明，远在50亿年前，从太阳星云中分离出一些大小不同的星云团。这些星云团一边自转，一边绕太阳旋转。它们在运动过程中互相碰撞，有些星云团就互相结合，逐渐由小变大，形成原始的地球。由于星云团间存在引力，它们在碰撞过程中又急剧地收缩。又因为这种原始地球内部有放射性元素，它们在蜕变时使其内部不断加温。当达到一定温度后，原始地球内的金属物质（例如铁、镍）开始熔解。这些较重的金属物质，在重力作用下下沉，向地心集中，形成地核；较轻的物质则上浮，形成地壳和地幔。在高温的作用下，原始地球内部的水分汽化，并与其他气体一起往外冲。但是因为有地心引力，这些气体不会跑出地球，只是围绕地球形成汽、水合一的一层“浮云”。

此时的地球内外温度均很高。随着时间的推移，地壳逐渐冷却并凝结。因地球内部温度极高，内部物质激烈运动，位于地表的一层地壳，在冷却凝结过程中，不断受到地球内部剧烈运动的冲击和挤压，因而变得褶皱不平。一旦将地壳挤破就会发生地震与火山爆发，甚至喷出岩浆。开始，这种现象发生比较频繁，后来逐渐变少，最后慢慢稳定下来。这种轻重物质的分化、大改组的历程，经历了5亿年左右。

地壳经过长时间冷却定形之后，表面皱纹密布，凹凸不平，高山、平原、河床、海盆，各种地形都有了。此时天空的水气和大气还混成一体。随着地壳进一步冷却，大气温度慢慢降低，水气以空气中的尘埃和火山灰为结晶核，变成水滴，且愈积愈多落到地面，形成滔滔洪水，经过很长时间，汇成巨大水体便形成了原始海洋。

原始海洋里的水并不是咸的，经过水量和盐分的逐渐增加及地质的沧桑巨变，最后演变成今天的海洋。

2. 海和洋有什么区别？

海和洋是有区别的。

洋是海洋的中心部分，是海洋的主体。世界大洋的总面积，约占海洋面积的89%。大洋的特点是水很深，一般在3 000米以上，最深处达1万多米。大洋离陆地遥远，它的水分和盐度的变化不大，也不受陆地的影响。大洋的水中杂质很少，呈深蓝色，且十分透明。每个大洋都有自己独特的洋流和潮汐系统。世界上的大洋共有4个，分别是太平洋、印度洋、大西洋、北冰洋。

海在洋的边缘，是大洋的附属部分。海的面积约占海洋的11%。海的特点是水不是很深，浅的几米，深的也在3 000米以内。海没有自己独立的潮汐与海流。由于海临近大陆，因而受大陆河流、气候和季节的影响，海水的温度、含盐度、颜色和透明度，都受陆地影响。夏季，海水温度上升，冬季水温降低，甚至还要结冰。在江河入海的地方，或多雨的季节，海水还会变淡。由于陆地河流夹带着泥沙入海，近岸海水就混浊不清，透明度极低。如果你到长江入海口（吴淞口）去看看，就会看到入海口处的海水甚至有明显的分界线：口内海水浑浊、黄沙滚滚，而口外海水就比较清澈。

海可以分为边缘海、内陆海和地中海。边缘海既是海洋的边缘，又是临近大陆的前沿。这类海与大洋联系广泛，大多由一群海岛将它与大洋分开。像我国的东海、南海就是太平洋的边缘海。内陆海是位于大陆内部的海，如欧洲的波罗的海等。地中海是几个大陆之间的海，水一般比内陆海深。世界主要的海有接近50个，太平洋最多，大西洋次之，印度洋和北冰洋则相差不多。

3. 世界上四大洋各有什么特色?

从太空望去，我们生活的地球是一颗蔚蓝色的星球，因为它表面的70%都为浩瀚的海洋所覆盖。现在人们一般把这片广袤的海域分为四大洋。

大洋之冠——太平洋

太平洋是地球第一大洋，覆盖着地球约46%的水面及约32.5%的总面积，是地球上最大、最深和岛屿最多的洋。太平洋跨度从南极大陆海岸延伸至白令海峡，在亚洲、大洋洲、北美洲、南美洲和南极洲之间。东西最宽达19 500千米，南北最长15 800千米，面积为1.556亿平方千米，占世界大洋总面积的一半以上。太平洋平均深度约为4 028米，超万米的6个深海沟全在太平洋。

太平洋岛屿众多，主要分布于西部和中部海域，按性质分为大陆岛和海洋岛两大类。大陆岛一般在地质构造上与大陆有联系，如日本群岛、台湾岛、菲律宾群岛、印度尼西亚群岛等。海洋岛分为火山岛和珊瑚岛。太平洋中部偏西广大海域，自西向东有三大群岛：美拉尼西亚、密克罗尼西亚和玻里尼西亚。

S型的大洋——大西洋

大西洋是世界第二大洋，约占地球表面积的20%，约9 165万平方千米，位于欧洲、非洲与南北美洲和南极洲之间。根据大西洋的风向、洋流、气温等情况，通常将北纬5度作为南北大西洋的分界。此外，大西洋还有数个附属海，较大的如地中海、加勒比海、北海、波罗的海、墨西哥湾等。

大西洋在世界航运中处于极为重要的地位，它西通巴拿马运河连接太平洋，东穿直布罗陀海峡，经地中海、苏伊士运河通向印度洋，北连北冰洋，南接南极海域，航路四通八达，十分便利。同时大西洋沿岸几乎都是各大洲最发达的地区、经济水平较高的资本主义国家，贸易、经济交往频繁，是世界环球航运体系中的重要环节和枢纽。

战略要冲——印度洋

印度洋介于亚洲、大洋洲、非洲和南极洲之间，大部分位于南半球。印度洋总面积为7 491万平方千米，居四大洋的第三位。印度洋的战略地位十分重要。首先，它是贯通亚洲、非洲和大洋洲的重要通道。往西经红海和苏伊士运河，通过地中海可进入大西洋；向西南绕过非洲南端也可直通大西洋；向东经过马六甲海峡和巽他海峡进入太平洋。其次，印度洋的石油运输线被称为西方“生命攸关的航线”。印度洋的石油资源十分丰富，尤其是海湾地区，被称为“世界油库”，迄今世界探明石油储量最多的5个国家全在海湾地区，分别是沙特阿拉伯、伊拉克、阿联酋、科威特和伊朗。

冰雪之洋——北冰洋

在地球的最北端，有一片以极地为中心、为欧亚和北美大陆所环抱的水域，它就是在世界四大海洋中排行第四的北冰洋。北冰洋被早期的水手们戏称北冰海，不仅是因为它的海水总面积仅有1 310万平方千米，只占世界海洋总面积的3.65%，而且形状也很像处于半封闭状态的地中海。直到1845年在伦敦世界地理学年会上，才被正式命名为北冰洋。

北冰洋的战略地位非常重要。越过北冰洋的空中航线是连接亚、欧、北美三大洲的捷径。在海上航线方面，北冰洋航路是连接大西洋和太平洋，沟通俄罗斯欧亚两部分的最短航线。

北冰洋还是战略核潜艇理想的活动场所。极厚的冰盖的遮蔽，使得水下航行的核潜艇免受空中飞机和侦察卫星的监视。浮冰和冰盖间的挤压和海水冲刷冰盖边缘产生的噪音，严重地干扰了声呐装置的探测，浮冰的漂流也妨碍了监听设备的跟踪，使潜艇水下航行不易被发现。

4. 我国有哪几个海？

你注意到我国海军士兵袖口和披肩上蓝色和白色的条纹了吗？你知道这些条纹代表什么意思吗?我国海军标志的条纹有四白三蓝，代表了我国的四大海域、三大舰队：渤海、黄海、东海和南海，以及北海舰队、东海舰队和南海舰队，如图1-1所示。

渤海旧称北海、直隶湾，是中国的内海。渤海面积7.7万平方千

图1-1 我国海军水兵袖口、披肩上的四白三蓝代表了我国的四大海域和三大舰队

米，平均水深18米。渤海由北部辽东湾、西部渤海湾、南部莱州湾、中央浅海盆地和渤海海峡五部分组成，通过渤海海峡与黄海相通。渤海海峡口宽约110千米。

黄海是太平洋西部的边缘海，位于中国大陆与朝鲜半岛之间，是一个南北向的半封闭浅海，总面积约38万平方千米，平均水深44米。西北以辽东半岛南端与山东半岛北岸蓬莱角连线为界，与渤海相连；南以中国长江口北岸启东嘴与韩国济州岛西南角连线为界，与东海相连，为东亚大陆架的一部分。黄海的名称来源于黄河的注入，河水中携带的大量泥沙把近岸的海水染成了黄色。

黄海以南的中国东方海域，长江口至琉球群岛都称东海。东海海域南接台湾海峡、北临黄海、东临太平洋。东海西部为大陆架，东部为大陆坡。东海海域面积约77万平方千米，东海大陆架平均水深为72米，最深处接近琉球群岛西侧，水深超过2 000米，是中琉界沟。

5. 海岛是怎么形成的?

在海洋上，星罗棋布地分布着无数大大小小的岛屿。岛，是指江海或湖泊里四面被水围着的面积较小的陆地；屿，则是小岛。在法律意义上，岛屿特指海上四面环水并在高潮时高于水面的自然形成的陆地区域，而且能维持人类居住或者本身的经济生活（指有可使用的食物、淡水和居住场所三个基本条件）。

岛屿按类型可分为海洋型（从海洋盆地底部升高到海面）和大陆型（大陆棚上那些被水包围但未被淹没的部分）；按岛屿的成因可分成大陆岛、火山岛、珊瑚岛和冲积岛四大类。

大陆岛。这是一种由大陆向海洋延伸露出水面的岛屿。世界上较大的岛基本上都是大陆岛。它是因地壳上升、陆地下沉或海面上升、海水侵入，或因陆块分裂漂移，使部分陆地与大陆分离而形成的。世界上最大的格陵兰岛及中国的台湾岛、海南岛，都是大陆岛。

火山岛。火山岛是因海底火山持久喷发，岩浆逐渐堆积，最后露出水面而形成的。火山岛按其属性分为两种：一种是大洋火山岛，它与大陆地质构造没有联系；另一种是大陆架或大陆坡海域的火山岛，它与大陆地质构造有联系，但又与大陆岛不尽相同，属大陆岛与大洋岛之间的过渡类型。

珊瑚岛。珊瑚岛分布在热带海洋中，与大陆的构造、岩性、地质演化历史没有关系，它是由活着的或已死亡的一种腔肠动物——珊瑚虫的礁体构成的一种岛。珊瑚岛是由热带、亚热带海洋中的珊瑚虫残骸及其他壳体动物残骸堆积而成的，主要集中于南太平洋和印度洋中。珊瑚礁有三种类型：岸礁、堡礁和环礁。

冲积岛。冲积岛（由于组成物质主要是泥沙，也称沙岛）是陆地的河流夹带泥沙搬运到海里，沉积下来形成的海上陆地。陆地的河流流速比较急，带着上游冲刷下来的泥沙流到宽阔的海洋后，流速慢了下来，泥沙就沉积在河口附近，积年累月，越积越多，逐步形成高出水面的陆地。中国长江入海口的崇明岛，就是一个很大的冲积岛。

6. 我国的岛礁是如何分布的？

中国的面积达500平方米以上的岛屿为6 536个，总面积72 800多平方千米，岛屿岸线长14 217千米，面积超过1 000平方千米的大岛有3个，分别是台湾岛、海南岛和崇明岛。东海约占岛屿总数的60%，南海约占30%，黄海、渤海约占10%。

基岩岛。由基岩构成的岛屿占中国岛屿总数的90%以上，它们受新华夏构造体系的控制，以群岛或列岛形式有规律地分布。台湾岛和海南岛是中国两个最大的基岩岛，第四纪冰期低海面时，台湾岛曾与大陆相连。

其他基岩岛屿分布在下列几个地区：

（1）辽东半岛沿海。长山列岛位于辽东半岛东南沿海，共50多座岛屿，可分为3个岛群：北为石城列岛，包括石城岛和大、小王家岛等；西南为长山列岛，包括大、小长山岛，广鹿岛等；南为外长山列岛，包括海洋岛、獐子岛等。

（2）山东半岛沿海。庙岛群岛位居渤海海峡，共有30多座岛屿，可分3个岛群：北岛群有南、北隍城岛和大、小钦岛；中岛群有砣矶岛、高山岛等；南岛群有南、北长山岛，大、小黑山岛，庙岛等。

（3）浙闽沿海。舟山群岛为中国最大的群岛，由大、小共1 339座岛屿组成，其中以舟山岛最大，面积472平方千米，为中国第四大岛。另外还有六横岛、朱家尖岛、普陀岛、岱山岛及泗礁岛等。

（4）华南沿海。万山群岛位于珠江口外，共有150多座岛屿，主要有香港岛，高栏岛，上、下川岛，担杆及万山等列岛。

（5）台湾附近海域。澎湖列岛位于台湾海峡南部，共64座岛屿，八罩水道分其为南、北两岛群。北岛群有澎湖、渔翁和白沙岛，组成澎湖港；南岛群有八罩岛、花屿和大屿等。澎湖列岛主要由玄武岩组成的火山岛，周围发育裾礁。

冲积岛。崇明岛位于长江口，面积1 083平方千米，为中国第三大岛，也是中国最大的冲积岛。百里洲位于长江中游荆江段首段，为全国第二大冲积岛。珠江河口沙岛或由河口心滩发育而成；或受基岩岛屿阻拦，在其隐蔽处积沙而成。

珊瑚礁岛。珊瑚礁岛主要分布在南海，由岛、沙、礁、滩组成的南海诸岛包括东沙、中沙、西沙和南沙四大群岛。

7. 为什么说海洋是地球气候的“调节器”？

什么原因使地球上的气候千变万化？科学家研究认为，主要是地球的大气受热状况和大气中水汽的多少，影响着地球的气候。

地球上的热量来自太阳，但是它辐射的热量通过大气时，只有很少一部分被大气直接吸收，大部分则照射在地球表面，使地球表面增温。地球表面增温后，会不断向外进行热辐射，大气吸收了这种热辐射后，气温便会有所升高。

然而，海洋对整个地球大气受热状况和水汽含量多少起到的影响比陆地要大得多。这是由于海洋占地球面积的70%以上，大气中的水汽主要来自海洋。海水蒸发时，会把大量的水汽从海洋带入大气，海洋的蒸发量大约占地表总蒸发量的84%。海洋每年约有100厘米厚的水层转化为蒸汽，也就是说，海洋每年将会把36 000亿立方米的水化为水蒸气。另一方面，海洋吸收太阳辐射的70%的热量，且其绝大部分贮存在海洋表层中。这些被贮存的能量将以潜热、长波辐射和热交换的形式输送给大气，驱动大气的运动。因此，海洋热状况的变化及海面蒸发的强弱都会对大气运动的状况产生重要影响，从而引起气候的变化。

如上所述，不难看出，海洋是地球大气热量和水汽的主要供应者。海洋的热状况和蒸发情况，直接左右着大气的热量和水汽的含量与分布，所以说海洋是地球气候的“调节器”。

8. 什么是厄尔尼诺现象？

“厄尔尼诺”是西班牙语“圣婴”的意思，主要指太平洋东部和中部热带海洋的海水温度异常地持续变暖，使整个世界气候模式发生变化，造成一些地区干旱而另一些地区又降雨量过多的气候现象。厄尔尼诺现象出现频率并不规则，平均约每4年发生一次。

19世纪初，在南美洲的渔民们发现，每隔几年，便会出现一股沿海岸南移的暖流，使表层海水温度明显升高，性喜冷水的鱼类就会大量死亡，使渔民们遭受灭顶之灾。由于这种现象最严重时往往在圣诞节前后，于是遭受天灾而又无可奈何的渔民将其称为上帝之子——圣婴。

研究发现，厄尔尼诺事件的发生与地球自转速度变化有关。当地球自转减速时，“刹车效应”使赤道带大气和海水获得一个向东惯性，赤道洋流和信风减弱，西太平洋暖水向东流动，东太平洋冷水上翻受阻，因暖水堆积而发生海水增温、海面抬高，产生厄尔尼诺现象。

9. 海上为什么会有涨潮落潮现象？

在海边，我们每天都能看到海水有一种周期性的涨落现象：到了一定时间，海水不断上涨，达到高潮；过后一些时间，上涨的海水又自行退去，留下一片沙滩，出现低潮。如此循环往复，永不停息。我国古代称河海涌水为“潮”，退水为“汐”，合称为“潮汐”。

海洋潮汐是海水在天体（主要是月球和太阳）引潮力作用下所产生的周期性运动。它在垂直方向表现为潮位升降，在水平方向表现为潮流涨落。月球和太阳对海洋的引潮力的作用，是引起海水涨落的原因。

如何具体地认识潮汐发生的原因呢？可以把地球和月球看作质点，月球绕地球做圆周运动。既然地球被看作质点，就可以把地球上物体的运动轨迹和动力学规律看作与地球质点完全一样，这样物体受到的月球的万有引力和与之对应的惯性力相互抵消。但实际上地球的体积很大，在离月球最近的地面上的物体，绕地、月共同质心做圆周运动的轨道半径，明显小于地球质点的轨道半径，物体所受月球的万有引力就会大于所受对应的惯性力，这两个力不能再抵消，其合力与物体受地球的万有引力方向相反，使物体的重力明显变小。如果所说的“物体”是这里的海水，那么就会有涨潮发生。用同样的方法研究离月球最远的地面上的物体，月球对此处物体的万有引力小于与之对应的惯性力，它们的合力与地球对此处物体的万有引力方向相反，也使物体的重力明显变小。所以在离月球最远的那部分海水同时也会有涨潮发生，这同时使本应是球形的海平面微微呈现出纺锤体形状。

月球和太阳相对于地球的运动都有周期性，故潮汐也有周期性。从潮汐过程来看：当潮位上升到最高点时，称为高潮或满潮；在此刻前后的一段时间，潮位不升也不降，称此阶段为平潮；接着潮位开始降落，当它降到最低点时，称为低潮或干潮；在此刻前后的一段时间，潮位又不升不降，称此阶段为停潮。停潮之后，潮位又开始上升。

潮汐的过程，每天不同，这是因为月球、太阳和地球三者的相对位置不断变化的缘故。不仅它们的距离有变化，而且三者还不在同一个平面上，所以月球和太阳对地球的引潮力，有时互相增强，有时互相削弱，致使潮高和潮低都随之发生变化。

10. 海上的黑潮真是黑的吗?

大洋表面波涛汹涌，水中也不平静，就像大气层一样，是在流动的。海洋中除了由引潮力引起的潮汐运动外，海水还会沿一定途径进行大规模流动。这种流动被称为海流或洋流。若洋流的水温比到达海区的水温高，则称为暖流；若洋流的水温比到达海区的水温低，则称为寒流。引起海流运动的因素主要动力是风，也可以是热盐效应造成的海水密度分布的不均匀性，加上地转偏向力的作用，造成海水既有水平流动，又有垂直流动。

黑潮也被称为日本暖流，自菲律宾开始，穿过台湾东部海域，沿着日本往东北方向流，汇入东向的北太平洋洋流。其实，黑潮的水并不黑，甚至比一般海水更清澈透明。这是因为黑潮水质含有极少杂质，能见度达30～40米深。不过，当太阳的散射光照射到黑潮海面时，水分子偏重于散射蓝色光波，其他光波如红、黄等色为长波，被水分子吸收，从上往下看海水时，海水成了蓝黑色，人们就习惯地称它为黑潮。

洋流是地球表面热环境的主要调节者，巨大的洋流系统促进了地球高低纬度地区的能量交换。1立方厘米的海水降低1 ℃释放出的热量，可使3 000多立方厘米的空气温度升高1 ℃。假若全球100米厚的海水降低1 ℃，其放出的热能可使全球大气增加60 ℃！所以说，海洋长期积蓄着的大量热能，是一个巨大的“热站”，通过长期积蓄着的大量热能和能量的传递，不断影响着天气与气候的变化。

11. 海啸为什么有那么大的破坏力?

海啸是一种破坏性的海浪，通常由震源在海底50千米以内、里氏震级6.5以上的海底地震引起。水下或沿岸山崩或火山爆发也可能引起海啸。海啸的波速高达每小时700～800千米，波长可达数百千米，可以传播几千千米而能量损失很小。在茫茫的大洋里波高不足一米，但当到达海岸浅水地带时，波长减短而波高急剧增高，可达数十米，形成含有巨大能量的“水墙”，以摧枯拉朽之势，越过海岸线，迅猛地袭击着岸边的城市和村庄，瞬时所有设施、建筑物都会被席卷一空。

全球的海啸发生区大致与地震带一致。全球有记载的破坏性海啸约有260次，平均每六七年发生一次。当海底发生地震时，海底地形急剧升降变动引起海水强烈扰动。其机制有两种形式：“下降型”海啸和“隆起型”海啸。“下降型”海啸是指地震引起海底地壳大范围的急剧下降，海水首先向突然下陷的空间涌去，并在其上方出现海水大规模积聚，当涌进的海水在海底遇到阻力后，即翻回海面产生压缩波，形成长波大浪，并向四周传播与扩散。这种下降型的海底地壳运动形成的海啸，在海岸首先表现为异常的退潮现象。“隆起型”海啸是指地震引起海底地壳大范围的急剧上升，海水也随着隆起区一起抬升，并在隆起区域上方出现大规模的海水积聚，在重力作用下，海水从波源区向四周扩散，形成汹涌巨浪。这种隆起型的海底地壳运动形成的海啸波，在海岸首先表现为异常的涨潮现象。

一般情况下，海啸是可以预警的。地震纵波的传播速度为6～7千米/秒，比海啸的传播速度要快20～30倍，所以如能利用地震波传播速度与海啸传播速度的差别造成的时间差，分析地震波资料，快速、准确地测定出地震参数，就有可能做出该地震是否激发了海啸、海啸的规模有多大的判断，拯救成千上万条生命，避免大量的财产损失。

12. 台风也会给人类带来巨大好处吗?

台风是一种产生于热带洋面上的强烈热带气旋。由于发生地点不同，叫法也不同：在北太平洋西部、国际日期变更线以西称作台风；在大西洋或北太平洋东部的热带气旋则称飓风；在南半球，就叫作旋风。我国在古代，人们把台风叫飓风，到了明末清初才开始使用“台风”这一名称，作为寒潮大风或非台风性大风的统称。

台风是一个强大而具有破坏力的气旋性旋涡，风向在北半球地区呈逆时针方向旋转，在南半球则为顺时针方向。台风过境常伴随着大风、暴雨或特大暴雨。发展成熟的台风，其底层按气流速度大小分为三个区域：外圈，又称为大风区，自台风边缘到涡旋区外缘，半径200～300千米，其主要特点是风速向中心急增，风力可达6级以上；中圈，又称涡旋区，从大风区边缘到台风眼壁，半径约为100千米，是台风中对流和风、雨最强烈区域，破坏力最大；内圈，又称台风眼区，半径5～30千米，多呈圆形，风速迅速减小或静风。

凡事都有两重性，台风是给人类带来了灾害，但假如没有台风，人类将更加遭殃。台风对人类起码有两大好处：其一，丰沛的淡水补给，台风会给中国沿海、日本海沿岸、印度、东南亚和美国东南部带来大量的雨水；其二，维持地球热平衡，台风最高时速可达200千米以上，巨大的能量可以直接给人类造成灾难，但也全凭着这巨大的能量流动使地球保持着热平衡，使人类安居乐业。靠近赤道的热带、亚热带地区受日照时间最长，干热难忍，如果没有台风来驱散这些地区的热量，那里将会更热，地表沙荒将更加严重。同时，寒带将会更冷，温带将会消失。可以说，如果没有台风，我国将没有昆明这样的春城，也没有四季长青的广州，“北大仓”、内蒙古草原亦将不复存在。

13. 怎样进行海浪预报?

海浪可以预报吗？这个问题的答案是肯定的，那就是可以预报。你看，我们差不多每天都可以从电视屏幕上收看到有关海面上的风向、风速和海浪等海洋水文气象预报，其中海浪预报还报告了波浪高度、周期及波向等数据。可是你知道为什么要进行海浪预报，人们又是怎样才能进行海浪预报的吗？

海浪对人类是有影响的，而且不同程度的海浪对人类影响的程度不同。坐船出过海的人都知道，海上最好是风平浪静，否则就要晕船。如果海面上有惊涛骇浪，它将会掀翻船只，破坏海洋工程，也给海上航行、海上施工、渔业捕捞、海洋养殖等造成危害。不用说，对海上军事行动也会产生重大影响。我们知道二战中美英联军从英国出发，跨过英吉利海峡在法国诺曼底海滩登陆，使德军遭到突然袭击，盟军准确的海上气象预报就起到了极其重要的作用。那时正处于夏季，英吉利海峡常有狂风暴雨，造成海面的惊涛骇浪，致使登陆时间一再推迟，直到6月5日预报6日有短暂的有利天气，从而将进攻日期定为6月6日，才使盟军的登陆战取得成功。

然而，要进行海浪预报并不是一件简单的事。有经验的渔民能通过观察云彩，预测海上风浪情况，决定第二天是否适合出海，但是这一般不能预报更长时间的海况。现在对海面上海浪进行中长期预报，一般有三种方法：一是经验法；二是理论模型法；三是半经验半理论方法。

不论采用哪种方法，都需要已知三个要素，根据这些要素对未来的海浪进行预报。这三个要素是：气象条件，即在要预报的海区内多点的风速、风向，也就是风速和风向的空间分布；海区的地形，包括陆界分布和水深分布；海区内波浪场的初始分布。除要求预报的海区地形可预先测量外，预报时刻前的气象和波浪情况需要进行大量的长时间的测量工作。这就必须在要预报的海区布置许多测量仪器（例如海洋浮标），以一定时间间隔将气象和波浪数据传送到预报中心，大量的数据经过综合处理后得出海浪预报数据。我国国家海洋局海洋环境预报中心，目前已经可以对亚洲大部分海区和西北太平洋海域进行72小时的海浪预报了。

14. 海洋里都有什么对人类有用的资源?

可以毫不夸张地说，海洋中几乎拥有陆地上有的所有资源，而且还有陆地上没有的一些资源。目前人们已经发现的有以下六大类。

油气资源：传统矿产资源是指在深海中发现较早、已经进行工业开采或具备工业开采能力的矿产资源，最重要的当然是深海油气资源。海上石油勘探工作查明，海底蕴藏着丰富的石油和天然气资源。

海底矿石：海底除了石油、天然气外，还蕴藏着丰富的金属和非金属矿。海滨沉积物中有许多贵重矿物，深海中的矿产资源就更丰富：煤、铁等固体矿产已经被开采多年，至今已发现海底蕴藏的多金属结核矿、磷矿、贵金属和稀有元素砂矿、硫化矿等矿产资源达6 000亿吨。

多金属结核：1873年，英国“挑战者号”进行首次全球海洋调查，在大西洋采集到一种黑色的球状物。由于它的主要成分是锰和铁，故称之为“锰矿球”。后来发现矿球具有核心，有不断向外生长的纹层，因而改称“锰结核”。近来人们又从中分析出铜、钴、镍、铅、锌、铝和稀土元素等60多种金属成分，因而又称其为“多金属结核”。结核形态各异，大小不等，但以棕黑色、浑圆状居多。

富钴结壳：富钴结壳产于水深数千米，顶面平坦、两翼陡峭的海山斜坡上。色黑似煤，质轻性脆，表面呈花蕾似的皮壳状，厚度一般为几毫米至十几厘米。富钴结壳金属钴含量可高达2%，是陆地含钴矿床的20倍；贵金属铂含量也相当于陆上含铂量的80倍。富钴结壳矿床的潜在资源量达10亿吨，总价值超过1 000亿美元。

可燃冰：俗称的可燃冰实际上是海底天然气的水合物，分布于深海沉积物或陆域永久冻土中，是一种在低温和高压条件下由气体和水形成的类冰状结晶物质。可燃冰燃烧后仅会生成少量的二氧化碳和水，污染比煤、石油、天然气小很多，但能量高出十倍。可燃冰具有极强的储载气体的能力，一个单位体积的天然气水合物可储载100～200倍于这个体积的气体储载量。

深海热液：深海热液是海水侵入海底裂缝，受地壳深处热源加热，溶解地壳内的多种金属化合物，再从洋底喷出。随着时间推移，在喷发口沉积了含有大量的硫黄铁矿，黄铁矿和铜、铁的硫化物等物质，因多数呈黑色，所以被形象地称为“黑烟囱”。这些亿万年前生长在海底的“黑烟囱”能喷“金”吐“银”，形成海底矿藏，具有良好的开发远景。

15. 寻找海底石油为什么要制造人工地震?

浩瀚的海洋中，上有几百米、几千米的水层，下有几千米厚的岩石层，怎样才能找到海底深处的石油呢？

海上勘探原理和方法与陆地上勘探基本相同，也分普查和详查两个步骤。普查是从地质调查研究入手，主要通过地震、重力和磁力调查法寻找油气构造。在普查的基础上，运用地球物理勘探分析了解海底地下岩层的分布、地质构造的类型、油气圈闭的情况，以确定勘探井井位。然后，采用钻井勘探法直接取得地质资料，分析评价和确定该地质构造是否含油、含油量及开采价值。

在勘探实践中，物理勘探是普遍采用的办法。一般是在海洋调查船上装备特别的仪器设备，来发现有利于石油聚集的地层和构造。最常用的办法是采用重力勘探、磁力勘探和地震勘探。

地震勘探的方法，就是在海水中用炸药爆炸或用压缩空气、电火花瞬时释放大量的能量，产生人工地震波，利用声波在不同物质中以不同速度传播的原理，来寻找对石油储积有利的地层和构造。重力勘探就是使用重力仪测定海底岩石的重力值，以求得岩石的密度、地质年代和深度。通过对海区重力场的观测来了解沉积岩的厚度和基岩起伏情况，划分所测地区的构造单元，研究隆起的性质，从而来固定油气区。磁力勘探是通过置放在调查船或调查专用飞机上的磁力仪，来测定船舶或飞机经过海区磁力强度大小，以确定海底下磁性基底上沉积的厚度、地质构造，从而寻找石油和天然气。

16. 可燃冰的开采都有哪些方法?

可燃冰是天然气与水在高压低温条件下形成的类似冰状的结晶物质。因其外观和冰一样而且遇火即可燃烧，所以才被称作“可燃冰”。可燃冰广泛分布在大陆永久冻土、岛屿的斜坡地带、极地大陆架及海洋和一些内陆湖的深水区域。这是一种新型的高效能源，被誉为21世纪具有商业开发前景的战略资源。其成分与人们平时所使用的天然气成分相近，但更为纯净，使用方便，燃烧值高，且清洁无污染。开采时只需将固体的可燃冰升温减压，就可释放出大量可燃的甲烷气体。

可燃冰的开采方法很多，分传统方法和新型方法两类。

传统的开采方法有三种

（1）热激发开采法。该法直接对可燃冰层进行加热，使温度超过其平衡温度，从而促使它分解为水与天然气。但这种方法至今尚未很好地解决热利用效率较低的问题，而且只能进行局部加热，因此尚有待进一步完善。

（2）减压开采法。这是一种通过降低压力促使可燃冰分解的开采方法，被认为是很有前景的开采方法。

（3）化学试剂注入开采法。通过向可燃冰层中注入某些化学试剂，如盐水、甲醇、乙醇等，破坏可燃冰的所谓“相”平衡条件，促使其分解。该法所需化学试剂费用高，对可燃冰层的作用缓慢，而且还会带来一些环境问题，故目前对这种方法投入的研究相对较少。

新型的开采方法有两种

（1）二氧化碳置换开采法。依据的仍然是可燃冰稳定的压力条件。在一定的温度条件下，可燃冰保持稳定需要的压力比二氧化碳水合物更高。也就是说，在某种压力下，可燃冰已经分解，而二氧化碳水合物尚保持稳定。如果向可燃冰蕴藏处注入二氧化碳气体，它就可能与可燃冰分解出的水生成二氧化碳水合物，此时释放出的热量可使可燃冰的分解反应得以持续进行下去。

（2）固体开采法。直接采集海底固态可燃冰，将其拖至浅水区进行控制性分解。这种方法进而演化为混合开采法（或称矿泥浆开采法）：首先促使可燃冰在原地分解为气液混合体，采集这种混合泥浆，导入海面作业船或生产平台进行处理，促使可燃冰彻底分解，从而获取天然气。

17. 海洋能为什么可以取之不尽、用之不竭？

一望无际的大海，不仅为人类提供航运、水源和丰富的矿藏，而且还蕴藏着巨大的能量，它将太阳能及派生的风能等以热能、机械能等形式蓄在海水里。狭义的海洋能是一种蕴藏在海洋中的可再生能源，包括潮汐能、波浪、海流引起的机械能，温差引起的热能及盐度差引起的化学能；广义的海洋能同时包括海面上空的风能、海水表面的太阳能和海里的生物质能。

潮汐能：指在涨潮和落潮过程中产生的势能。潮汐能的强度和潮头数量和落差有关。通常潮头落差大于3米的潮汐就具有产能利用价值。潮汐能主要用于发电。

波浪能：是指海洋表面波浪所具有的动能和势能，是一种在风的作用下产生的并以位能和动能形式由短周期波储存的机械能。波浪能主要用于发电，同时也可用于输送和抽运水、供暖、海水脱盐和制造氢气。

温差能：是指海洋表层海水和深层海水之间水温差的热能，是海洋能的一种重要形式。低纬度的海面水温较高，与深层冷水存在温度差，而储存着温差热能，其能量与温差的大小和水量成正比。温差能的主要利用方式为发电，还可以用于海水脱盐、空调和深海矿藏开发。

盐差能：是指海水和淡水之间或两种含盐浓度不同的海水之间的化学电位差能，是以化学能形态出现的海洋能，主要存在于河海交接处。同时，淡水丰富地区的盐湖和地下盐矿也可以利用盐差能。盐差能是海洋能中能量密度最大的一种可再生能源。

海流能：是指海水流动的动能，是另一种以动能形态出现的海洋能。海流能的利用方式主要是发电，其原理和风力发电相似。

海风能：是指地球表面大量空气流动所产生的动能。在海洋上，风力比陆地上更加强劲，方向也更加单一。据专家估测，一台同样功率的海洋风电机在一年内的产电量，能比陆地风电机提高70%。

海洋能特点有四个：第一，海洋能在海洋总水体中的蕴藏量巨大，而单位体积、单位面积、单位长度所拥有的能量较小。第二，海洋能具有可再生性，海洋能来源于太阳辐射能与天体间的万有引力，只要太阳、月球等天体与地球共存，这种能源就会再生，就会取之不尽，用之不竭。第三，海洋能有较稳定与不稳定能源之分。较稳定能源包括温度差能、盐度差能和海流能；不稳定能源分为变化有规律与变化无规律两种。第四，海洋能属于清洁能源，一旦开发后，其本身对环境污染影响很小。

18. 海水中的盐是从哪里来的？

同样是水，江水、河水都是淡的，而海水却是咸的，这是为什么呢？多少年来，人们一直没有一个共同的观点。

事实上，海水之所以咸，是因为海水中有3.5%左右的盐，其中大部分是氯化钠，还有少量的氯化镁、硫酸钾、碳酸钙等。正是这些盐类使海水变得又苦又涩，难以入口。

那么这些盐类究竟是从哪里来的呢？

有的科学家认为，地球在漫长的地质时期，刚开始形成的地表水（包括海水）都是淡水。后来由于水流侵蚀了地表岩石，使岩石的盐分不断溶于水中。这些水流再汇成大河入海，随着水分的不断蒸发，盐分逐渐沉积。久而久之，盐类越积越多，于是海水就变成咸的了。

有的科学家则另有看法。他们认为，海水一开始就是咸的，是先天形成的。他们测试研究发现，海水并没有越来越咸，海水中盐分并没有增加，只是在地球各个地质历史时期，海水中含盐分的比例不同。

还有一些科学家认为，海水所以是咸的，不仅有先天的原因，也有后来的因素。海水中的盐分不仅是由大陆上的盐类不断流入而造成的，而且在大洋底部随着海底火山喷发，海底岩浆溢出，也会使海水盐分不断增加。这种说法得到了大多数学者的赞同。

不管哪种说法，都认可海水中的大部分盐，的确是“淡水”的河流带来的。最初海洋的水量远不及现在的海洋，且含有的盐分也很少。但是，自从地球上水汽变成雨从天而降，开始冲刷陆地表面，海水的盐度就改变了。雨水在数以亿年计的时间里敲击着裸露的岩石，破坏岩石的结构，将矿物质溶解并带走，这些矿物质包括氯化钠、氯化镁、硫酸镁、硫酸钙、硫酸钾等，也就是化学家所定义的盐。它们随着水流向低处迁移，诸多的水流汇聚为大江大河，最终注入大海，使海洋不断补充着盐分。然而，河流带来盐的同时，也将大量的淡水带到了海洋中。又因太阳光的能量被海水吸收后，海水表面温度升高，变成水蒸气。水在蒸发的过程中，将原来所含有的盐分留在海水中，并不带走。而海面上的水蒸气却在风的作用下，运动到陆地的上空。当它与冷空气相遇时，又变成了小水滴，最后形成了降雨。雨水流入江河，从而开始了一个新的搬运盐分的循环过程。正是在海洋与陆地之间水循环的过程中，海洋中盐的浓度越来越高。海洋称为盐的"故乡"，一点也不夸张。

19. 海水淡化都有什么方法?

海水淡化是从海水中取得淡水的过程，也就是利用海水脱盐生产淡水。

海水之所以不能为人类利用，就是因为含盐过多，因此从海水中去除盐分是人类追求了几百年的梦想。目前人类的海水淡化技术已经趋于成熟，世界上已建成的海水和苦咸水淡化厂，其生产能力达到日产淡水数千万吨。海水淡化已遍及全世界125个国家和地区，解决了1亿多人的供水问题。

从表面看海水淡化很简单，只要将咸水中的盐与淡水分开即可。但实际上海水淡化需要大量能量，因此制约海水淡化的主要问题是成本高、效益低。

海水淡化最简单的方法，一个是蒸馏法，将水蒸发而盐留下，再将水蒸气冷凝为液态淡水；另一个是冷冻法，使海水结冰，在液态淡水变成固态冰的同时，盐被分离了出去。两种方法都有难以克服的弊病：蒸馏法会消耗大量的能源，并在仪器里产生大量的锅垢，得到的淡水却并不多；冷冻法同样要消耗许多能源，得到的淡水却味道不佳，难以使用。

1953年，一种新的海水淡化方式问世了，这就是反渗透法。这种方法利用半透膜来达到将淡水与盐分离的目的。在通常情况下，半透膜允许溶液中的溶剂通过，而不允许溶质透过。由于海水含盐高，如果用半透膜将海水与淡水隔开，淡水会通过半透膜扩散到海水的一侧，这个过程是渗透。如果反其道而行，对半透膜中的海水施以压力，就会使海水中的淡水渗透到半透膜外，而盐却被膜阻挡在海水中，这就是反渗透法。反渗透法最大的优点是节能，生产同等质量的淡水，它的能源消耗仅为蒸馏法的1/40。

在新兴的反渗透法研究方兴未艾的时候，古老的蒸馏法也改弦易辙，重新焕发了青春。水在常温常压下要加热到100 ℃才沸腾，产生大量的水蒸气。而新的方法是将气压降下来，把经过适当加温的海水，送入人造的真空蒸馏室中，海水中的淡水会在瞬间急速蒸发，全部变成水蒸气。如果海水淡化工厂与热电厂建在一起，利用热电厂的余热给海水加温，成本就更低了。

目前全球海水淡化技术超过20余种，包括反渗透法、低多效、多级闪蒸、电渗析法、压汽蒸馏、露点蒸发法、水电联产、热膜联产，以及利用核能、太阳能、风能、潮汐能海水淡化技术等。

20. 为什么说人类的生存和发展离不开海洋?

从人类生存和发展角度来看，海洋是人类向自然界索取物质资源的最后去处，今后人类生存和可持续发展将更加依靠海洋。

超级粮仓。种类繁杂的海洋生物资源是人类丰富的食品宝库。近18万种动物、10万种植物生活在海洋，成为人类巨大的潜在食物粮仓。海洋提供人类食物的能力可达到陆上农产品产量的成百上千倍。

液体宝藏。13.7亿立方千米的海水中储存5亿亿吨盐类，如把这些物质全部提取出来平铺在陆地上平均厚度将达150米。目前从海水中已发现约80种元素，如90%的溴溶于海水中，含量达100万亿吨；碘在海水中总含量则为1 000亿吨；海水中的食盐被称为“化学工业之母”，可供人类享用15亿年以上。

海底矿产。海洋石油主要分布在大陆架、大陆坡，总开采储量超过3 000亿吨，天然气、可燃冰的储量惊人。极具开采价值的锰结核矿主要分布在4 000～6 000米深的海底，总储量大于3万亿吨，其中锰、铜、镍、钴的储量为大陆的4千倍，可供人类开采2万年以上。

水力能源。海洋每一种运动形式，如潮汐、波浪、海流、温差、盐度差等都是储量大、能量高、污染少、可再生的能源。大洋潮汐能量约10亿千瓦，每年可发电1亿亿度以上。1平方千米海面上海浪的能量，每秒钟可达20万千瓦。海流具有巨大动能，而且恒定持久。海水蕴藏能量相当于人类一年所用燃料放出能量总和的1万倍。

交通命脉。海洋是交通要道，运输动脉。一艘5 000吨的海轮，相当于100多节火车和1 000多辆卡车的货运量，其燃料成本仅为陆地火车运输的1/5左右。海洋运输总成本比铁路低40%～45%，比公路低95%以上。船舶还适宜运送液体和大宗货物，海上航线通达几乎不受限制，使海洋成为了联接各大洲的纽带。

21. 什么是《联合国海洋法公约》？

《联合国海洋法公约》（以下简称《公约》），是目前国际公认的规范各国海洋权益的法规。联合国曾召开三次海洋法会议，讨论海洋权益问题。1982年12月第三次联合国海洋法会议上，《公约》以130票赞成、4票反对、17票弃权获得通过，美国是四个反对国之一。《公约》对当前全球各处的领海主权争端、海上天然资源管理、污染处理等具有重要的指导和裁决作用。

1993年11月，《公约》正式生效。我国是第一批签字的国家之一。全国人大常委会于1996年5月15日批准该《公约》，是世界上第93个批准该《公约》的国家。迄今已有167个缔约方(含欧盟)，美国仍未加入。

22.《公约》当中有哪些重要概念?

《公约》涉及的内容、概念非常多，最重要的有如下几个：

内水。指沿岸国家领海基线向陆地一侧的所有水域（河流、海湾）及水道。沿岸国有权制订法律规章加以管理，而他国船舶无通行之权利。

领海。指海岸线以外12海里的水域。沿岸国可制定法律规章加以管理并运用其资源。外国船舶在领海有“无害通过”之权，军事船舶在领海国许可下，也可以进行“过境通过”。

专属经济区。亦称“排他性经济海域”，是指领海基线起算，不超过200海里的海域。专属经济区所属国家具有勘探、开发、使用、养护、管理海床和底土及其上覆水域自然资源的权利，具有对人工设施的建造使用、科研、环保等的权利。其他国家有航行和飞越的自由以及相关的其他符合国际法的用途。

大陆架。指邻接海岸但在领海以外之海底区域之海床及底土。其上海水深度不超过200米，或者自海岸线起，向海洋方面延伸，直到海底坡度显著增加的大陆坡折处为止。按《公约》规定，沿海国的大陆架包括陆地领土的全部自然延伸，其范围最多可扩展到350海里。沿海国为探测大陆架及开发其天然资源，对大陆架行使主权上权利。

领海、专属经济区、大陆架的内涵见表1-1。

表1-1 领海、专属经济区、大陆架内涵简表

区域	范围	资源	管理	通行
领海	12 海里	主权拥有	立法管理	无害通过
专属经济区	200 海里	对海床、底土、水域的资源行使主权	设施、科研、环保、海关缉私、移民	自由航行 铺设管缆
大陆架	350 海里	对自然资源享有主权权利	不妨碍他人	公海

23.《公约》如何对待各国既定的海洋权益?

《公约》在规定新的海洋法律秩序、赋予各国新的海洋权益的同时，并不完全打破既有的海洋法律秩序，不损害各国既得的海洋权利。如《公约》规定：如果两国海岸彼此相对或相邻，在彼此没有相反协议的情形下，两国中任何一国均无权将其领海伸延至一条其每一点都同测算两国中每一国领海宽度的基线上最近各点距离相等的中间线以外。但如因历史性所有权或其他特殊情况而有必要按照与上述规定不同的方法划定两国领海的界限，则不适用上述规定。

《公约》规定的群岛水域、专属经济区和大陆架制度，允许沿海国扩展享有主权或主权权利的海域，但只能向传统的公海海域扩展，不得损害别国既得的领土主权和主权权利，它的任何规定都不具有否定既得权利的效力。

24. 中国拥有海洋及岛礁主权的法律依据是什么？

中国对于黄海、东海和南海的权利主张海域拥有毋庸置疑的主权。根据公认的国际法准则，中国获得相关海域的主权是基于先占原则、历史性权利和《公约》对于专属经济区以及大陆架的相关规定。

“先占”制度是最为古老的取得财产的“自然方式”之一。在国际法上，先占指的是国家占取无主地，取得对无主地的所有权。而所谓“无主地”，是指当时不属于任何国家的土地。先占是一个国家有意识地取得当时不在任何其他国家主权之下的土地的主权的一种占取行为，是一种领土的取得方式。即：国家对无主土地实行有效占领，取得领土主权。

“历史性权利”作为法律术语，于20世纪初被提出并适用于“历史性海湾”“历史性水域”等概念之中。1957年，联合国文件《历史性海湾》中明确提出，一个国家拥有的“历史性所有权”不仅包括“历史性海湾”，还应包括“历史性水域”。1958年第一次联合国海洋法会议将“历史性海湾”和“历史性所有权”纳入现代海洋法的案文之中。1982年的《公约》坚持了“历史性权利”的精神。在其第15条、第298条中继续赋予“历史性权利”以“例外条款”地位，肯定了其所具有的特殊性、合理性和合法性。

国际法实践中也有许多充分尊重历史性水域的案例。如：英国挪威渔业案（1951）；突尼斯与利比亚大陆架划界案（1982）；洪都拉斯、萨尔瓦多、尼加拉瓜海湾争议案（1986）。

25. 为什么说南海战略地位极其重要？

南海不仅生物资源非常丰富，而且还是一个石油资源的大宝库。

20世纪70年代末，海洋地质学家做出了“南中国海是第二个波斯湾”的结论。

更重要的是，南海因地处太平洋和印度洋的咽喉地带，是东北亚各港口通往东南亚、南亚、欧洲和非洲的必经之地，成为太平洋和印度洋的交通枢纽，战略地位极其重要。尤其是这里有两洋“战略走廊”之称的马六甲海峡，是世界上除英吉利海峡外最繁忙的国际航道。

南沙群岛因地处两洋航道的要冲，战略地位尤其突出和重要。南沙群岛像美国的夏威夷一样可作为中国深入南洋的前卫基地，把我国南大陆的防御纵深加大四五百海里。控制南沙群岛，就可以有效地控制马六甲海峡、巽他海峡和望加锡海峡。

从长远看，掌握南沙制海权，不仅可以有效地捍卫我国南沙群岛的领土主权，而且可以遏制超级大国在南海的海上力量，发挥“四两拨千斤”的作用，更有效地维护东南亚和亚太地区的和平。

26. 党的十九大为什么提出加快建设海洋强国?

党的十八大提出建设海洋强国的国家战略。十九大报告又进一步提出，坚持陆海统筹，加快建设海洋强国。这充分反映出这个问题的战略性和紧迫性。

海洋强国是指开发海洋、利用海洋、保护海洋、管控海洋方面拥有强大综合实力的国家。我国是世界上重要的海洋大国，但是距离海洋强国还有相当大的距离。

当前，中国经济已发展成为高度依赖海洋的外向型经济，对海洋资源、空间的依赖程度大幅提高，在管辖海域外的海洋权益也需要维护和拓展。因此，建设海洋强国不仅是党中央的战略决策和历史必然选择，也是中华民族永续发展、实现中国梦的必由之路。对我国来说，提高海洋资源开发能力是实现海洋强国的必然要求，坚决维护国家海洋权益是实现海洋强国的根本保证。

27. 什么是21世纪海上丝绸之路？

21世纪海上丝绸之路，是2013年10月习近平总书记访问东盟时提出的战略构想，是“一带一路”倡议的重要组成部分，自提出以来，已经取得了重大进展，受到相关国家和国际社会的热烈响应。

历史上的海上丝绸之路，是指古代中国与世界其他地区进行经济文化交流交往的海上通道。2 000多年前，海上丝绸之路从中国东南沿海，经过中南半岛和南海诸国，穿过印度洋，进入红海，抵达东非和欧洲，成为中国与外国贸易往来和文化交流的海上大通道，并推动了沿线各国的共同发展。在唐代，我国东南沿海有一条叫作“广州通海夷道”的海上航路，这是我国海上丝绸之路的最早叫法。这一时期，中国同世界60多个国家有着直接的“海上丝路”商贸往来。

中国境内海上丝绸之路主要由广州、泉州、宁波三个主港和其他支线港组成。海上丝绸之路自秦汉时期开通以来，一直是沟通东西方经济文化交流的重要桥梁，而东南亚地区自古就是海上丝绸之路的重要枢纽和组成部分。中国着眼于与东盟建立战略伙伴十周年这一新的历史起点，为进一步深化中国与东盟的合作，提出“21世纪海上丝绸之路”的战略构想，得到了沿线国家的热烈响应，纷纷与本国的发展对接，包括联合国在内的许多国际组织也予以高度评价。

28. 舰艇都包括哪些种类？

水面舰艇的种类繁多，而分类的方法又可以按照其自身特征、作战使命、航行状态、排水量、动力装置等多种方式来进行，各个国家分类的标准也有所差异，一般的分类如下文所述。

作战舰艇

（1）航空母舰（图1-2）

a. 直升机航母（垂直起降飞机航母）

b. 固定翼飞机航母（弹射起飞航母和滑跃起飞航母）

（2）巡洋舰（图1-3）

（3）驱逐舰（图1-4）

（4）护卫舰（图1-5）

图1-2 美国“福特”级航空母舰

图1-3 俄罗斯“基洛夫”级巡洋舰

图1-4 中国“兰州”级导弹驱逐舰

图1-5 中国054A型护卫舰

（5）高速艇

a. 导弹艇（图1-6）

b. 鱼雷艇

c. 炮艇

（6）水雷战舰艇

a. 布雷舰

b. 扫雷舰（艇）（图1-7）

c. 猎雷舰（艇）

图1-6 中国022型导弹艇

图1-7 中国082型扫雷艇

（7）两栖战舰艇

a. 登陆舰（艇）

b. 船坞登陆舰（艇）

c. 两栖攻击舰（图1-8）

（8）高性能艇

a. 水翼艇

b. 气垫船

c. 小水线面双体船

d. 穿浪艇

e. 地效翼船（图1-9）

图1-8 美国“黄蜂”级两栖攻击舰

图1-9 苏联研制的地效翼船

辅助舰艇

（1）航行补给船（图1-10）

（2）电子侦察船（图1-11）

（3）训练舰（图1-12）

（4）维修供应船（图1-13）

（5）打捞救生船（图1-14）

（6）航天测量船（图1-15）

（7）海洋调查船（图1-16）

图1-10 中国903A级远洋补给船

图1-11 中国815A型电子侦察船

图1-12 郑和号训练舰

图1-13 美国“埃默里·兰德”级潜艇维修供应船

图1-14 长兴岛号远洋打捞救生船

图1-15 远望7号航天测量船

图1-16 东方红2号海洋调查船

29. 如何总体布置舰艇各部位？

舰船的总布置设计是一项复杂的系统工程，是一个充满矛盾—统一矛盾—解决矛盾的过程，也是一个抓住主要矛盾、平衡各类需求、进行多方案优化、综合和取舍的过程。总布置设计的主要内容包括：

（1）舰型的选取，水密隔舱壁划分，甲板分层，上层建筑的规划；

（2）各种战斗技术器材的布置；

（3）各种战斗部位、工作舱室和生活舱室的布置；

（4）重力重心计算和浮态调整；

（5）212协调各部位的通道和梯口。

总布置设计体现在总布置图（包括纵剖面图、典型部位的横剖面图、侧视图、俯视图、各层甲板、底舱、上层建筑等平面图）和重力重心计算书。

舰艇的主船体舱室布置在纵向与横向，以横隔壁或纵隔壁分成若干舱段，并构成舱段的主要舱室，再在各个主要舱段或上层建筑内用轻围壁、纵壁分隔，就形成了全部舱室。从提高生命力、防止全面进水的角度出发，用横向水密舱壁是主船体内部分舱最有效的形式，同时需要满足《舰船通用规范》有关不沉性的要求。主船体内水密隔舱壁的数量应根据舰船的类型、抗沉性要求、各舱室所需尺寸、结构强度等因素确定。

图1-17为苏联“基辅”级航母甲板分层与舱室布置。

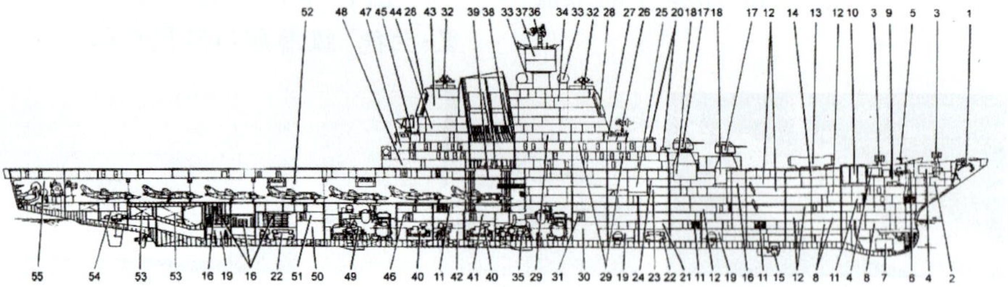

图1-17 苏联“基辅”级航母甲板分层与舱室布置

1—反舰导弹系统《玄武岩》雷达天线舱；2—雷达自动微调传动装置区；3—火箭式深水炸弹发射装置；4—火箭式深水炸弹舱；5—45mm礼炮；6—锚链舱；7—《多项式》声呐发射器；8—声呐设备舱；9—立式锚机舱；10—《短剑》对空导弹系统控制舱；11—储藏舱；12—船员舱；13—《玄武岩》反舰导弹系统控制台；14—《玄武岩》控制台传动装置和设备舱；15—《多项式》声呐发射器；16—航空弹药舱；17—100毫米火炮（AK-100）装置；18—炮塔下舱；19—排水泵舱；20—30mm火炮（AK-630m）装置；21—雷达控制设备室；22—冷藏机舱；23—《轻护舰-1143》系统舱；24—指挥所和战斗信息中心；25—舰队司令指挥部；26—雷达天线；27—驾驶室；28—《火星-信封》相控阵雷达天线；29—军官休息室；30—动力舱；31—发电站；32—《坯料》雷达天线；33—系统天线；34—《晶体БК》系统舱；35—机炉舱；36—《护卫舰-m1》雷达天线；37—《电阻-K47》系统天线；38—燃气冷却舱；39—飞机升降机；40—动力舱；41—发电站；42—减摇辅机和传动装置舱；43—《火星-信封》系统站；44—《电阻-K47》系统站；45—《短剑》对空导弹控制雷达天线；46—发电站；47—降落系统指挥站；48—牵引车库；49—后机炉舱；50—动力舱；51—发电站；52—机库；53—航空让油舱；54—舵机舱；55《多项式》声呐拖曳天线启动洗涤装置区

30. 舰艇的长短肥瘦用哪些数值来衡量?

舰艇表面是一个复杂的空间曲面，这种不规则的空间集合体很难用简单的数学公式来表达。一般可以用舰艇的主尺度表征船体的大小，用主尺度之比和船型系数来表征舰体形状的特点，如舰船总长、设计水线长、型宽、设计水线宽、型深、设计吃水等。

用无因次主尺度比说明船体的长短和肥瘦，如长宽比较大时说明舰艇比较瘦长且具有较高航速的特征；宽度吃水比与舰艇的稳性、阻力和横摇都有关系；型深吃水比将影响舰艇的大倾角稳性和不沉性；长度型深比则直接影响舰艇的强度。

船型系数表示舰艇水下部分船体线型的丰满度。如中横剖面系数表征了水线以下中横剖面的肥瘦程度；方形系数表征了船体水下部分体积的丰满度；水线面系数表征水线面的丰满度并对舰艇的稳性和快速性都有影响；棱形系数表征舰艇的排水量沿船长的分布情况并与快速性有密切关系；垂向棱形系数则表示了设计水线下的型排水体积与相对应的设计水线面积和设计吃水的乘积的比值等。

31. 舰艇形状与舰艇性能有多大关系?

可以用三个相互垂直的平面相交，将交线投影到三个互相垂直的视图上，注明0～20各站的水线半宽和纵剖线高度，加上型值表构成的型线图，就完整地表示了船体的形状。

在舰船的总体设计中直接影响舰船性能的是如下几个船型形状。

横剖面面积曲线形状：表示排水体积沿船长的分布，其特征值主要包括进流段长度、去流段长度、平行舯体长度和浮心纵向坐标，设计时主要按阻力最低的要求确定，一般来说高速水面舰艇无平行舯体，浮心位于舯后。对于高速水面舰艇，横剖面面积艏端形状做成直线或微凸型有利减小兴波阻力，艉端形状对阻力影响不大，一般做成直线或微凹型，对较廋长的高速水面舰艇也可采用凹型。

设计水线形状：由于水面附近排水体积对兴波阻力的影响较大，故设计水线是最重要的曲线，在宽度给定的情况下，对于阻力影响最大的是水线的进角（半进角8°～10°）和艏艉端部的形状（艏部采用直线或微凸型，艉端通常采用方艉）。

横剖面形状：对阻力的直接影响不大，但对波浪中的底部拍击有一定的影响。横剖面形状可分为U型和V型两类，巡洋舰的横剖面多采用U型，驱逐舰多采用U、V中间型，护卫舰多采用V型。

球艏：水面舰艇安装球艏的目的除了为声呐的安装提供空间，同时希望减小阻力。但民船安装球艏效果显著，甚至降阻高达20%。

附体：水面舰船的附体通常包括舭龙骨、减摇鳍、轴包套、轴支架、舵等。舵主要用于满足操纵性能，减摇鳍主要用于满足耐波性能。

32. 如何提高舰艇的浮性、稳性和不沉性?

舰艇的静力性能通常包括浮性、稳性和不沉性。

浮性是舰艇的基本性能之一，是指舰艇浮在水面于一定平衡位置的能力，其平衡的条件是：重力与浮力大小相等而方向相反，且重心和浮心在同一条铅垂线上。舰船设计时要考虑甲板上浪的次数、抗风稳性的级别并保留一定的储备浮力，即满载水线以上主船体水密部分的体积。

稳性是指舰艇在外力作用下偏离平衡位置而倾斜，当外力消除后能够自行恢复到原来平衡位置的能力。通常把水面舰艇的稳性问题分为初稳性和大倾角稳性来考虑，而根据舰艇所受外力矩是静力还是动力，又将舰艇的稳性问题分为静稳性和动稳性两个范畴来研究。

不沉性是指舰艇受到攻击或触礁等损伤后保持不沉的能力。它主要靠水密隔舱将船体分割成适当数量的舱室（“辽宁”号航母上有3 000多个舱室）和一定的储备浮力来保证的。舰艇通用规范一般规定了任意相邻隔舱对称、不对称浸水时的最小进水隔舱数及浸水后的最小干舷值，并保证总长度小于舰艇设计水线长的20%时舰艇不沉没。水面舰艇隔舱浸水后其纵倾不得影响主推进装置和螺旋桨的连续运转，不对称浸水后横倾角不得大于150，舰艇的最大复原力臂不应小于0. 10米。

33. 如何提高舰艇的航速?

舰艇快速性是指在规定的海况下舰艇所具备的航行（含直航、

回转航行、倒航）能力，它是直接影响舰艇的航行性能、作战效能和经济性的一个重要总体指标。舰艇总体设计时对快速性能的要求是：良好的舰体及附体线型、静水阻力小、风浪中失速小；船-机-桨匹配适当，适应主机在各种工况下的工作，有较高的推进效率并达到预期的航速；控制螺旋桨的激振力和水动力噪声；空泡性能优化，避免剥蚀。

舰船的阻力可以分为空气阻力、水阻力和波浪增阻。舰艇的推进性能是指舰艇的动力系统中，主机通过传动装置（齿轮箱、轴系等）带动推进器转动，推进器给舰艇提供推力来克服阻力保持一定的航速。

螺旋桨的设计通常采用图谱设计和理论设计两种方法。螺旋桨设计时需要兼顾两个航速指标：一个是主机以额定持续全功率工作的全速；另一个是执行巡航任务时达到的巡航速度。螺旋桨设计时通常留有额定功率的5%～10%作为储备，同时要考虑螺旋桨与船体间的相互作用。

图1-18是俄罗斯“库兹涅佐夫”号航母的螺旋桨和舵。

图1-18 俄罗斯“库兹涅佐夫”号航母的螺旋桨和舵

34. 如何保证舰艇有较高的耐波性和操纵性？

舰艇的运动性能包括舰艇耐波性和操纵性，也有学者直接将耐波性能、操纵性能与快速性能并称为航行性能。

舰艇在风浪中航行经常要遭受风浪干扰所产生的各种摇荡运动及砰

击、上浪（图1-19）、失速、球艏出水、螺旋桨飞车和波浪附加弯矩及砰击振动弯矩等影响，舰艇在规定的海况条件下能够完成所赋予的能力称为耐波性，它是舰艇的重要性能之一，直接与航行和作战性能有关。研究耐波性的基本方法有两种：理论与计算分析法和试验方法。

为了表示风和浪的大小以进行舰艇耐波性预报，将风力和浪高进行分级，通常将风力分为12级、浪高分为9个等级，它们有一定的对应关系。舰艇在风浪中受到波浪周期的干扰力作用，会产生围绕其原始平衡位置做横摇、纵摇、艏摇、垂荡、横荡和纵荡六个自由度的振荡运动，而且它们之间存在耦合现象，会使舰艇横倾过大而丧失稳性以至倾覆；会使阻力增加和螺旋桨桨叶出水及负荷不均匀导致桨叶工作条件恶化增加燃料的消耗；会引起艏部甲板上浪和底部出水，产生很大的抨击力造成舰艇船体结构振动和应力增加；会影响甲板上设备的正常工作和船员的晕船现象；会影响火炮、鱼雷、导弹的发射，给舰载机的起降带来困难。

舰艇的操纵性是指舰艇采用其控制装置来改变或保持其运动航向、航速和位置的能力，通过舵装置、主动力装置带动螺旋桨和各种特种装置来实现。舰艇主尺度比和主要船型系数对操纵性的影响为：

船型参数	L/B		T/L		B/T		C_b		C_m	
	增大	减小	增大	减小	增大	减小	增大	减小	增大	减小
航向稳定	改善	下降	略有改善	略有下降	下降	改善	明显下降	明显改善	微弱下降	微弱改善
回转性	下降	增强	略有改善	略有增强	增强	下降	明显增强	明显下降	微弱改善	微弱下降

图1-19 航母在恶劣海况中的甲板上浪

35. 海军武器装备都包括哪些?

海军武器装备是海军诸兵种执行作战、训练任务和实施勤务保障的各种战斗装备和技术装备的总称。

这些装备有：舰艇，包括巡逻艇、导弹艇、护卫艇、护卫舰、驱逐舰、航空母舰、两栖攻击舰、运输舰、常规潜艇、核潜艇和各种辅助舰船；海军飞机、海军导弹、水中兵器、海军炮、两栖车辆等战斗装备；海军通信、导航、侦察、雷达、声呐、电子对抗、三防（防核、防化学和防生物武器）、特种车辆、海洋测绘、气象、防险救生、动力、机电等技术装备及专用设备。

海军武器装备的发展可以归纳为：攻击性潜艇不断推陈出新；驱逐舰、护卫舰成为水面战斗舰艇发展的主流；防空反导武器系统是舰载武器发展的重点；反水雷战装备注重提高技术含量；航母依然得到大国海军的青睐。

36. 舰艇平台、作战系统是如何组成的?

水面舰艇是一个集多专业、多学科于一体的复杂的综合大系统。舰艇内的系统分类各国有所差异。该大系统原则上可分为舰艇平台系统及舰载系统两大部分。舰载系统又分为舰艇平台所属系统及作战系统所属系统两大部分：

舰艇平台系统

（1）作战舰艇

（2）辅助舰艇

舰载系统

（1）舰艇平台所属系统

a. 动力系统

b. 电力系统

c. 辅助系统（包括通风系统、空调系统、消防系统、日用水系统、舱底水系统、燃油系统、滑油系统、舵系统、救生系统、海上

补给接收系统、直升机舰面系统等）

d. 通信系统

e. 导航系统

（2）舰艇作战系统所属系统

a. 通信系统

b. 导航系统

c. 雷达警戒探测系统

d. 作战情报指挥系统

e. 舰空导弹武器系统

f. 火炮武器系统

g. 近程防御武器系统

h. 电子战系统

i. 水声系统

j. 水声对抗系统

k. 反潜系统

l. 舰载机系统

一般来讲，通信系统和导航系统既属于舰艇平台所属系统，也属于舰艇作战系统所属系统。

37. 我国军事舰船是如何逐步走向强大的？

自古人类就发明了舰船，舰船的演变大致经历了4个阶段：

划桨战船技术阶段。中国很早就发明了舟船。至秦汉时期，又发明并开始使用橹和舵。西汉时期战船在技术性能上已经走向成熟，制造出专门用于海战的、以划桨为动力的平底战船。划桨战船动力通过人力划桨而获得，其速度的大小取决于桨数的多少。战船武备一般都有粗大的撞角，且使用刀、棍棒等。

帆船技术阶段。人类使用风帆的历史极其悠久，但帆船作为战船并取得垄断地位，是在中国指南针和火药的发明之后。风帆取代了划桨，一段时期风帆和桨并用。郑和下西洋时的舰船，是当时比较先进的可以远洋的舰船：船速大大提高；舵轮的普遍采用，使帆船更容易操纵；由于增大了船帆的面积，船上布局有了很大改善；可配备为数众多的火炮，使战船攻击力增强。

钢铁蒸汽舰船技术阶段。18世纪上半叶至19世纪中后叶，随着蒸汽机和螺旋桨式推进器的发明，以及钢铁工业的发展，制造钢铁舰船及其装甲、将蒸汽动力用于舰船等成为可能。19世纪60年代后，逐渐出现了巡洋舰、鱼雷艇、驱逐舰、潜艇等。20世纪初，飞机的发明及其与军舰的结合，产生了航空母舰，同时还出现了护卫舰、猎潜艇及布雷舰、扫雷艇等。

现代舰船技术阶段。现代技术将水面、水下、空中力量甚至外层空间武器结合起来，技术密集化、综合化。以信息技术、计算机技术、通信技术和精密制导武器为基础的新军事革命的兴起，形成动力装置的多样化，舰载设备电子化，舰载武器导弹化和多样化，指控系统的自动化。新概念、高性能、高技术舰船迅猛发展。

1949年4月23日，中国海军在江苏泰州白马乡正式成立。20世纪60年代，中国建造了一批40～110吨的炮艇和鱼雷快艇、登陆艇以及一批400吨左右的猎潜艇和扫雷舰。70年代末期，开始设计建造护卫舰，此后又发展了驱逐舰。进入2000年后，中国舰船技术从弱到强，由简单到复杂，由落后到先进，由单一到合成，初步形成了导弹、鱼雷、水雷，以及导弹驱逐舰、导弹护卫舰、扫雷舰、导弹艇、猎潜艇、新型核潜艇、常规潜艇等的设计和建造能力。在直升机、电子战、作战指挥控制系统、舰空导弹武器系统、舰舰导弹超视距攻击、新型鱼雷反潜系统、潜艇和水面舰艇隐身设计等关键性技术上，都取得了突破。2012年，“辽宁”号航空母舰被批准入列海军，标志着中国海军达到一个新的水平。

舰海

Hangkong Mujian De Aomi

二 航空母舰的奥秘

第二章　航空母舰的奥秘

38. 航母的发展经历了哪几个主要阶段？

1903年，美国人莱特兄弟成功制造出世界上第一架飞机，人们在对飞机不断改进的同时，研究如何将飞机应用于海战。当时提出了两种方案：一种是对大型舰船进行改装，设置飞行甲板供带轮的陆地飞机在舰上起飞降落；另一种是改变飞机的构造，使之能在水面上起飞和降落，用舰上的吊杆将飞机吊放到海面或收回到甲板。两种方案都获得成功，但第二种方案将飞机在水上起飞和降落受海浪影响较大，收放操作麻烦，故人们更多地关注建造供飞机起降的军舰。1909年，法国发明家克雷曼·阿德在《军事飞行》一书中第一次描述了载机航母的新概念，却没有得到应有的重视。1910年11月，美国飞行员艾利驾飞机在巡洋舰上起飞成功（图2-1），两个月后又在舰上驾机降落成功（图2-2），奠定了航母发展的基石。

图2-1 1910年11月艾利从“伯明翰”号起飞

图2-2 1911年1月艾利降落在“宾夕法尼亚”号

1918年，英国将一艘商船改装成世界第一艘航母“百眼巨人”号，首次采用全通型飞行甲板和岛型舰桥，机库布置在飞行甲板下一层，这具备了现代航母的雏形。1922年，美、英、日、德、意五国在华盛顿签署了一个限制战列舰、巡洋舰吨位和数量的协定，之后各国纷纷将正在建造的战列舰和巡洋舰改装成航母，性能都有提高，排水量1～4万吨，航速15～34节，续航力3 000～12 000海里，搭载飞机26～90架。1922年，日本建成世界上第一艘专门设计的航母，它具有全通型飞行甲板，岛型舰桥很小，位于右舷舯部，航速25节，能搭载21架飞机，初步具备了现代航母特征。

到1939年二战爆发前夕，各国已建成的航母为：美国7艘、英国7艘、日本10艘、法国2艘，其性能都有较大提高，能够完成它种军舰难以完成的侦察、防空、轰炸、鱼雷攻击、舰炮攻击等多重任务。

1939年二战爆发，其间发生了各种形式和规模的海战。1941年12月7日，日本以6艘航母、260架飞机为主力，加上2艘战列舰、3艘巡洋舰和11艘驱逐舰组成联合舰队，对美国珍珠港基地进行偷袭，重创美国太平洋舰队。到二战结束，各参战国共建造了各型航母约200艘，这些航母曾多次参战并取得赫赫战绩，被航母击沉的各类舰艇达到200余艘。

二战后航母发展经历了三个主要阶段。第一阶段是二战后到20世纪50年代中期，美国确定了航母在战略中的重要地位，研制了作战能力较强的“福莱斯特”级航母，配备了具备核打击能力的舰载机，航母规模在15艘左右。第二阶段为20世纪50年代中到90年代中期，美国认为核动力航母更符合其全球战略，陆续研制了“企业”号、“尼米兹”级核动力航母。第三阶段为20世纪90年代中期以来，美国为推进战略转型，提高态势控制能力和技术水平，完成了以“福特”级航母为代表的装备现代化更新。

39. 现代航母具备哪些特点？

现代航空母舰具有以下特点：

(1)攻击威力大。现代大、中型攻击型或多用途航母，可搭载数十架至百余架舰载机，能在半小时内起飞20多架各类舰载机，作战半径可达到300～500海里。

(2)航海性能好。航母编队一昼夜可机动航行500多海里，可连续对200多万平方千米的海域实行控制。即使是常规动力航母，续航力也可达8 000多海里，核动力航母续航力更达100万海里以上。现代航母在6级海况以下能执行战斗任务，9级海况以下仍可安全航行，具有全天候适航能力。

(3)反应速度快。航空母舰是对海上各种大小危机反应速度最快的舰种。

(4)完成任务广。航空母舰能完成海上多种作战任务，在夺取制海权、反潜战、两栖战、水雷战，以及海上支援作战中都离不开航母。与作战舰艇相比较，它担负的作战任务比水面作战舰艇多40%，比潜艇多90%。二战以后美国海军航母战斗群出动200多次处理大小危机，出动次数之多占各类舰艇的首位。

40. 航母真的是“无敌之舰”吗?

虽然航母已经具有很强的对空、对海、对潜及对岸作战能力，但它同样具有难以克服的不足和弱点，无论怎么先进，它总有必需依赖的战术、技术和物资保障所带来的不足。

(1)战术弱点。首先，舰船的分工过细，作战功能过于集中。过去航母编队中的舰船各有分工，而作战功能一般都集中于航母等大型舰船上，燃油集中在海上补给大队或战时的民船油船上，货物储藏集中在战斗补给舰上，弹药集中在军火补给舰上，这样脆弱的组织结构不利于集中发挥统一的能力。现在研发的综合补给舰弥补了这一弱点，但还存在一些不足。其次，舰载机的作战性能单一。预警机只能执行侦察预警任务，战斗机只能执行空战任务，攻击机只能执行攻击任务，反潜机只能执行反潜任务。虽然多用途舰载机可以执行几种任务，但要在出发前先改变武器配置，这需要很多的时间。最后，飞行员的素质直接影响航母的战斗力。舰载机飞行员的培养时间长，同时需要经常承受弹射起飞、阻拦着舰所形成的巨大冲击加速度，服役时间往往很短，战时条件下的舰载机飞行员补充很困难，具有夜间着舰能力的飞行员一般不足一半。

（2）技术弱点。由于航母的体积庞大，特征非常明显，周围形成的物理场又强，极易为雷达、声呐、红外、磁性及光电等探测器所发现和识别，故敌方会在航母舰载武器作战半径以外首先集中对航母发起攻击，从现代海战的角度来看这是很不利的。

（3）保障弱点。航母的后勤保障需求高，即使在渡航期间也需要不断提供数千名舰员的日常备品和燃料。战时航空燃料和弹药需要及时补充，如果航母保障线出了问题将延误战机。另外，航母和航空联队不仅建造费用高，维持费也十分高，这不是一般国家的海军财力所能承担的。

41.现代航母在战争中具有多大威力?

美国总统克林顿1993年3月视察“罗斯福”号核动力航母时说：“当危机这个词在华盛顿出现的时候，无疑每个人要说的第一句话就是最近的航母在什么地方。”航母已经成为一个国家综合国力的象征，是现代海军编队的核心力量。

现代航空母舰的战斗作用主要是：

（1）夺取海上制空权和制海权。现代航母所具有的有效防空力量能控制战区半径为1 000千米的空域，掌握了战区制空权也就掌握了战区的制海权，这是夺取海上作战胜利的重要保障。

（2）实施对陆攻击。现代航母可搭载强大的舰载机群对陆进行强有力的攻击。作为典型战例，在1991年的海湾战争中，美国海军集结了6艘航母，搭载战机510架，共出动23 000多架次，对伊拉克境内陆上重要战略目标进行打击，美方仅损失7架飞机就取得了这次战争胜利。

（3）对海上实行封锁。航空母舰具有高度的机动能力，攻防兼备，随时可赶往危机地区进行海上封锁，以达到其政治、军事、经济目的。例如1983年10月，美国海军以航母“独立”号为核心的海上编队对岛国格林纳达实行封锁，仅用7天时间就迫使格林纳达就范，达到了侵占的目的。

(4)保护海上交通线畅行无阻。航空母舰具有很强的攻击能力，掌握了制海权就可以控制海域，保障己方的海上交通线畅通。

(5)进行兵力投射以支援登陆作战、实施海上威慑等。

42.海军战史上航母有哪些典型战例?

第一次世界大战开始时还是“战列舰巨炮”思想统治时代，航母只是附属舰。1914年12月，英国海军3艘航空母舰及其他十几艘舰艇对德国库克斯港舰艇发起攻击，成为航母首次参战的战例。1918年7月，英国海军航母“暴露”号在多艘舰艇掩护下驶抵日德兰半岛，对德国特纳港的机库进行猛烈轰炸，击毁2艘德国飞艇，这是航母固定翼舰载机首次作战战果。1921年，美国由轰炸机用100公斤级炸弹对德国大型战列舰进行轰炸试验，只用20分钟就将其炸沉，大大改变了海军界的旧观念，加快了航母的发展进程。

二战中航母参战的代表性海上战役有：

(1)英国突袭意大利塔兰托港。意大利的塔兰托港内戒备森严，配备了300门各种类型火炮和探照灯群，舰船周围设置了防鱼雷网和防护墙。1940年11月，英国海军出动“光辉”号航母和舰上20架飞机，分两个波次发起攻击，意大利损失惨重，而英国只损失了2架飞机和2个飞行员，夺取了在地中海中部的制海权。

(2)日本偷袭美国珍珠港。1941年12月，日本偷袭了美国珍珠港海军基地。日本出动了航空母舰6艘、战列舰2艘、巡洋舰2艘、驱逐舰11艘、潜艇3艘和油船8艘及各种舰载机450架，分2个波次攻击，舰载机击沉、击伤美军战列舰7艘、大型舰艇12艘、中小舰艇20余艘，击毁420余架飞机，炸死炸伤美军3 615人，而日本只损失了29架飞机、6艘潜艇，伤亡55人。日本偷袭珍珠港使美军蒙受巨大损失和耻辱，当时美国的航母均不在港内，没受到损失，之后美军立即转入战时轨道，战列舰被改成航母，装备大量新的航空母舰和飞机。

(3) 中途岛海战。1942年6月的中途岛海战中，美方的第16、17特混舰队参战的是航母3艘、重巡洋舰7艘、驱逐舰14艘和防空舰1艘，各种飞机353架，日本则出动了航空母舰4艘、战列舰2艘、巡洋舰3艘、驱逐舰12艘及运输船12艘，配备飞机约260架。美国出动165架次的飞机首先攻击日本舰队，5分钟内美方就击沉了日本的3艘航空母舰。经过激烈战斗，美国损失航母1艘、驱逐舰1艘、舰载机92架、陆基飞机40架；而日本则损失了航母3艘、重型巡洋舰1艘、飞机258架，伤了重型巡洋舰1艘。在该海战中，日本伤亡2 280人，许多有经验的飞行员战死，给日本造成无法弥补的巨大损失。

43. 航母按作战任务不同是如何分类的?

从不同的角度，航母有不同的分类方法，主要有以下3种分类方法：

(1) 按排水量分类。航母标准排水量6万吨以上的称为大型航母，排水量3～6万吨之间的称为中型航母，排水量3万吨以下的称为小型航母。目前在役的航母中属于大型航母的有12艘：美国“福特”级航母满载排水量10. 202万吨、英国“伊丽莎白女王”号6. 5万吨等；属于中型航母的有5艘：俄罗斯“库兹涅佐夫”级5. 9万吨、中国“辽宁”号约6万吨、印度“维克拉玛蒂亚”号4. 5万吨、法国“戴高乐”级4. 2万吨等；属于小型航母的有6艘：印度“维拉特”号2. 87万吨、意大利“卡武尔”号2. 71万吨、英国“皇家方舟”号2. 06万吨、西班牙“阿斯图里亚斯亲王”号1. 719万吨等。

(2) 按动力类型分类。可分为常规动力航母和核动力航母两类。现在在役的核动力航母只有美国的“尼米兹”级、“福特”级航母和法国“戴高乐”号航母共12艘，其他的11艘航母全部为常规动力航母。

(3) 按作战使命分类。可分为攻击航母、反潜航母、护航航母、多用途航母等。其中攻击型航母是以舰载攻击机、舰载战斗机为主要武器的航空母舰，多为大、中型航母。美国的“福莱斯特”级航母、

"小鹰"级航母均为攻击型航母，攻击和防护能力强，能够攻击水面、空中和陆上目标。反潜航空母舰是以舰载反潜机（反潜直升机和固定翼反潜机）为主要武器的航母，多为中小型航母。意大利的"加里波的"号航母就属于其中。多用途航母是以舰载攻击机、战斗机、反潜机等为主要武器的航母，多为大型航母。

44. 航母作战效能可以量化评估吗？

在评价航母的过程中，除了定性评价外，人们一直在研究能否通过一定的评价规则，筛选一定的要素，附以各要素不同的权重，最终以量化指标对不同的设计方案或不同的航母进行评估。有了这种具有共识的评估方法和指标，就可以直观反映航母某些指标或总体指标优劣，对航母的研制、设计、评价都具有重大的现实意义。

不同的作战任务作战流程是不一样的，美国对空、对海、对潜作战时的流程就有很大的差别。衡量武器系统效能的参数很多，一些参数有确切的量化数据，有些则不能量化，只能采取数理统计的处理方法或定性分析和估算。

对舰载机攻击能力影响较大的有以下主要因素：

(1)舰载攻击机的作战性能，包括作战半径、武器种类等。作战半径又与飞机航行剖面、携带武器的外形、重量以及返回着舰用的储备油量有关。采用不同的航行剖面，其作战半径可能相差30%。反舰导弹和空对地导弹对作战半径影响最小，火箭弹和炸弹对作战半径的影响较大。同样油量条件下，两者作战半径可能相差28%。飞机返回着舰用的储备油量通常是按正常气象条件（4级以下海情）和蓝色甲板（停机区无飞机）来计算的。如果遇到绿色甲板（停机区已有飞机），储备油量应增加30%，则作战半径相应减小。

(2)弹射器每天飞机弹射次数的限制。

(3)舰载机的在航率（能执行任务飞机的比率）和能战率（能执行所有任务飞机的比率）。这和飞机的性能、飞行员的素质等许多因素有关。

(4) 飞行员的出动强度。通常航空母舰舰载机与飞行员按1∶1.5的比例编配，以增加舰载机的出动强度。美国航空母舰100％的舰载机飞行员有夜间弹射起飞和夜航能力，但其中只有50％～60％的飞行员具有夜间着舰能力。为了能使不具有夜间着舰能力的飞行员都能够参战，出动大攻击波常选在拂晓出击，返航已经日出。

45. 航母采用的动力系统分为哪几种？

动力系统选型是航母动力系统设计最重要的步骤。可作为大、中型航母推进动力系统的，主要有常规蒸汽动力、燃气动力、核蒸汽动力系统等。

常规蒸汽动力系统单机功率大，工作可靠，寿命长，转速调节方便，不需要增添特殊装置就可以实施倒车，对燃油也没有很高的要求。航母采用蒸汽动力装置还具有可方便地向弹射装置提供蒸汽等优点，技术比较成熟。缺点是基于安全原因，蒸汽压力只能限制在60～80 kgf/cm^2，过热蒸汽温度在500 ℃左右，朗肯循环的热效率很低，且体积庞大，装备笨重，需要较多操作岗位和值班人员。

燃气动力是近代技术发展中有潜力与蒸汽动力竞争的推进装置。这种装置的优点是功率大、尺寸小、重量轻、效率高和机动性好，热效率高达37%，具有良好的部分工况经济性。其缺点是燃气轮机所需要的燃烧空气量大，进排气系统占用空间大，甲板开口多。而且燃气轮机的大量高温（450～500 ℃）排烟，会增加被敌方红外探测器和来袭导弹红外寻的发现的可能性。

核动力与常规蒸汽动力相比，主要具有以下优点：

(1) 能长时间持续高速航行，大大提高了机动性，增大了活动范围；

(2) 一次装载燃料可用多年，续航力有很大提高；

(3) 自身一般不需石化燃料，省出大量空间，可增大机库容积，多装载航空燃料、弹药和备品，增强了作战能力；

(4) 由于能源充足，电力、淡水及蒸汽的供应几乎不受限制；

(5)没有锅炉及其进、排气道，除了节省舱容，有利于舰的总体布置外，还大大改善了舰只的红外辐射；

(6)没有排烟，飞机和电子设备不受腐蚀性气体污损，同时也不会造成甲板气流场紊流，提高了飞机着舰的安全性。

由上可见，核动力是航母较为理想的动力。但核动力装置的初始投资大，设计建造技术复杂，安全使用及其他保证条件的要求都比较高。

46. 核动力航母的威力为什么比常规动力航母大得多？

核动力航空母舰几乎都是大型航母（法国“戴高乐”航母除外），美国的“企业”号和“尼米兹”级核动力航母都是大型航母的典型代表，它们的特点是：

大型核动力航母一般无需大量航行备油，节省了大量空间，还有续航力大、机动力超群、战斗力强、威力大、不用烟囱等特征。大型核动力航母更换一次核燃料可连续航行10年以上，用不着海外基地支援，这是常规动力航母不能做到的。这一特点在战术上和战略上都具有重要的意义。

从战术上来看，核动力航母为进行战术突防和舰载机起降，需要进行高速机动，当冲突出现不战不和僵持状态时，它担任巡逻、警戒最为得心应手。尤其需要长时间在海上执行巡逻任务时，续航力大的核动力航母身价更是倍增。通常一艘常规动力的大型航母装载7 500多吨舰用燃料、8 000吨航空燃料、1 600～3 000吨航空兵器，6 000名舰员每天要消耗15吨食品。对于核动力航母，其补给情况就好得多。首先，它不需要装载7 500多吨舰用燃料，仅补给时间就比常规动力航母减少一半。其次，核动力航母装载的航空燃料，大约是常规动力航母的2倍。第三，核动力航母装载的航空兵器大约是常规动力航母的2倍，如，“尼米兹”级可装3 000 吨。因此，核动力航母在海上执行作战任务的持续时间，是常规动力航母的2倍。

核动力航母的战斗威力比起常规动力航母来要强得多。它能够为舰载机起降提供更可靠的保证，因而提高了舰载机的作战能力。舰载固定翼飞机在起降时，需要航空母舰高速行驶，以提高相对风速。舰载直升机起降时，需要航母不断改变航速，以保持微弱的合成风速。核动力航母既能高速航行，又可频繁调整航速，可充分满足各类舰载机起降的需要。

舰上的蒸汽弹射器、飞机升降机和拦阻装置需要消耗大量的能量，核动力航母可为其提供足够的动力，大大提高舰载机的使用效率。核动力航母没有烟囱，不引起舰的上空气流紊乱，有利于提高舰载机着舰的安全性。甲板上停放的舰载机不用担心受排烟的污染，大大减少了保养工作。核动力航母本身不需要燃油，节省下的舱容，可以用来装更多的航空燃料、弹药和备品。“尼米兹”级核动力航母所载航空燃料，可供所有的舰载机使用16天，这是常规动力航母无法相比的。

47. 航母的推进器与一般舰船有什么不同?

图2-3 法国“戴高乐”航母螺旋桨断裂

航母的推进系统与一般水面舰船相比较有以下特点：

(1) 推进功率大，注意船机桨之间的匹配；

(2) 推进效率高；

(3) 要求在巡航航速前不出现空泡，降低噪声并避免剥蚀和效率下降；

(4) 对于四桨两舵布置大型航母要计入桨舵之间的水动力干扰；

(5) 螺旋桨的结构强度满足相关准则要求。

以法国“戴高乐”号航母为例，其设计航速只有27节，远小于美国航母33～35节的指标，主要因为直接选用法国核潜艇的核动力用在“戴高乐”航母上，机桨不够匹配，其螺旋桨制造的复杂性要高于一般的水面舰船。在首次试航时还出现了桨叶和舵板的明显振动并导致桨叶断裂的事故（图2-3），最终分析确定是舵板偏离了艉轴系的位置引起，一个支撑着重达30吨重舵轴的舰体段被切割下来，移动83厘米并稍微倾斜安装，最后精确到毫米重新焊接起来。

48. 航母各层甲板是如何分工布置的？

航母的各层甲板配置着舰载机和各种武器系统赖以作战运行的装备，以及数千名舰员赖以生活和工作的舱室、设备，这些装备所组成的各种系统依赖综合平台的功能得以发挥为重要基础，因此航母分层甲板的总布置是航母总体设计的关键问题之一。

飞行甲板是发挥航空平台功能所必需的重要特定场所，由于它主要是为舰载机的起降、停放和保障服务的，所以它的布置应该由此而确定。为尽可能减少舰载机起飞、降落和停放等运行操作的相互影响与干扰，现代航母飞行甲板划分成几个主要作业区域（起飞区、降落区、停机区等），一般降落区域布置在斜角甲板。在飞行甲板上除了配备滑跃起飞甲板或弹射起飞装置、舰载机降落装置及跑道、舰载机出入库的升降机之外，还需要布置航空弹药升降机、舰面航空保障设备、近程舰面武器系统、无线电通信系统等设备，以及舰载机准备和维修设施等。

顶楼甲板处于飞行甲板和机库之间，现代大型航母的机库普遍较高，因而不像以往的航母机库只占用两层甲板而多采用三层甲板，该层甲板一般呈连续状，通常布置在与飞行作业有关的重要舱室。

中楼甲板处于机库甲板的上一层或两层，为了保证机库容积，中楼甲板的空间属于机库，四周的一些舱室主要布置海上补给、甲板机械以及机库等舱室。

主甲板即机库甲板，是为舰载机服务的重要甲板，该甲板的布置要求尽可能利用有效空间停放更多的舰载机。机库里的舰载机应便于调配，以在最短的时间内将舰载机调出或调入机库。舰载机的主要维修保养任务在机库内部完成，需配备很强的保养维修设施和能力。机库内要特别考虑安全防火要求，能实施区域隔离并迅速采取消防措施。

2甲板、3甲板、4甲板等下层甲板是布置各种设备和人员生活设施的重要场所，由于这些甲板比较安全，所以一些重要的指挥和控制设备也布置在这里。这里的一些甲板已经接近水线附近的位置，可以布置一些调整水舱等舱室。

49. 航母舰岛的大小、形状和位置为什么有所不同？

在进行航母的上层建筑设计时需要开展以下几个方面的研究：

(1) 航母岛式上层建筑的体积对电子设备的电磁兼容性影响。由于岛式上层建筑布设有众多的电子设备，要减少上层建筑的体积必须解决众多电子设备的电磁兼容问题。

(2) 航母上层建筑的位置直接影响常规动力的烟道与机舱和机库的关系。由于烟囱不允许从机库内穿过而又必须靠近动力舱，给设计带来的约束较大。航母上层建筑的布置位置、尺寸、形状对航空作业的影响较大，其占用飞行甲板的面积越大，甲板搭载的舰载机数量就越少，这将直接影响航母的作战效能，因此在保证上层建筑不影响重要舱室和设备布置的前提下尽量缩小上层建筑的体积。将其前移虽然会对驾驶具有良好的视野，但会对舰载机起飞和艏部停机区的调运产生直接影响，还需对蒸汽弹射装置一侧的舱壁进行隔热防护处理，上层建筑后移将有利于使飞行甲板停机区、保障区、起飞区连接形成空间充裕的航空作业区域，提高作业效率和灵活性，但是会对舰艉的气流场产生影响。“尼米兹”号航母上层建筑见图2-4。

(3) 岛式上层建筑的设计需要考虑雷达波的隐身问题。为了减小全舰的雷达波散射截面积，“福特”号航母的设计选择了菱形岛式上层建筑方案，采用倾斜的多面体，舰舷和飞行甲板之间用圆弧连接，大量使用新材料，外形扁平、低矮、光洁，桅杆、天线、传感器、导弹等设备和武器都设在舱面以下，以达到理想的隐身效果，见图2-5。

(4) 岛式上层建筑后移对航母气流场的影响评估。美国海军在综合考虑各利弊后将上层建筑后移，为克服对艉部舰载机降落区气流场的不利影响，对其隐身性设计后还进行了优化设计。这些都建立在对气流场的仿真计算、模型试验等结果的基础上。

图2-4 “尼米兹”号航母上层建筑

图2-5 “福特”号航母上层建筑

50. 航母的外形主要是为了看着漂亮吗?

船体型线是关系到舰体全局性问题之一，型线设计考虑是否周到、型线是否优秀，对船舶航海性能、使用及建造等都有很大影响。

首先，型线与阻力性能关系很大。艉部型线与螺旋桨的配合对推进效率和振动有很大影响，型线与船舶的稳性、操纵性、横摇阻尼、船在波浪上的运动特性、砰击等都有关系。在使用方面，型线影响布置和舱容，例如机舱内布置条件、货舱和压载舱容积、甲板布置地位等。在建造方面，型线的平直部分、可展曲面部分可以简化施工的工艺，而复杂曲面增加了施工难度和工作量。

第二，考虑总布置的要求。总布置所需的甲板面积、货舱大开口的尺寸、纵倾的调整等，对型线设计都有一定的要求，型线设计中应加以考虑和满足。有些情况下，当布置与性能对型线的要求发生矛盾时，通常是适当降低对性能方面的要求来满足布置和使用的需要，使船舶能以比较紧凑的尺度满足布置和装载的要求，这一点尤为重要。

第三，考虑船体结构的合理性和工艺性。不必要的复杂曲面的船体形状，不仅增加建造工时，多耗材料，而且不易保证施工质量，影响结构强度。过度的外飘、船首平坦的底部，都会增加波浪的冲击和船底的砰击。这些都是型线设计中应注意的问题。

第四，外观造型。水线上部艏艉轮廓线、甲板边线以及外露的折角线，应考虑美观和造型方面的要求。

51. 航母机库升降机的设置为什么由舷中移到舷侧？

机库是容纳和检修航母舰载机的场所，位于飞行甲板之下。机库的强度是大家都关心的问题，从结构形式上讲，美国机库在二战之前多采用开式结构，没有装甲防护。二战结束后随着喷气式飞机上舰，舰体越来越长，对强度和防护的要求越来越高，美国“福莱斯特”号航母以后均采用闭式机库，飞行甲板的设计要参与全舰总纵强度计算并带有防护装甲。

机库长度通常约为舰长的2/3，一般分成两个大舱，由防火门分隔开，以避免火灾火势蔓延。由于核动力航母不需要烟囱，可以使机库的宽度伸到两舷。机库的设计必须充分考虑舰载机的停驻要求，尽量停驻更多的舰载机，同时又方便舰载机的调运。

航母上的飞机升降机是舰载机进出机库的运输工具，是影响航母作战效率的特种工具之一。二战以前的机库飞机升降机都是舷内中央型，它的最大缺点是占据了飞行甲板和机库甲板很大一块面积，减少了机库容量，而且使用飞机升降机时要停止舰载机的起降作业。美国航母舰载机升降布置变迁见图2-6。

机库的大门属于专用多功能特种大门，主要有卷帘式和滑移式两种，具有适应恶劣工作环境、抗外界干扰能力强、结构功能特殊、启闭行程长、惯性大等特点。

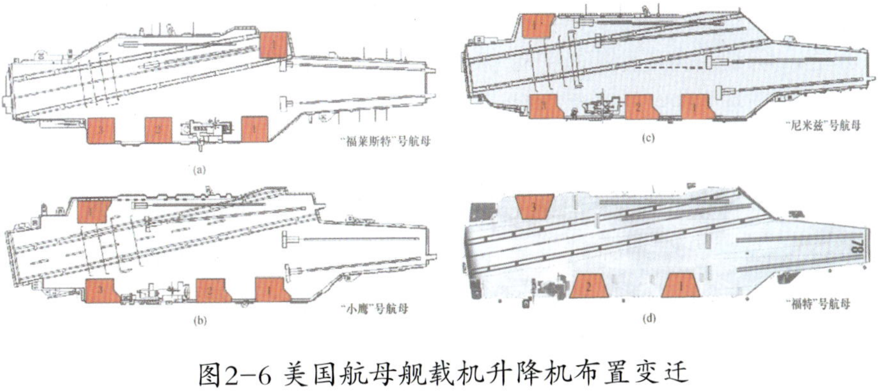

图2-6 美国航母舰载机升降机布置变迁

52. 航母每千吨排水量舰载机数量说明了什么?

（1）排水量长度系数（表2-1）。从阻力角度分析航母性能，首先从主尺度来考虑其对航母的影响。每一项主尺度参数都不能单一地作为判断依据，故可以选用排水量长度系数，因其代表了单位长度内的排水量，相当于每一艘航母的一个常量，所以可以作为衡量各艘航母性能的标准。排水量长度系数又称为瘦长系数，代表了船舶的瘦长程度。系数大者意味着在同样的长度范围内分布有更多的排水量，或者把同样的排水量分布在较短的船长范围内，表示船体肥而短；反之，该系数小者表示船体瘦而长。

相对于其他几艘航母来说，“尼米兹”号航母的排水量长度系数是比较大的。对于航母这类高速船，剩余阻力较摩擦阻力占总阻力比重更多，剩余阻力受排水量系数影响比较敏感，这主要是因为高速船的兴波阻力成分较大。因此从排水量系数这个角度来看，“尼米兹”号航母的阻力是比较大的。但是“尼米兹”号航母的球艏具有降低兴波阻力的作用，如果综合比较各种因素，它的阻力也不一定是很大的。

（2）每千吨排水量舰载机数量（表2-2）。舰载机是以航空母舰为基地的海军飞机，用于攻击空中、水面、水下和地面目标，并遂行预警、侦察、巡逻、护航、布雷、扫雷和垂直登陆等任务。舰载机对海、对岸作战的主要形式是组织航空编队实施攻击。攻击的规模可以是2～4架攻击机的小型编队，也可以是20～30架攻击机的大型编队，主要取决于目标的性质、作战意图及目标的防御能力。航空母舰的对空作战主要是由舰载战斗机来完成的，通常有三种对空作战形式：攻势防空、防御性防空和空中掩护。一艘航母上装备舰载机的数量，影响着航母的作战能力。在研究航母性能优劣时，可以从单位排水量下航母装备舰载机的数量上衡量航母的作战能力。

与其他各国相比，“尼米兹”号航母的每千吨排水量舰载机数量比较大，这说明它在相同排水量下装备的舰载机数量比其他航母多，作战能力强。同时，这也说明它的航母型线设计比较好，使得它在相同排水量下的载重能力比其他航母的能力强。

表2-1 排水量长度系数

	尼米兹	库兹涅佐夫	企业号	戴高乐	CVF
排水量/万吨	8.20	5.30	8.20	3.20	6.50
船长/m	332.90	304.50	342.52	261.50	46
排水量长度系数/(t/m)	2 222.6	1 877.2	2 040.59	1 789.51	0.71

表2-2 每千吨排水量舰载机数量

	尼米兹	库兹涅佐夫	企业号	戴高乐	CVF
排水量/万吨	8.20	5.30	8.20	3.20	6.50
舰载机数/架	86	50	80	40	46
舰载机数/(架/千吨)	1.05	0.94	0.98	1.25	0.71

53. 对航母产生的横摇、纵摇、垂荡的极限要求是多少?

航空母舰是一个活动在海上的航空基地，海上风浪会引起舰船产生6个自由度的摇荡，对舰船的航行、舰上武器的发射、舰载机的起降、人员的工作环境等产生影响。对舰载机起降影响较大的是横摇、纵摇和垂荡，横摇可能单独出现，而垂荡一般是和纵摇同时发生，所以在航母设计中针对航母舰载机的可操作条件、航母的安全航行、舰载武器的使用和人员在舰上的作业条件和工作效率影响，制定了一套航母甲板运动和甲板风相应的限制衡准。如表2-3所示。

表2-3 舰载机起降及人员等对航空母舰平台摇荡运动要求标准

舰载机	运动	有义单幅值极限	位置
常规起降飞机 CTOL	横摇 纵摇 垂向位移 垂向速度	5° 1° 2.16 m 1.43 m/s	重心处 重心处 飞行甲板着舰点 飞行甲板着舰点
垂直起降飞机 VTOL 垂向速度	横摇 纵摇 垂向速度	5° 3° 1.98 m/s	重心处 重心处 飞行甲板
短距起降飞机 STOAL	横摇 纵摇 垂向速度	5° 1° 1.98 m/s	重心处 重心处 飞行甲板
人员	横摇 纵摇 垂向加速度 横向加速度	8° 3° 0.4 g 0.2 g	重心处 重心处 舰桥 舰桥
支援设备	横摇 纵摇	3.5° 3.5°	重心处 重心处

54. 建造和维护一艘航母需要多少费用？

各国在计算航母的研发、设计、建造、使用保障、代化改装、退役处理费等时，计算模型并不全相同。以美国为例，航母的全寿命周期费用大致分为以下几部分（图2–7）。

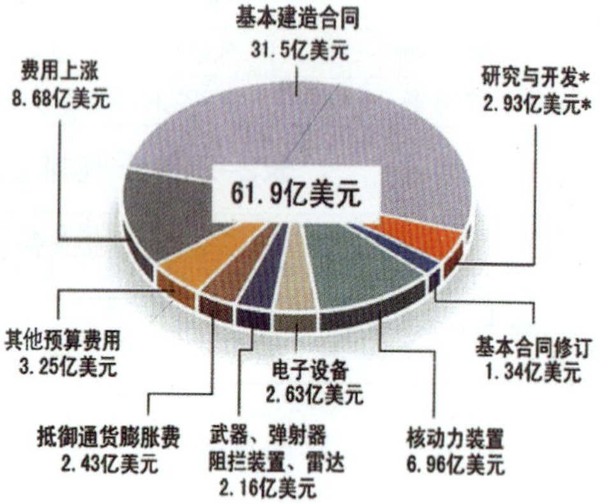

图2–7 美国“布什”号航母采办费构成图

1. 投资费用

（1）采办费用。约占全寿命周期费用的20%。“尼米兹”级航母共建10艘，第一艘“尼米兹”号的采办费7.25亿美元，到第10艘的“布什”号达到61.9亿美元，增长7.69倍。“福特”级航母采办费361亿美元，另加43.3亿美元开发费。

（2）中期现代化改装费用。约占全寿命周期费用的10%。“里根”号航母中期现代化改装费23.82亿美元。

2. 使用保障费用

此项费用约占全寿命周期费用的65%～70%。“里根”号航母使用保障费约148.82亿美元，占全寿命周期费用67%。

3. 退役处理费用

此项费用约占全寿命周期费用的4%。CVN76“里根”号航母退役处理费8.99亿美元，约占全寿命周期费用的4%。

55. 世界上哪些国家拥有航母？

历史上曾经拥有航母的国家共有16个。二战后期，美国十分重视航母的发展，建造的航母有了较大进步，而曾经的海军强国英国限于经济实力，只把二战末期未建成的航母继续完工留用，把精简下来多余的航母租赁或卖给其他中等海军国家，使得荷兰、加拿大、澳大利亚、巴西、阿根廷、印度等国先后都成了航空母舰的拥有国。后来巴西、泰国也先后租赁、购买而拥有了航母。尽管英国皇家海军在二战后新建的航母大大减少，但在此期间对现代航母的关键技术做出了重大的贡献，如斜角甲板、蒸汽弹射器、助降装置、垂直起降飞机、滑跃起飞技术等。

迄今具有本国设计、建造航母能力的国家有美国、英国、法国、苏联、德国、日本、意大利、印度和中国9个国家。这些国家根据自己的经济实力、工业技术水平和国防需求，分别发展、建造了自己的航母。意大利于1985年建造了"加里波第"号短距起降飞机轻型航母。1988年西班牙在美国帮助下建造了"阿斯图里亚斯亲王"号短距起降飞机轻型航母，1997年又替泰国建造了"查克里·纳吕贝特"号轻型航母。

目前世界上共有10个国家拥有25艘航母，其中12艘是核动力航母，见表2-4。

表2-4 目前世界各国在役、在建航母

国家	航母型号*数量（计划）	航母动力	满载排水量	舰载机	备注
美国	"尼米兹"级*10 "福特"级*1（3）	核动力 核动力	9.1487万吨 10.2022万吨	71 >75	
法国	"戴高乐"级*1 PA2级*（1）	核动力 蒸汽动力	4.2000万吨 7.0000万吨	39 37	决策推迟
英国	"伊丽莎白女王"级*1（2） "无敌"级*1	全电力推进 蒸汽动力	6.5000万吨 2.0600万吨	>40 21	
中国	"辽宁"号*1 001A型*1	蒸汽动力 蒸汽动力	6.0870万吨 约6万吨	36	原乌克兰"瓦良格"号
俄罗斯	"库兹涅佐夫"级*1	蒸汽动力	5.9000万吨	39	
意大利	"加里波第"号*1 "加富尔"号*1	蒸汽动力 蒸汽动力	1.3370万吨 2.7100万吨	18 34	
印度	"维拉特"号*1 "维克拉马蒂亚"号*1 "维克兰特"号*1	蒸汽动力 蒸汽动力 蒸汽动力	2.870万吨 4.500万吨 4.000万吨	30 22 22	原英国"竞技神"号 原"戈尔什克夫"号
西班牙	"阿斯图里亚斯亲王"*1		1.7188万吨	25	
巴西	"圣保罗"号*1	蒸汽动力	3.3673万吨	29	原法国"福熙"号
泰国	"查克里·纳吕贝特"号*1	蒸汽动力	1.1485万吨	12	

56. 五大航母强国航母作战能力差别有多大？

从经济实力、设计建造航母的水平和航母作战能力评价，美国、法国、英国、中国、俄罗斯应属于航母强国。

美国　二战结束时，美国海军各型水面战斗舰艇达到1 122艘，其中航母保持在15艘。其水面战斗舰艇的规模大减，保持在600艘左右，但一直把航空母舰作为海军装备体系的核心、全球战略的重要支柱、对苏联本土常规和核打击的必要手段。20世纪50年代中期至90年代中期，美国转为致力发展大型核动力航母。20世纪90年代中期至今，随着冷战的结束及战略调整，美国各型水面战舰逐步减至目前的280艘左右，但一直保持11～12艘核动力航母。美国将发展新一代“福特”动力航母以陆续取代原航母。

法国　二战前法国只有一艘1927年改装的2.2万吨航母，二战后通过租借、购买、转让等方式，得到了英国、美国的航母，之后走上自行发展航母之路。1961—1963年法国建成的2艘“克莱蒙梭”级航母服役，1964年建成1艘“贞德”号直升机航母，经过现代化改装提高了防空和反导弹能力。后开始研发“戴高乐”核动力航母，1998年服役，成为美国之外唯一拥有核动力航母的国家。与英国合作研发的“威尔士亲王”号航母因经济问题暂停建造。

英国　英国对世界航母的技术发展做出过重要贡献，但由于经济方面的原因，长期发展轻型航母。战后英国建造了5艘“竞技神”级航母，20世纪70年代新建了三艘“无敌”级航母，2009年正式开工建造的“伊丽莎白女王”号航母已下水服役。首次实现了航母综合电力推进，设计建造的双岛式上层建筑较好地解决了燃气轮机进排气和电磁兼容设计问题。

俄罗斯　苏联在二战刚结束制定的20年造船规划中，包括4艘航母。1951年海军司令库兹涅佐夫宣布苏联将开始建造航空母舰，1952年斯大林去世，建造计划流产，赫鲁晓夫反对建航母并将潜艇在战争爆发后消灭美国航母列为首要任务，失去了发展航母的机遇。20世纪60年代后，苏联开始改变认识，相继建成“莫斯科”级直升机航母、

“基辅”级轻型反潜航母、“库兹涅佐夫”级航母（图2-8）。苏联设计建造的航母与经典航母不同，除了可将舰载机送到执行作战任务区域，还能装备反舰导弹和强力防空系统，而称之为载机巡洋舰。苏联解体后“瓦良格”航母停工，完成建造30%的“乌里杨诺夫斯克”级核动力航母被拆为废钢板卖给美国，目前只剩下一艘需要大修的“库兹涅佐夫”号航母。

中国　从“八五”预研开始研究航母技术，有一定的技术积累，在用非官方竞标购得乌克兰建造的“瓦良格”号航母后，经过勘验、论证，决定设计、续建、评估该航母。经过举全国之力，除原舰体、蒸汽动力设备外，该航母各系统和武器全部实现了国产化，全部舰载机也实现了国产化。这与印度等国所走的道路完全不同。特别是第一艘国产航母，其性能与作战能力已经优于俄罗斯的“库兹涅佐夫”号航母，现正计划发展弹射起飞和核动力航母。（图2-9）

图2-8 俄罗斯“库兹涅佐夫”号航母

图2-9 中国“辽宁”号航母

57. 美国“企业”号航母为什么被称为“百舰之首”？

美国“企业”号航母是世界第一艘核动力航母，它曾经以世界排水量最大、现代化程度最高、作战能力最强被誉为“百舰之首”。

核动力航母与常规动力航母相比较，具有以下一些优势：

(1) 由于核动力航母的航程不受燃料储存与消耗的影响，有着几乎无限的续航力，因而具有更大的战术机动性和独立行动的自由，扩大了攻击范围，增加了攻击效果。

(2) 不需要燃油，可节省大量的舱容，用来装载更多的航空燃料、弹药和备品，因而大大减少对海外基地的依赖，减少对后勤资源的要求。

(3)由于核动力航母不排放腐蚀性气体，减少了舰体、设备和飞机的维修工作量，节省了人力。

(4)常规动力航母的进气道和烟囱（图2-10）从舰体通过，不仅要占据舰体内宝贵的空间，还会降低舰体的结构强度。战争中烟囱被击穿就会泄漏高温废气，严重影响战斗保障任务。

(5)在有严重威胁的海区，具有更大规避危险的能力。

在建造了“企业”号航母（图2-11）后，美国海军曾决定今后所有新设计的航母一律采用核动力推进。尽管期间由于考虑资金问题将本应建成核动力的“肯尼迪”号航母改为常规动力，但美国官方经过系统比较和论证后认为这是一个错误，“企业”号航母的良好表现最终得到官方的认可。

“企业”号核动力航母有8座A2W型压水反应堆，产生的蒸汽可驱动4台各为70 000马力[①]的蒸汽轮机，全舰的总发电量为20 000千瓦，辅助电机的功率为30 000马力。此外该舰还备有4台应急柴油发电机，总发电量可达到8 000千瓦。

图2-10 俄罗斯常规动力航母的烟囱

图2-11 美国“企业”号核动力航母

58. 英国“伊丽莎白女王”号航母为什么采用双舰岛布置？

英国“伊丽莎白女王”号航母是第一艘采用双舰岛布置的航母。采用这种形式的上层建筑，经历了反复论证和大量试验验证，其优势为：

①1马力=735瓦

(1)双舰岛设计能缩短所采用的燃气轮机动力装置的进出气管道长度。由于上导管和烟囱布置在舰岛上，双岛设计可以使航母上两台燃气轮机分别布置在两个岛的下方，缩短燃气轮机进出气管道长度（图2-12）。

(2)双舰岛可使天线分散布置，解决电磁兼容问题。天线分散布置的方式在美国的航母上已经采用，但没有形成双岛。美国海军认为采用双岛布置方式会对飞行甲板舰载机布列、调运和保障效率造成一定的影响（图2-13）。

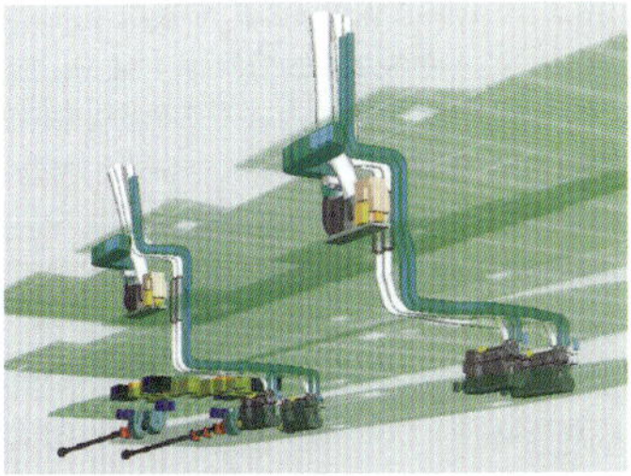

图2-12 燃气轮机进气道布置图

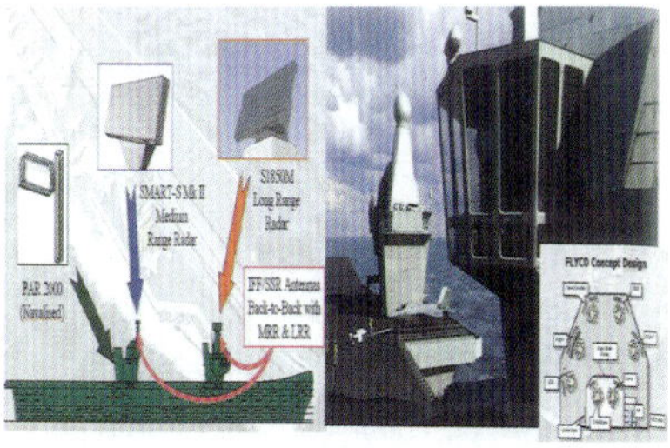

图2-13 上层建筑主要探测设备布置图

(3)双舰岛可以将航运指挥和舰载机航空联队的指挥分别设置在前后两个舰岛上，增强了视野，互不干扰。

(4)双舰岛兼顾了甲板的气流场，有利于舰载机的起降。

59. 法国“戴高乐”号航母的作战能力如何？

法国是除美国外唯一以航母为核心建设海军，同时坚持自行研制舰载机的国家，并且是美国之外唯一拥有自行研制的核动力航母（图2-14）的国家。这有其深刻的背景和战略目的。法国海军一直坚持“核威慑和常规打击”战略，而海军承担战略核打击任务的90%，其中航母舰载机承担40%的预先战略核打击任务。

另外，法国研制核动力航母是为了维护海外利益，满足战略需要，认为核航母是维持法国在苏伊士以东军事存在的支柱，将提高法国的国际地位，并加强在欧洲大陆与美国、英国争夺霸主地位的优势。

法国海军在论证核动力航母时，要求利用现有设施并自主研制，核动力采用当时正服役的“凯旋”级核潜艇的核反应堆，单堆功率4.15万马力，2座K-15型反应堆驱动2台GEC汽轮机组，因此新航母的排水量被限制在4万吨级，航速也就基本确定。此条件下法国海军提出，拟建的核动力航母，要能够搭载约40架起飞重量不超过25吨的各型飞机，并在6级海况下昼夜都可起降舰载机，具备一次出动24架舰载机的能力，具备45天的自持力，可连续30天进行高强度的作战，具备接收800人临时在舰上生活30天的能力。

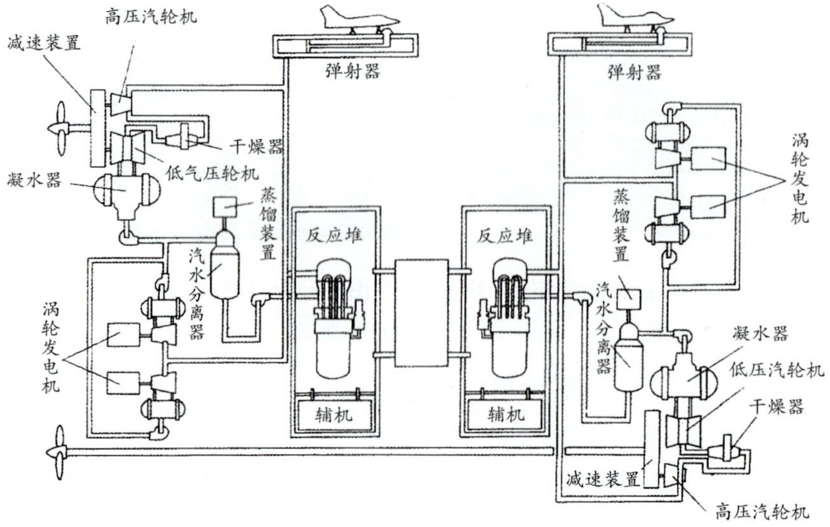

图2-14“戴高乐”航母核动力装置示意图

60. 我国“辽宁”号航母和首艘国产航母是“库兹涅佐夫”的翻版吗?

“瓦良格”号航母是苏联“库兹涅佐夫”级航母的2号舰，在建造到约68%时因苏联解体停建，故“瓦良格”基本是俄罗斯“库”舰的翻版。但“辽宁”舰不是，因为在续建过程中我国对“瓦”舰重新进行了设计，除了保留舰体和动力系统外，有重大改动：

首先，“辽宁”与“瓦良格”航母的设计思想不同。苏联称“库”级航母为载机重型巡洋舰，更看重舰面武器的配置。我国续建设计是按通用的航母理念进行设计，取消了原导弹垂直发射等系统，增加了我国自行研制的舰面武器，改动了飞行甲板和相关舱室的布局。其次，“库”级航母为减轻上层建筑的质量大量使用了铝合金材料，但铝合金熔点低，受攻击后安全性差。“辽宁”舰改用我国国产钢材，并在上层建筑换装了国产的“海之星”相控阵雷达，拆掉了巨大的塔康系统天线。第三，“辽宁”舰的舰载机是国产的固定翼战斗机和预警机，原舰机适配性需要重新设计。第四，对部分“瓦”舰舱室进行了重新设计、优化。第五，由于所有设备都是国产需重新设计建造，全舰总体设计调整会改变作战能力。

我国首艘国产航母，是在基本保持了“辽宁”舰的排水量、线型基础上重新研究设计的，即三个自主：自主设计、自主建造、自主研制全部装置设备，各个系统的上千万个国产零部件的研制复杂程度可想而知。

媒体曾对国产航母与“辽宁”舰的总体设计变化做过一些介绍。如飞行甲板的改进，包括方便舰载机的调度而在降落跑道末段延左侧位置不变的情况下，将与舰首连接的右侧位置前移5米，使降落道末端斜角与舰体中心线的夹角减小，降落跑道中心线位置延长约1米。飞行甲板的另一改变是前部飞机升降机前移约3米，这样设计加大了飞机升降机与舰岛之间的距离，可停放更多的飞机与车辆。首艘国产航母的舰岛长度比“库”舰和“辽宁”舰缩短了10%，加上前部飞机升降机前移，使这一空间从10米增加到20米，可多停放两架机翼折叠的歼-15或一架机翼不折叠的歼-15。飞行甲板上后部两舷的武器舷台面积缩小四成，扩大了飞行甲板的面积，在最大出动状态下可多停放2～3架飞机，提高了最大出动机群的数量和作战能力。

61. 印度、日本等国海军实力如何?

之所以没有将印度划为航母强国，是因为虽然印度现拥有（含在建）两艘航母，从俄罗斯买入原已废除的“戈尔什克夫”维修改进舰“维克拉玛蒂亚”号（图2-15），国产设计建造的“维克兰特”号，

图2-15 印度“维克拉玛蒂亚”（原俄罗斯“戈尔什克夫”号）

但前者一再推迟交工和涨价，后者也面临着延误。据印度报纸称，“维克兰特”号航母的研发自2009年以来一直在进行中，但2023年之前都不太可能完成，难以形成战斗力。最近报道，印度只拥有66艘大型水面战舰，不足中国海军拥有大型战舰283艘、美国海军拥有可部署军舰总量275艘的1/4。而且中国自主研发的1.2万吨055型大型驱逐舰已经下水，该舰将配备诸多导弹垂直发射装置并有可能携带激光武器，而印度的驱逐舰还不如中国的6 000吨排水量的052D型驱逐舰先进。印度拥有的25艘轻型护卫舰核导弹艇大约是中国的106艘轻型护卫舰核导弹的1/4，印度拥有的11艘驱逐舰不足中国26艘驱逐舰的一半，够不上海军强国。

意大利、西班牙　在20世纪80年代进入自建航母的国家队伍，但意大利建造的“加里波第”号轻型航母（标准排水量1.01万吨）、“加富尔”号航母（满载排水量2.71万吨），西班牙建造的“阿里斯图亚斯亲王”号航母（满载排水量1.67万吨），均较适合中等海军国家使用。

日本　曾经是航母强国，二战结束时被剥夺了建造、拥有航母的权利。安倍上台后一直鼓动修宪，并设计建造了多艘直升机航母，拥有成为航母强国的潜在条件。

62. “尼米兹”级航母的重要参数有哪些?

以“尼米兹”级航母为例，主尺度与重要参数如表2-5所示。

表2-5 “尼米兹”级航母的主尺度于与重要参数

总长	332.9	米	动力装置：2座威斯汀豪斯/通用电气(GE)公司的A4W/A1G压水堆，4台蒸汽轮机，总推进功率28万马力，轴功率26万马力(209兆瓦)；4台应急柴油机，10 720马力；4轴推进。更换一次核燃料可连续运行13年，续航力达80～100万海里
垂线间长	317	米	
水线长	317	米	
舰宽	40.85	米	
飞行甲板长	332.9	米	
斜角甲板长	237.7	米	
飞行甲板宽	76.80	米	
飞行甲板面积	18 200	平米	

表2-5（续）

斜角甲板角度	9.3	度
型深	30.63	米
吃水	11.3	米（满载12.1米）
方形系数	0.61	
棱形系数	0.613	
水线面系数	0.76	
舯剖面系数	0.991	
排水量与吃水：		
标准排水量	81600	吨
轻载排水量	72916	吨
满载排水量	91487	吨
标准状态吃水	11.3	米
满载状态吃水	11.9	米
航速与续航力：		
最大航速	33	节
巡航速度	30	节
续航力	71万海里/30节	
自持力	90天（航空弹药1950吨、航空燃油9000吨，储备物资1020吨，可支持2个星期的作战任务）	

电力系统：	8台8000 kW汽轮发电机组和4台2000 kW柴油发电机组容量需求27 MW（小鹰级16.5 MW，企业44 MW）
电压等级：	中压系统电压：4159V；站发电量：4×16000kw+4×2000
雷达：	雷声SPS64(V)9型雷达，富鲁诺（FU—runo）900型雷达，I/J波段；火控：6部Mk95，I/J波段（对导弹）；战术空中导航（塔康）：URN25型雷达
航空保障：	4部C13-1蒸汽弹射器，4部舰载机升降机，4道Mark7-3阻拦索
弹药升降机：	10部（每部能力4吨）
飞行甲板上航空加油站：	14个
船舶装置：	舰上设有2个锚。单锚重量27吨，锚链重量114吨（每环重163.3kg），在发生紧急情况时可进行远距离操锚作业。 舰上有两个舵，每个重65.5吨。 蒸发器：每天制作1520吨淡水

63. 新一代“伊丽莎白女王”号航母采用了哪些新技术？

作为曾经的世界航母强国，英国在航母发展史上做出过世人瞩目的重要贡献。二战后，尽管英国海军的航母数量急剧下降，但是到20世纪50年代中期仍维持着18艘航母在役。60年代末，昔日的大英帝国已经崩溃，其海军从以航母为核心的突击力量型转变为以反潜护航兵力为主的防御力量型，从独立全球作战转变为在北约范围内以苏联海军为主要作战对象。冷战结束后，英国海军决定研制作战能力更强的中型航母，设计建造了“伊丽莎白女王”号。

“伊丽莎白女王”号航母的航空作战能力要求是：根据舰载机飞行员比例1.5∶1、飞行员利用率4次/天（随时间延长而降低）、日出动波次5波/天、持续作战时间5～7天等要素，结合出动流程，具体要求为：在60 nm×40 nm的限制海域内，作战首日舰载机高峰出动能力不低于100架次。航空联队在配置36架联合战斗机和4架海上监视飞机时，连续5天的总出动架次不低于360架次。

“伊丽莎白女王”号航母在以下方面采用了新技术：

(1)船型技术。通过对多方案进行快速性、耐波性、操纵性、推进性能试验、水动力噪声试验、附体试验等，最终选择了与商船类似具有较大方形系数的单体船型，并采用了球鼻艏以减少阻力。（图2-16）

(2)生命力技术。在设计阶段采用评估软件，为抗冲击指标的改进提供相关的基础，在其内部设置大量隔舱和防水舱壁，使船体结构具有核、生、化防护能力。

(3)隐身技术。在雷达波隐身方面进行上层建筑低侦测性设计，上层建筑的桅杆内倾，使雷达强散射方向偏离雷达入射波方向，减少雷达波反射面积。大量使用复合材料、频选材料和吸波涂料，采用综合桅杆，简化电子设备的安装，提高其隐蔽性。

(4)采用综合电力系统。省去部分机械传动装置，采用低速下使用燃气轮机模式，大幅度降低声学特征。由于舰载机选型的不定性对研制进度造成影响，总体设计时采用了滑跃起飞方式和弹射起飞方式共轨设计。（图2-17）

图2-16“伊丽莎白女王”号水池模型试验

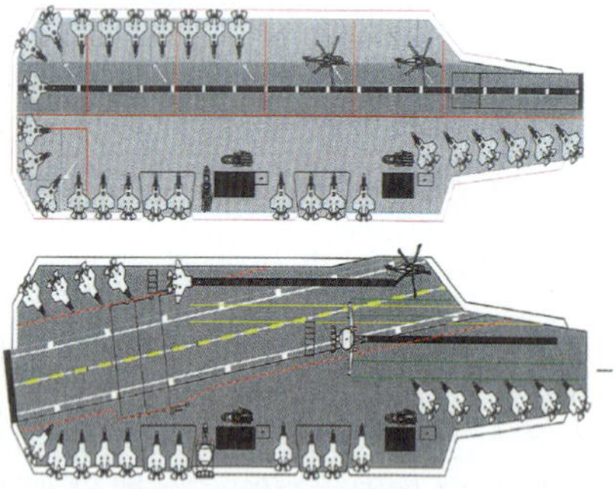

图2-17“伊丽莎白女王”号不同起飞方式的共轨设计

64.“福特”级航母与“尼米兹”级航母相比有哪些重大进步?

“福特”级航母是美国海军于20世纪90年代中期开始研制的新一代航母，2017年下水。其重大进步主要有：

(1)“福特”级航母的舰载机出动能力明显高于“尼米兹”级航母。现役“尼米兹”级航母在配置80架舰载机并增配飞行员的情况下，舰载机单飞行日持续出动能力可达160架次，日高峰出动能力可达279架次。而“福特”级航母目标值平均日持续出动能力可达220架次，平均日高峰出动能力可达310架次。（图2-18）

(2)“福特”号航母实现舰载无人作战飞机上舰。“福特”级航母舰载战斗/攻击机F/A-18E/F，主要性能指标比“尼米兹”F/A-18A/B/C/D有明显提高；“福特”级E-2D型预警机的预警探测和指挥控制能力相比“尼米兹”航母E-2C采用了开放式结构、新型雷达，扩展了通信设备，协同作战能力进一步提高；“福特”级航母采用EA-18G型电子战飞机，较之“尼米兹”级航母具备了全频电子战能力，并采用了有源电子扫描阵雷达，大幅度提高了飞行速度、高度和机动性。

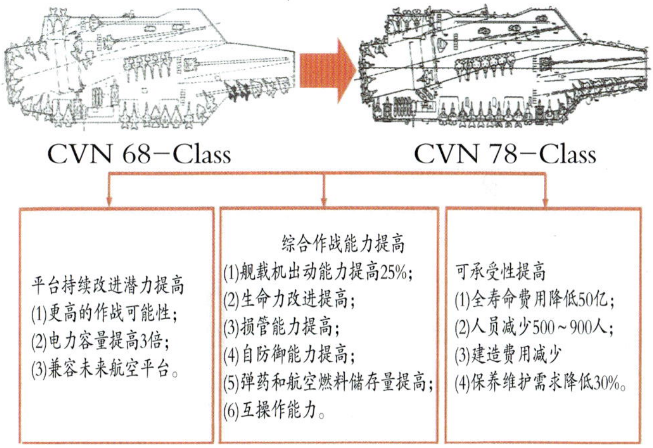

图2-18“福特”级航母较“尼米兹”级航母进行的改进

(3)“福特”级航母船型在沿用“尼米兹”航母船型基础上，重点针对球艏形式、总体型线进行优化设计，并提前用于“里根”“布什”号航母，使总阻力降低约5%。

(4)在集成岛式上层建筑方面，“福特”级航母将岛式上层建筑位置后移，并减小了舰岛的体积，进行了外形优化，集成化程度大幅提高，探测、通信、设备天线从“尼米兹”级航母的83部减少到21部、体积缩小到50%以下。大量使用复合材料和涂料，隐身性能更优。

(5)电力系统容量增加并选择了区域配电形式，电力容量提高3倍。

(6)航空保障系统发生重大改变。为了实现舰载无人作战飞机上舰、兼容多型舰载机的保障要求，提高舰载机出动能力，“福特”级航母航空保障系统设计了4部电磁弹射装置、3部先进涡轮阻拦装置、3部飞机升降机、11部先进武器升降机、一套联合精确近进引导系统和18个“一站式”保障部位。

(7)信息系统具备强大的编队信息搜集处理分发能力、强大的编队联合指控中枢能力。主要包括自防御系统、航空数据管理与控制系统、航母指挥/情报搜集/信息处理分发支持系统三部分。

65. 未来的航母会是什么样的？

在现代航母的基础上，各海军强国都在努力不断提高航母的先进性和作战能力，同时出现了具有各种各样新意的探索中的航母。

(1)多体船型航母。研究者们提出采用多体船的结构形式建造双体（图2-19）、三体甚至五体航母。这种船的浮力取决于支撑船体平台的多个片体，飞机起飞和着舰时引起的母舰排水量的变化，依靠体积小的支柱部分的吃水变化来补偿。人们尝试利用高速多体船的原理建造耐波性和适航性好的小型航母。

图2-19 美国双体型航母想象图

(2)隐形航母。这种航母采用了新的“隐身”技术，舰的水上部分和上层建筑采用光顺圆滑的外形，使舰艇的外表雷达散射面积降低几十倍甚至成百倍，使得敌方雷达的探测能力大大削弱，难以发现己方。具体措施就是在外形上避免出现各种长大的垂直平面，消除直角和尖棱角，使舰体上部分的外形光顺圆滑，不会形成强烈的雷达散射面积。同时在舰体表面涂上吸收雷达波的涂料，造成敌方雷达接收不到回波信号。

(3)超大级航母。为了对付核武器核导弹的攻击，考虑到航母的生存能力，有方案提出建造满载排水量50万吨、舰长401.3米、吃水18.6～22.8米的巨型航母，舰体内部构架部分重16万吨，防御部分的重量高达18.5万吨。推进动力与“尼米兹”级航母相同，巡航速度可达到23节，另外还有12万马力常规动力装置，6轴推进，最大航速26节。该舰装备6座飞机弹射器，舰载机的搭载数量最高可达到200架。

(4)浮岛式航母。美国、加拿大和日本都先后提出“浮岛式航空母舰”构想。加拿大、日本设想的浮岛式航母基本是固定式建筑，相当于在海上建造一个小型飞机场，跑道长1 000米左右，可供各种飞机安全起降，而造价只有几亿美元。美国设想建造一个巨型浮岛，排水量50万吨，全长900米、宽90米、高60米，可搭载300～500架各种类型的陆基飞机，航速6节。它由6个独立的组装模组拼接而成，其飞行甲板面积比10万吨级的“尼米兹”级航母还大两三倍，进驻的飞机数量也多2～3倍。包括C-130在内大多数飞机几乎都能安全起飞和降落，而无须复杂的弹射和阻拦装置。据称，2020年前美国海军将建造2～3艘。

(5)潜水型航母。专家们认为，现代航母容易遭受导弹攻击的主要原因是目标大，如果它能像潜艇一样潜入水下，受到攻击的可能性就会大大减少。最早的潜水型航母是日本研制的，二战中被苏联俘获，经研究后炸沉。进行这种研究的专家认为，潜水航母潜入水下是为了避免对方发现，所以下潜深度以潜望镜刚露出水面为宜，没有必要深潜。舰上的各种雷达和无线电通信天线应能伸出水面。排水量不宜过大，设计方案为排水量约1.2万吨、长150米，飞行甲板不宜过长，采用垂直短距飞机能够起降即可。除搭载20～36架垂直短距起降飞机外，还可装备导弹垂直发射装置，采用核动力，水下航速35节，水面航速30节。

66.航母舰载机按作战任务不同如何分类?

一般航母的舰载机根据作战需要可以分为：

(1)战斗机（含无人战斗机）。现代战斗机上装有近、中、远程空对空导弹等，主要用于对空作战中歼灭敌机和其他空袭武器，夺取制空权。先进的战斗机一般具有高的飞行速度、优良的机动格斗能力、超越对方的先进电子设备、远距离搜索探测能力、识别跟踪目标能力、对敌机目标实施先发制人攻击能力等。具有代表性的有美国的F-14A-D“熊猫”型。

(2)攻击机。主要用来对水面或地面目标进行攻击，作战能力强，航母上配置得较多，可以全天候活动，具有优良的低空和超低空性能，航程远、装载量大，可携带空对舰导弹、炸弹（甚至核炸弹）、火箭、机关炮等攻击武器，在战斗机的掩护下攻击敌方目标有很大的威胁力。具有代表性的有美国A-6E“入侵者”型、F/A-18“大黄蜂”型等。

(3)电子战飞机。在航母上担负电子侦察和战术电子干扰任务的飞机，通常随攻击机一起行动，对敌方雷达和作战系统实施干扰和欺骗，使敌方的防御设施处于瘫痪状态，从而为攻击机的打击行动开路。电子战飞机上只安装电子设备，可用攻击机或其他飞机进行改装。具有代表性的有美国EA-6B“徘徊者”型等。

(4)预警机。为航母实施空中早期预警的舰载机，能够提前发现来袭的目标和导弹，提供有关的数据，保证航母有足够的抗击准备时间。预警机可直接指挥舰载机在空中作战，是现代海战条件下不可缺少的机种。具有代表性的有美国海军的E-2C“鹰眼”型舰载机。

(5)反潜机。航母上用来搜索和攻击敌方潜艇的飞机，具有较强的续航时间和优良的低空性能，配备了探潜设备和反潜武器，能有效地执行反潜任务。具有代表性的有美国的S-3B“北欧海盗”型舰载机。

(6)空中加油机、侦察机等。

67.舰载机配置是如何适应作战需求不断改进的?

为保持空中优势并兼顾经济性，在论证设计“福特”级航母时，美国将“尼米兹”级航母的两个F/A18E/F型战斗攻击机中队保留的同时，将另两个同样的中队换装为两个F-35C型战斗机中队。新的高低组合，使得舰载机作战半径更大、隐身性更好，配置了更先进雷达，综合作战能力更强，具有主尺度增大、载油量增加33%、载弹量增加

25%、武器外挂能力提高14%、续航力增加40%的进步。

为了进一步提高战场空间管理、指挥控制和协同作战能力，同时提高对反舰导弹、巡航导弹、战术弹道导弹、隐身飞机等威胁目标的探测能力，美国海军在“鹰眼”2000型的基础上又研发了E-2D型预警机。为了更有效地提高大范围实施监视的能力，使其覆盖航母周围360度的区域，将预警机的数量由4架增加到5～6架。新的预警机由于加装了红外线搜索与跟踪监视系统，增强了战区预警与指挥控制的能力。在新的航母“福特”号上，美国海军提出研发新的EA-18G型电子战飞机来取代原EA-18F型战斗/攻击平台。新的电子战飞机外挂点增加，执行任务更具有灵活性，可以很容易地更换吊舱和武器，作战能力大大提高。

在新作战环境下，中程弹道导弹和陆基巡航导弹将成为美国濒海作战的主要威胁，而现役舰载机作战半径较小，无法满足打击敌内陆大中目标的需要。为具备连续24小时持续7天的战场态势感知能力，美国论证研制一型作战半径达到3 000千米以上、留空时间不低于40小时、具备良好隐身性并可搭载主要作战武器的航空战术平台，选择了X-47B无人作战飞机（图2-20），该型无人机现已投产，预计2020年开始装备“福特”级航母。

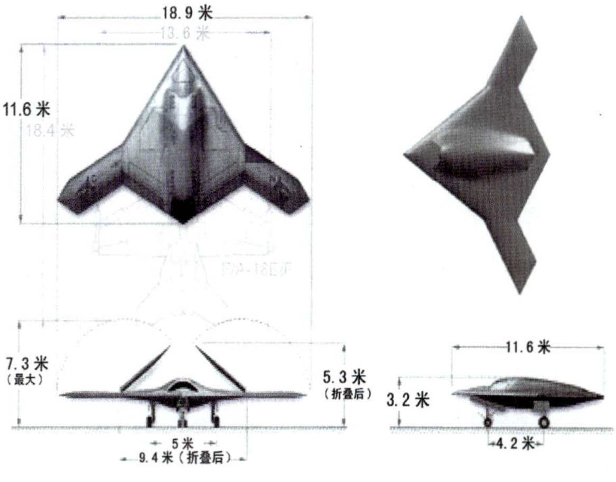

图2-20 美国X-47B舰载无人战斗机

68. 为什么说美国的各种舰载机有很大的领先优势?

美国智库人员认为，在技术上不断改进舰载机作战半径以远离对手攻击范围是最重要的，否则舰载机的机动性再好、载弹量再大，飞不到对手上空也没有意义，对未来美国航母而言，作战半径大于一切。

目前美国航母舰载机，无论是F-35C还是F/A-18E/F，想要达到陆基飞机两倍以上的作战半径都很困难。而且舰载机对新型航电、发动机的依赖程度不断上升，导致了舰载机机体超重、平均作战半径降低。美国军方因此认为，我国海军以DF-21D导弹为主要武器形成的1 000海里A2/AD反介入/区域拒止区域对于美国海军非常危险。事实上，DF/21D虽然在理论上可以打到美国航母，但其配套的传感器对美国海军航母与舰载机准确定位还非常困难。唯一服役的“辽宁”舰还未形成成熟的作战能力，现在还不具备比较中美两国的航母舰载机的条件。

从舰载预警机来说，“辽宁”号航母仅有直-18预警直升机提供舰队空中态势感知，其飞行速度、续航时间、监视区域等都无法与美国海军的E-2D相比。电子战舰载机、无人舰载战斗机等方面，我国还没有成熟的机型。但是中国航母研发和设计建造的速度，是没有一个国家能够比拟的。从我国航母舰载机的发展水平看，其作战能力已经领先印度10年，按媒体评述，我国航母的航空技术目前处于三代机成军、四代机初步成型的阶段，舰载机无人技术处于技术论证阶段，还不具备与对手形成代差的条件。由于中国在海外并没有空军常驻军事基地，航母作战时只有依靠舰队自身实施整个战役的供给和防御，在短期内还不具备挑战美军全球海权的能力。

69. 舰载无人战斗机何时可以上舰参与作战?

美国“福特”号航母舰载机配置方案对舰载无人作战飞机的配置原因，以及主要作战要求、总体方案、配置数量、对作战使用的影响、研制进展等进行了详细论证。

(1)对舰载无人作战飞机的配置原因及主要作战使用要求：美国海军认为在未来作战环境下中程弹道导弹（射程约3 000千米）和陆基巡航导弹（射程约1 200千米）是其航母濒海作战的主要威胁。美国现役舰载机作战半径较小，无法满足打击敌内陆大纵深目标需要，海军因此提出具备24小时持续7天的战场态势感知能力、作战半径达到3 000千米以上、留空时间不低于40小时、具有良好隐身性、可搭载主要作战武器的新型航空战术平台要求。而有人舰载机受人员疲劳等限制，难以完成上述使用性能要求，因此决定选择发展一型舰载无人作战飞机来担负以上使命要求。

(2)总体方案：根据作战使用要求，美国波音公司、格鲁曼公司分别提出了多个总体方案，通过综合评估最终选择了X-47B方案。据相关资料显示，该无人作战飞机最大起飞重量20吨，载弹量2吨，升限12 000米，高亚音速，可弹射起飞、阻拦降落，具备空中加油能力，具备15种武器构型，采用内埋式弹舱设计。

(3)配置数量：在单航母作战时，航母航渡至距海岸6 000千米处开始放飞X-47B无人作战飞机6～7架，待航母航渡到距海岸1 000千米处增至12架左右，形成对重点区域持续隐蔽侦查和打击能力。三航母战斗群时，其中一艘配置5个无人作战飞机中队约60架飞机，在距海岸1 000千米处的美岸基加油机和预警机保护下，由海向陆约1 000千米纵深范围保持连续24小时持续7天隐蔽侦查和打击能力。其他两艘航母搭载常规航空联队，阵位设置于中层导弹打击圈之外的3 000千米处。

(4)对作战使用的影响：形成了对陆基大纵深目标的持续隐蔽侦查和打击能力，作战半径是F-35C的2.5倍，留空时间是现役战斗机单次任务留空时间的5倍，克服了对敌纵深1 800千米的目标区域现役舰载机不具备打击能力的问题。

(5)研制进展：据相关资料显示，2011年2月美国海军已经完成X-47B型舰载无人作战飞机（图2-21）的路上首飞，2017年投入生产，2020年开始装备“福特”号航母。

图2-21 美国无人作战舰载机

70. 航母降落甲板与飞行甲板中心线为什么呈一定的角度?

航母舰载机的降落区域一般可分为三个部分：从飞机进场开始直到钩到阻拦索为止的空间称为着舰区；飞机勾住阻拦索后动能逐渐消失直至停止的运动空间称为制动区；飞机停止后调向离开整个降落区所需要的空间称为转向区。

着舰区的长短与舰载机进场离甲板的高度和下滑角有关。考虑到航母甲板升沉运动不高于3米（安全间隙3.2米），下滑角一般在2.5°～4.0°，着舰区的长度对应为73米至46米。前者的舰载机事故率约是后者的一半，但需要的着舰区长度比后者长27米。为保证舰载机能够迅速顺利转向离开降落区，转向区的长度应该为舰载机长度加上其回转半径。降落区的宽度一般由阻拦装置所需的宽度来确定，实际上一般都取最大降落舰载机的宽度，再在两边加上1米，作为舰载机偏离降落区轴线的余量。

降落区的轴线一般都与航母飞行甲板的轴线呈一定角度并偏向左舷，这样可以将舰载机的起飞区与降落区分开，不至于产生降落与起飞、停放调运的相互干扰。这个偏角越大，起飞与降落的干扰越小。但是这个偏离的斜角甲板角度越大，越需要考虑舰载机降落时航母航行的来风速度，还要涉及在斜角甲板方向的分速度，对舰载机降落操纵的难度也越大。目前降落的斜角甲板与航母飞行甲板轴线之间的夹角一般控制在8°～13°（图2-22）。

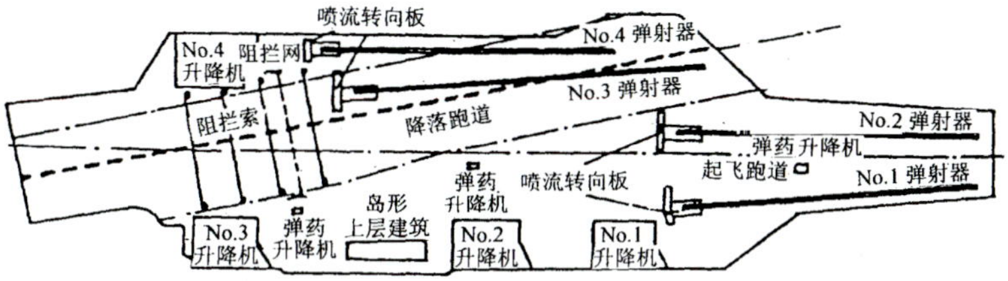

图2-22 航母飞行甲板降落区与飞行甲板轴线的斜角

71. 舰载机起降时航母为什么要逆风航行?

航母舰载机在飞行甲板上起降时，均采用由后向前与母舰航行方向一致的方式。根据作战任务要求，航母向某一目标航行时既可能遇到顺风也可能遇到逆风，但是需要起、降舰载机的时候一定要临时改为逆风航行。这是因为舰载机在飞行甲板上起降时要获得较大的相对风速才能保证起降安全，左右舷的来风影响不同，风速有最大和最小限制，但是一般不会允许顺风航行时起降舰载机。

以美国F-14A战斗机1980年5月飞行试验基础上的估算数据为例，F-14A舰载机起飞性能与限制：正常起飞质量27.09吨，最大起飞质量33.72吨，最大航程（带副油箱）3 220千米，着舰进场速度248千米/每小时。当压力高度为海平面，襟翼向上后掠角20°，跑道温度15～32.2 ℃时，逆风风速与滑跑距离的关系见表2-6。

表2-6 逆风风速与滑跑距离关系表

飞机质量 / t	起飞空速 / kn	逆风风速 / kn	无弹射器时需滑跑距离 / m
27.216	148	0	943.36~1 078.99
		20	720.85~832.10
		40	525.78~614.17
29.484	154	0	1 124.17~1 292.35
		20	868.68~1 005.84
		40	644.65~754.38

舰载机正常着舰对飞行甲板相对风速的要求（图2-23、图2-24）：舰载机进场空速、舰机结合速度和甲板风的需求受多个条件的影响，如舰载机质量、飞行员健康对加速度g的要求、舰载机下滑角、阻拦

装置的性能等。对舰载机着舰来说，高速甲板风指的是超过35节的风速，此时舰载机的气动力学性能将迅速恶化。低速甲板风指的是低于25节的风速，此时舰载机的逼近速率很高，复飞困难。一旦出现对舰载机回收不利的甲板风，着舰信号官须立即通知航空军官，航空军官应通知着舰信号官顺风回收条件，若电磁辐射状态允许，在个别条件下可建议飞行员进行逆风或顺风回收。

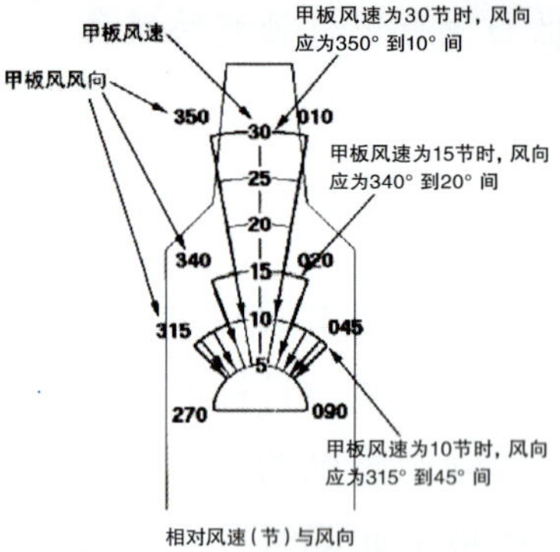

图2-23 舰载机白天弹射/回收对甲板风的要求

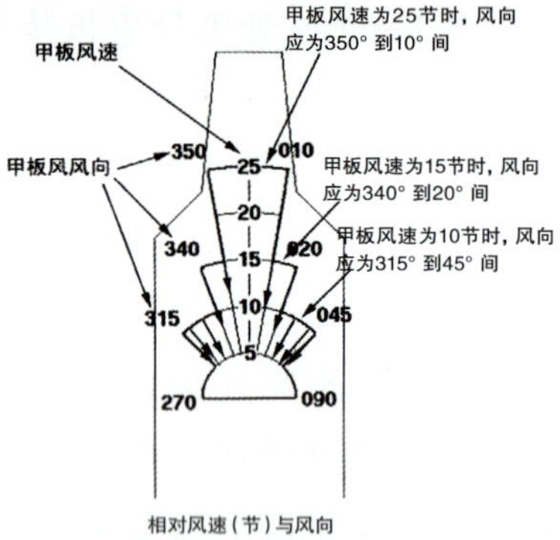

图2-24 舰载机夜晚弹射/回收对甲板风的要求

72. 哪些航母采用了滑跃甲板起飞舰载机？

至2015年，世界各国现役航母中采用滑跃起飞固定翼舰载机的航母有俄罗斯“库兹涅佐夫”号航母、意大利“加里博迪”号和“加尔富”号航母、印度“维拉特”号和“维克拉玛蒂亚”号航母、泰国“查克里王朝”号航母、中国“辽宁”号航母7艘。

采用滑跃甲板起飞的舰载机在飞行甲板跑道上加速滑跑，并经过舰首的滑跃甲板离舰起飞，这一技术由英国海军军官道格拉斯·泰勒首先发明，并在20世纪70年代中期发展起来，当时仅用于垂直/短距起降型舰载机，用于提高舰载机的起飞重力。最先运用该技术的是英国“无敌”级航母，该航母服役时采用平直飞行甲板，后来加装了滑跃甲板，改装后的滑跃起飞方式使得“海鹞”垂直/短距起降型舰载机的载弹量、作战半径均得到较大提高，从而提升了作战能力。1977年英国鹞式飞机带着3枚1 000磅[①]的炸弹首次滑跃升空，就是采用了6度倾角的试验性滑跃甲板。

20世纪70年代末，苏联在设计“库兹涅佐夫”号航母时原计划装备两部弹射装置，但由于在弹射起飞技术的研发上一直未取得突破，因此转而试验研究利用滑跃甲板起飞非垂直起降型常规舰载机。经过多次试验和改进，1982年8月在苏联“尼特卡”试验基地验证了“苏-27K”和“米格-29”舰载机通过滑跃甲板起飞成功，从而创造出与英国不同的滑跃起飞方式。后来“苏-33”舰载机在“库兹涅佐夫”航母上起降也获得成功。

73. 滑跃起飞为什么要采用上翘甲板？

要实现短距离滑跃起飞，必须注意以下几点：

(1) 飞机起飞的整个滑行过程中，其发动机应该一直处于全功率状态。准备起飞的飞机先在跑道起点刹住，启动发动机，待达到全功率后再突然松开刹住的飞机让其滑行起飞。这种全推动力起飞可以大大缩短飞机的起飞滑行距离。

(2) 应该选择推动力与质量的比值较大和起飞速度较低的飞机作为航空母舰上短距起飞的舰载机。这样可以增加升力和垂直速度分量，提供足够的分力保障安全起飞。例如“米格-29K”飞机的推重比达到1.1，“苏-33”飞机推重比达到0.86。

(3) 航空母舰采用上翘滑跃式甲板，可以为短距起飞创造一定的环境条件。滑跃起飞方式的甲板具有一定的“上翘角度”，以提高舰载机离舰后的迎角，增加升力。确定上翘角度使其与舰、机适配，是增大载荷、缩短起飞距离、提高安全的关键技术。在滑跃甲板设计之初，滑跃甲板与水平面呈60°～200°的上翘角，随着舰载机滑跃起飞技术的不断优化，目前上翘角一般选取100°～160°。英国“无敌”号航母的滑跃甲板最初为70°后改为130°，苏联“库兹涅佐夫”航母滑跃甲板上翘角为140°，中国“辽宁”号为120°（图2-25、图2-26）。

①1磅≈454克

上翘式滑跃甲板的起飞方式有起飞灵活、受气候条件影响小等优点，但也存在一些问题：①现代飞机的推动力虽然有了很大的增长，但超过飞机重量的程度还不是很多，所以除了装有矢量发动机的垂直短距起降飞机外，固定翼飞机在斜飞甲板上起飞的滑行距离一般总是要比弹射行程长得多；②目前并不是所有舰载机都能采取滑跃方式起飞；③飞机依靠自身动力起飞需要消耗一定数量的机载燃油，当然这可以采用空中加油的方法加以补充。

图2-25 中国“辽宁”号航母滑跃甲板

图2-26 中国“辽宁”号航母起飞舰载机

74. 为什么要研发电磁弹射系统替代蒸汽弹射系统？

航母弹射起飞系统的作用是通过弹射的手段在短距离内使航母固定翼舰载机加速至起飞所需速度。弹射起飞系统的发展起始于1912年，到二战前经历了压缩空气弹射型、飞轮弹射型、火药弹射型等多种形式。二战期间舰载机的重量急速增长，航母开始采用液压弹射装置。二战后随着喷气式舰载机上舰，对起飞的速度要求更高，液压弹射装置暴露出许多安全问题，20世纪50年代，英国人发明了能量更高、更安全的蒸汽弹射装置，后由美国引进并得到普遍运用。

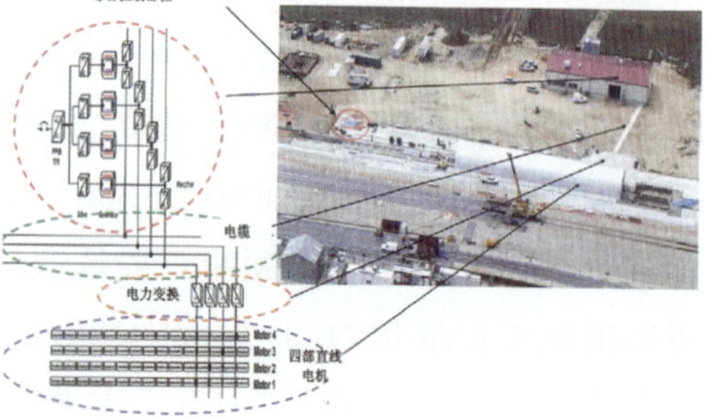

图2-27 电磁弹射器试验场布置图

美国海军在20世纪40年代就曾开展电磁弹射装置的探索性研究，80年代设计出电磁弹射装置，并于2016年随“福特”号航母服役（图2-27、图2-28）。

相比于蒸汽弹射系统，电磁弹射系统具有很多优点：

(1)可靠、易维护、效率高。以美国核动力航母为例，其蒸汽弹射装置综合效率为4%～6%，弹射一次最大消耗蒸汽614千克，而电磁弹射装置综合效率约为15%，自身能量利用率约60%。电磁弹射装置采用容错设计，具有快速纠错能力，可靠性高。同时它可以实时自动监控，提供故障和维护信息，检修工作相对轻松，对人员数量的需求比蒸汽弹射装置减少30%左右。

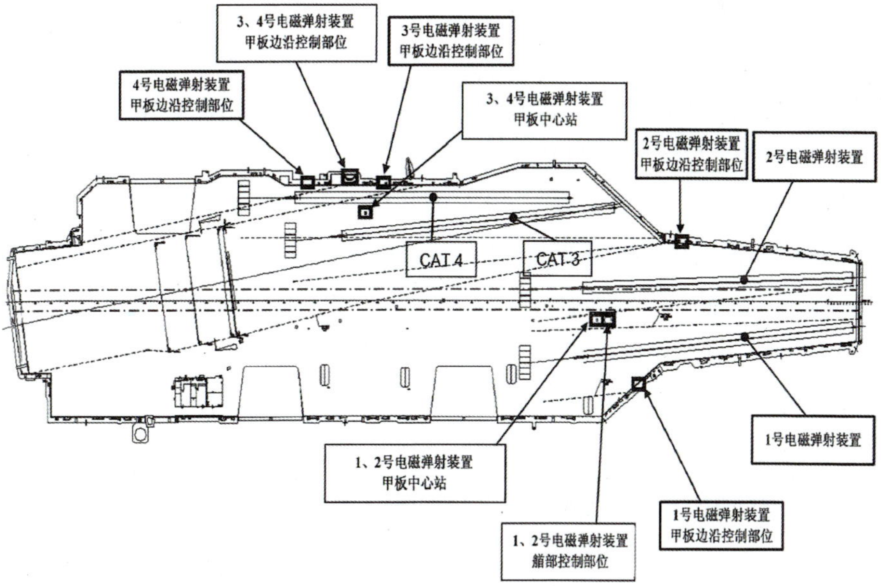

图2-28 电磁弹射器飞行甲板布置图

(2)易控制和调节，延长舰载机使用寿命。蒸汽弹射装置为开环控制系统，推力峰均比平均值为1.25，最大可达到2.0。而电磁弹射装置为闭环控制系统，对舰载机的推力峰均比可控制在1.05以内。因此电磁弹射装置能够延长舰载机使用寿命，并降低飞行员在弹射过程中承受的加速过载，且可以满足不同型号飞机的弹射任务。

(3)准备时间短。蒸汽弹射装置从准备到具备弹射条件需要数小时，而电磁弹射只需要15分钟就能达到待用状态。

(4)可以弹射轻型无人作战飞机等。

75. 舰载机阻拦系统是怎样使飞机紧急刹车的?

在着舰引导系统的引导下，舰载机沿着着舰下滑线触舰时与航母的相对速度可超过每小时200千米，航母的飞行甲板上舰载机依靠自身制动装置需要滑行近千米，300多米的甲板长度显然不可能满足需要，必须借助于航母平台上的辅助“刹车”系统（阻拦回收系统）。

阻拦回收系统的作用就是在有限距离内将舰载机的动能吸收，使舰载机迅速减速，安全拦停在甲板上，整个过程只有2～3秒。美国现役航母上安装的阻拦装置为MK7型，该液压气动系统由机架、主液压缸和柱塞组件、动滑轮组、定滑轮组、凸轮阀组件、蓄能器、辅助气瓶等组成。钢索系统则由阻拦索、滑轮组索、滑轮缓冲装置和各种导向滑轮组成。

阻拦装置里还包括一张阻拦网。当遇到舰载机尾钩损坏无法利用阻拦索着舰、不具备复飞条件时（如舰载机发动机失灵、剩余燃料不足、飞行员受伤等），只能让舰载机冲入阻拦网完成应急阻拦。该方式会造成舰载机的损伤，只有在应急时使用。

76. 着舰指挥官是如何进行着舰引导的?

航空母舰舰载机着舰引导系统根据引导方式的不同可分为4个阶段：人工着舰引导阶段、半自动着舰引导阶段、全自动着舰引导阶段和多手段融合全自动着舰引导阶段。

20世纪50年代以前，由于航母搭载的螺旋桨式舰载机速度慢，着舰过程可直接由着舰指挥官在舰载机降落即将触舰的最后阶段通过人工引导方式以手势作为信号来实现，后改为手持彩色信号旗来提高信号的能见度。为消除信号旗易受风向变化影响的缺点，又改为球拍状彩色信号板。为了适应战时夜间着舰作业的需求，着舰指挥官通过手持60～90厘米长的霓虹管发光棒或闪光灯取代白天使用的信号板。这一阶段着舰指挥官站在舰尾左舷位置，在此设立了开放式着舰指挥官工作台。

20世纪50年代后期至80年代初，喷气式舰载机上舰的飞行员观察和判断舰载机着舰的时间大幅缩短，加剧了航母舰载机着舰作业的危险性。这一阶段主要使用光学和雷达着舰引导系统，前者指镜面光学助降系统和菲涅尔透镜系统，能够确保舰载机在着舰前处于正确的下滑道内；而雷达能够为舰载机的着舰提供下滑道偏差信息，以便舰载机及早调整着舰姿态。

20世纪80年代初到90年代中期，AN-SPN-46型雷达成功上舰使用，标志着全自动着舰方式的成熟运用，舰载机可不需要飞行员操控而实现自动着舰，因此该系统被称为精确进近着舰系统。根据引导的模式不同，该系统可以单独引导舰载机着舰或者与光学着舰引导系统配合使用。

20世纪90年代至今，舰载机在原有着舰引导方式的基础上增加了GPS技术和光电系统用于着舰引导，原有光学助降系统性能进一步改进，先后研发了改进型菲涅尔透镜光学助降系统和激光着舰系统。多种系统的融合使用降低了着舰风险，提高了着舰准确性。特别是激光助降系统让飞行员在不同的位置看到不同颜色的激光，提示飞行员相对于正确下滑航线的偏移量，具有透光性强、聚焦性强、能适应低能见度环境等优点。

77. 舰载机数字化调度模型为什么更有效率?

航母上舰载机的调运是影响舰载机出动回收效率的重要环节。它依据飞行计划使用调度模型台对舰载机的转运和系留进行规划和协调，使用飞机升降机、飞机牵引车、系留设施等设备将舰载机高效、安全地送入起飞站位、保障点、停机位以完成飞行任务或保障。模型台是制订、推演、验证舰载机调运方案的重要工具，有利于提高调运效率，保证调运安全，从而提高舰载机出动回收效率和航母作战能力。二战后，美国航母航空联队为了及时方便地了解飞行甲板和机库甲板上舰载机的位置和载荷等信息，利用基于飞行甲板、机库和舰载机小比例模型的调度模型台作为航母上进行舰载机调运规划的重要工具，对即将实施的舰载机调运方案进行规划、验证和优化。

2009年开始，一种新的全数字化舰载机调度模型台在美国军舰上逐步使用。至2012年，美国所有航母均配备了这种系统，称之为“数字化调度模型台界面”。该系统依托的是航空数据管理与控制系统，是一种甲板作业的战术实时数据管理系统，拥有大量软硬件，通过航空作业相关数据的融合、分发和控制，实现舰载机任务规划、航空弹药储运、喷气燃料充填、航母维修、舰载机维修、舰载机调度、舰载机弹射起飞与回收、飞行甲板管理等功能的集成，同时还能将航空数据管理与控制系统与航母作战系统、导航系统和气象系统相连。

数字化调度模型台不仅是将实体化的调度模型台搬到电子屏幕上，更重要的是通过自动方案规划和决策系统及大量摄像头、各种感应传感器、各个相连的系统，提高了自助调动的能力，大大减少了人为决策、判断的工作量。数字化调度模型台可为决策者提供更好的舰载机调运方案，能够即时获取舰载机在甲板上和空中飞行的具体位置、状况、起飞和着舰设备状况、油料状况、武器种类等信息，提前通知相应部门做好准备，尽可能避免对其他作业造成影响，提高舰上资源利用率。

78. 舰载机飞行员每天都做些什么？

美国对航母上的飞行员有严格的要求，其培训由美国海军航空训练司令部负责。这个司令部下辖6个航空联队、20个航空和直升机中队，拥有8种机型、600多架飞机、14 000多名军职和文职人员，其中飞行教员约1 500人。

飞行员的训练分成两个阶段进行：第一阶段根据不同专长时间定为14～18个月，由训练司令部负责实施。在这段时间，飞行员分为初、中、高三级，初级年龄在28岁以下，学历为专科或大学毕业。在高级阶段，飞行员要飞满200～270小时，其中领航70～90小时，毕业后获“海军航空兵飞行员”称号，编入舰队训练中队并开始第二阶段的训练。

美国航母上的飞行员虽性格各异，但都有很强的自信心、忍耐力和判断能力。航母舰载机飞行员工作十分危险，稍有不慎就会发生危险。

美国航母上的空勤人员采用每昼夜两班倒的工作制度，若有紧急任务，工作时间要超过12小时，每天早上8时开始工作，上午10时要听取上级对当天的飞行计划安排，内容包括飞行时间、具体计划、处理措施、无线电频率、空中编队计划、飞行高度及位置、空中加油、着离舰次序等。之后飞行员要到飞机旁做好起飞各项准备工作，并启动飞机发动机、检查各种仪表。有飞行任务的飞行员必须待在机旁执勤，接到起飞命令的执勤人员确保飞机上的各种雷达传感器都处于工作状态，接到命令后1秒钟内启动飞机发动机，3分钟内完成起飞准备工作。

一般上午10时以后，各架飞机以每架一分钟的间隔弹射起飞，离舰时间为中午12点，一般在下午两点返舰。飞机再次离舰前要进行加油等保障，之后飞机调离到离舰飞行甲板区域准备再次起飞。完成飞行计划后，飞行员要开1小时的研究会议，讨论飞行中的各种问题，找出失误并记录在案。

79. 航母飞行甲板工作人员服装的颜色和符号分别代表什么？

航母飞行甲板工作人员在工作期间必须穿着固定颜色和标有特殊符号的工作服，以便迅速识别他们的工作类别。这在各国的航母上都有相应的规定，但各国规定的服装颜色和符号并不统一。以美国的航母为例，航母飞行甲板上工作人员工作服的颜色和符号见表2-7。

表2-7 飞行甲板工作人员工作服颜色和符号

序号	人员	头盔颜色	工作服/救生背心颜色	符号（胸/背）
1	飞机移动人员和轮挡员	蓝	蓝	人员编号

表2-7（续）

2	飞机移动军官和起飞指示人员	黄	黄	职衔／人员编号
3	飞机弹射器军官、阻拦装置军官	绿	黄	职衔
4	弹射器操作员	绿	绿	C
5	弹射器安全观察员	绿		职衔
6	阻拦装置操作员	绿	绿	A
7	升降机操作员	白	蓝	E
8	直升机降落信号兵	红	绿	H
9	飞机降落指挥官		白	LSO
10	直升机飞行器材检查员	红	褐	H
11	航空燃料员	紫	紫	F
12	解钩员	绿	绿	A
13	爆炸物处理员	红	红	黑色“EOD”
14	地面支援设备故障判断排除员	绿	绿	“GSE”
15	液氧员	白	白	LOX
16	维修人员	绿	绿	黑色条带和中队符号
17	医务人员	白	白	红+字
18	传令兵和电话传令兵	白	蓝	T
19	军械员	红	红	黑色条带和中队符号舰职衔
20	摄影师	绿	绿	P
21	飞行材料检查员	褐	褐	中队符号
22	损管人员	红	红	黑色D
23	安全员	白	白	“SAFETY”
24	垂直补给协调员	白	绿	“Supply Coordinator”
25	牵引车司机	蓝	蓝	牵引车
26	转移军官	白	白	“Transfer Officer”
27	货物装卸员	绿	绿	“Supply Postal”
28	飞机失事救护员	红	红	失事/救护
29	军事长： 外场机械员 维修员 质量保证员 中队飞行检查员	 绿 绿 褐 绿	 褐 绿 绿 白	 中队符号/“Line Cop” 中队符号/“Maint Cop” 中队符号/“QA” 黑白交错图案/中队符号

80. 除了舰载机外，航母还有哪些攻击和防御武器系统？

现代航母的主要攻击武器系统是舰载机和舰对舰导弹。舰载机中的攻击机和战斗机是航母作战起支配作用的机种，评价供给和防御能力，就要估算航母配备舰载机所具备的攻击（防御）强度，也就是出动的舰载机在单位时间内向目标投射武器弹药的质量。

有的国家在航母上除了配置舰载机之外，还配备了较强的攻击性导弹武器，例如俄罗斯海军的“库兹涅佐夫”航母，就在其飞行甲板前中部布置了3组共12枚SS-N-19远程反舰攻击性导弹（图2-29）。这些导弹位于飞行甲板和机库甲板之间，具有40°～45°向前伸的倾角，并和飞行甲板齐平的发射舱口。当然，将整个发射井布置在封闭机库的前部是很危险的，总体设计必须同时在机库和发射井区域采取大范围的防火控制措施，而且必须考虑导弹补充装载的问题。

现代航母防御武器的配置不断改进发展。美国“福莱斯特”航母只在右舷前部和左舷后部配置了两个海麻雀导弹系统，在右舷前部和左舷前后部配置了3座密集阵近程防御武器系统。到了“小鹰”级航母，将海麻雀导弹增加到3座，除了左舷前部，将其余3个角都布置了海麻雀。到了“尼米兹”级航母，前两艘除了后部两座密集阵分布两舷外，其他没有很大变化，而从第三艘起密集阵增加为4座，占据了4个角。俄罗斯“库兹涅佐夫”航母为了保证防御武器系统作战的覆盖面，既要防止来自高空的威胁，也要考虑抵御地空导弹的袭击，在两舷的4个角均装备了SA-N-9防空导弹。

图2-29“库舰”SA-N-19对舰导弹发射井

81.航母战斗群是如何对空、对海对岸、反潜作战的?

为了更形象地表示不同的作战领域，航空母舰战斗群各种兵力和武器的配置及它的打击范围，下面三个图分别对对空（图2-30）、对海对岸（图2-31）和反潜作战（图2-32）的分布情况做了概略的描述。

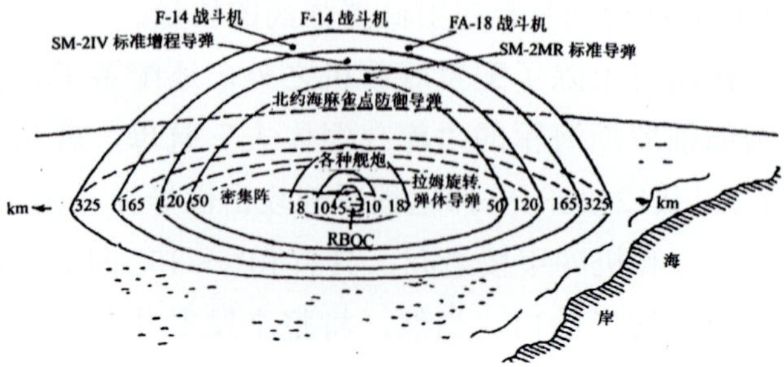

图2-30 航母战斗群对空作战分布

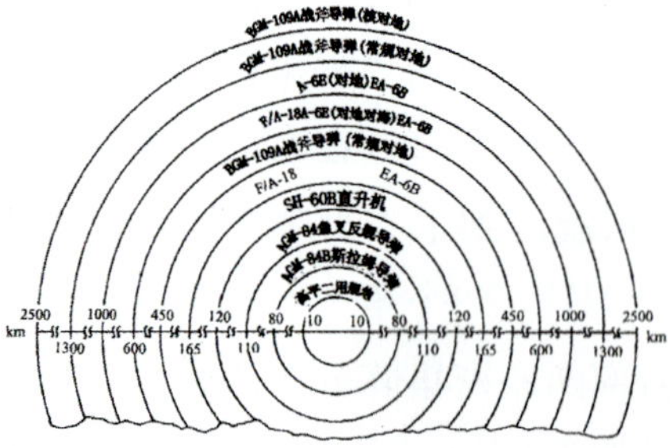

图2-31 航母战斗群对海对岸作战分布

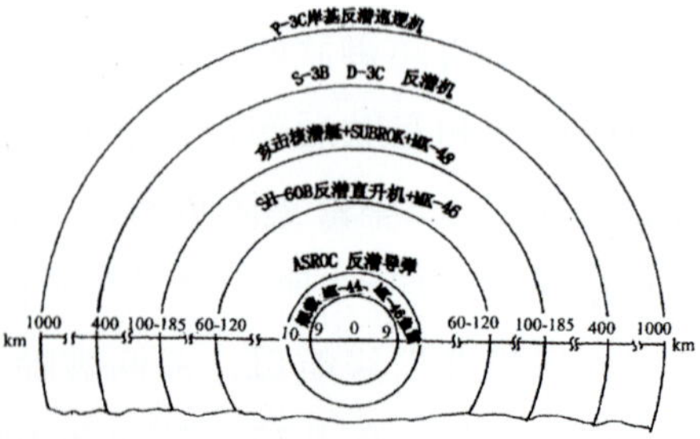

图2-32 航母战斗群反潜作战分布

82. 航母编队是如何设置外、中、内三层防御区域的？

以美国实战编成双航母战斗群（图2-33、图2-34）为例，说明远、中、近三层兵力配置。

第一层为外防区，又可称为纵深防御区。这一防御区是以航空母舰为中心，半径为185～400千米的防御圈，其防御任务主要由舰载机承担。在这一区域，配置的兵力主要用于编队预警（为航空母舰编队提供 20～40分钟或更长的空情预警时间）、攻势防空，构成航空母舰编队的远程制空力量，夺取并保持战区制空权，拦截敌机和巡航导弹。通常是由E-2C预警机和F-14战斗机（少量F/A-18）配合，组成一个面向来袭目标攻击轴线的扇面，称为作战空中巡逻（CAP）。

第二层为中防区，又可称为区域防御区。这一防御区是以航空母舰为中心，半径为50～185千米的防御圈。其防御任务主要由为航空母舰护航的舰艇承担。在这一区域配置的兵力主要用于防御性防空（少量飞机在165千米处巡逻，同时依靠护卫舰艇发射的导弹拦截突破外防区的敌机和巡航导弹）、对海攻击（以导弹攻击为主）、区域反潜（编队周围的反潜）和电子战（压制和摧毁敌预警、探测及通信指挥手段）。

第三层为内防区，又可称为点防御区。这一防御区是以航空母舰为中心，半径为50千米的防御圈。这个区域配置的兵力主要用于自卫性防空（依靠编队各种舰艇上的导弹和近程武器对付敌突防飞机、导弹饱和攻击的近程防空）和反潜作战（主要兵力是反潜舰及其舰载直升机等用反潜导弹、鱼雷进行攻击，甚至启动主动声呐吓阻敌潜艇，确保航空母舰的安全）。

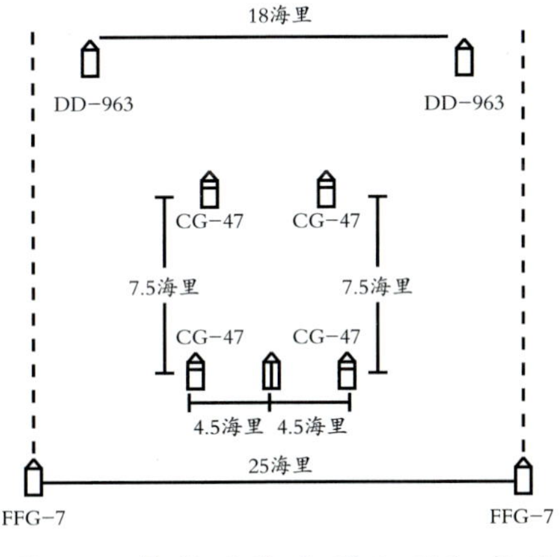

图2-33 单航母战斗群队形和序列

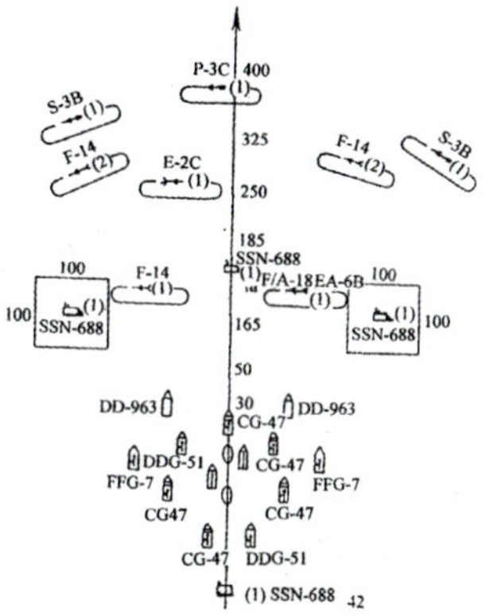

图2-34 双航母战斗群队形和序列

83. 航母是怎样防止遭敌攻击导致舰体进水沉没的？

二战中，共有42艘航母被击沉，其中70%是鱼雷、水雷和炸弹的攻击，导致舰体水下部分浸水而沉没的。各国设计准则都提出航母要具有水下部分连续多个舱进水后不沉的要求，大多数航母在水下关键部位都设有“水下防护区”。

所谓“水下防护区”，是指在舰体的水下部分两舷重点区域各设有3～5层50～150毫米厚的纵向隔壁和横隔壁组成的防雷隔舱，各层的宽度约为5～8米，总长度约为2/3舰长左右，同时在舰体的底部还设有2～3层底板，以抵抗鱼雷和水雷从船底下的攻击。

航母水下防护区由三类防护隔舱组成：第一组称为“膨胀舱”，是位于最外边的空舱，当弹药在舷边外部附近爆炸时，爆炸的冲击波可能冲破壳板，首先进入膨胀舱，在此空舱中膨胀而大大削弱其破坏能量。第二组叫吞灭舱，它由2～3层隔壁组成，都由韧性好的薄装甲板焊成，舱内装有油或水，当冲击波冲破膨胀舱进入吞灭舱后，利用“吞灭舱”的变形及油和水的吸热来吸收大量的冲击波能量，并抵挡弹片对内部舱室的破坏和杀伤。第三组舱被称为“过滤舱”，舱内是空的，这组舱用来争取全部吸收剩下的冲击波能量。

大型航空母舰的水下防护区在承受300千克T. N. T炸药的接触爆炸后，不至使内部舱室遭到严重破坏而大量进水。二战中就有航空母舰连续被2～3条鱼雷命中而没有沉没的战例，如果是一艘一两千吨的护卫舰就可能一折两断。

航空母舰是防护力最强的军舰之一，其舰体结构（包括装甲）的质量差不多占标准排水量的一半左右，可以说是一座钢铁的堡垒。

84. 单航母编队、双航母编队、航母特混舰队是如何配置编成的?

美国海军通常针对不同性质的任务采取不同的编成（图2-35）：

(1) 和平时期，在低威胁区显示存在、实施封锁或作战巡逻时的编成为：1艘航空母舰，2～3艘防空导弹巡洋舰、驱逐舰，2～3艘反潜-防空驱护舰，1～2艘攻击型核潜艇，1～2艘后勤支援舰，共计7～11艘舰艇，称为单航空母舰战斗群。

(2) 在中威胁区实施中低强度作战时的编成为：2艘航空母舰，7～8艘防空导弹巡洋舰、驱逐舰，4艘反潜防空驱护舰，2～4艘攻击型核潜艇，2～3艘补给舰，共计17～21艘舰艇，称为双航空母舰战斗群。这是美国海军实战的典型编成。

(3)在高威胁区实施高强度作战时的编成为：3艘航空母舰，9～10艘防空导弹巡洋舰、驱逐舰，12～14艘反潜防空驱护舰，5～6艘攻击型核潜艇，3～4艘补给舰，共计32～37艘舰艇。这时可以编为航空母舰特混舰队。

这些只是典型的编成，确切的编成会根据当时当地的实际情况进行调整，主要是看兵力配置能不能建立满足任务需要的大纵深、多层次、阵位拉开、火力集中的攻防体系，有把握夺取战区空中、水面、水下和电磁四维空间全面控制权。

我国目前服役的航母只有"辽宁"舰一艘，因此目前"辽宁"号航母编队只能是单航母编队（图2-36）。根据媒体报道，"辽宁"舰首次远航时编队舰艇的组成约为10艘：1艘航母（001型航母，编号辽宁16），3艘导弹驱逐舰（052C型驱逐舰1艘，编号海口171，051C型驱逐舰2艘 ，编号沈阳115、石家庄116），3艘导弹护卫舰（054A型护卫舰，编号烟台538、潍坊550、岳阳号575），2艘潜艇（039型潜艇1艘，091/093核潜艇1艘），1艘两栖船坞运输舰（编号989舰）。

图2-35 美国单航母编队、双航母编队和三航母编队

图2-36 中国"辽宁"号航母首次远航编队

85. 双航母战斗群的兵力、火力是如何配置的?

航空母舰战斗群的兵力配置、火力配系，与作战方式和要求密切相关。以美国典型的双航母战斗群为例，航空母舰战斗群的兵力配置和火力配系参见表2-8。

表2-8 美国航母战斗群的兵力配置和火力配系

防御区	作战领域	探测控制电子装备	主要打击兵力和武器	数量（架）	作用范围
外防区（纵深防御区）（185~400 km）	编队预警	侦察卫星 E-2C预警机 RF-14侦察机 SPY-1A、SPS-48,49雷达	海军全球指挥控制系统 宙斯盾系统		预警时间 （20~40 min）
	攻势防空	E-2C预警机 SPY-1A、SPS-48,49雷达	F-14(AIM-54,AIM-120) F/A-18(AIM-7，AIM-9) （配置在距航空母舰325 km处）	40（最多）少量	1 000 kn 704 km
	对岸对海攻击	E-2C预警机 RF-14侦察机 EA-6B吊舱	F/A-18（导弹，制导炸弹） A-6E（导弹，制导炸弹） “战斧”巡航导弹	40（最多） 20（最多）、 350枚	>800 km >1 000 km 450~1300~2 500 km
	远程航空反潜	声呐浮标 机载磁性探测器，雷达	P-3C（MK-46，44） S-3B（鱼雷，深弹）	若干 12	12 h 5 h
中防区(区域防御区）50~185 km)	防御性防空	E-2C预警机 RF-14侦察机 SPY-1A、SPY-1D雷达	F-14,F/A-18 (配置在距航空母舰165 km处) 护卫舰艇（“标准”防空导弹SM-2IV）	少最巡逻400枚	704~1 000 km 120 km
	对海攻击	E-2C预警机 RF-14侦察机 SPS-55雷达 EA-68吊舱	“战斧”巡航导弹 “鱼叉”反舰导弹 F/A-18(反舰反辐射导弹) SH-60B直升机(导弹)	350枚 260枚 按需要 按需要	450 km 110 km 800 km 3 h
防御区	作战领域	探测控制电子装备	主要打击兵力和武器	数量(架)	作用范围
中防区（区域防御区）（50~185 km）	区域反潜	拖曳线列阵声呐 舰壳声呐 声呐浮标 吊放声呐 机载磁性探测器	攻击型核潜艇（反潜导弹） （配置在距航空母舰 100 km~100 nmile处或编队后方60 km处 DD-963，FFG-7驱护舰 SH=60B直升机）	2~4艘 4艘 40架	>56 km(SUBROC) >40 km(MK-48) >10 km(ASROC) 3 h

表2-8（续）

内防区（点防御区） （50 km以内）	自卫性防空（区域+点防御）	SPY-1A SPY-1D及各型对空、对海雷达	“标准”防空导弹SM-1/2Mr “北约海麻雀”点防空导弹舰炮 “拉姆”旋转体导弹 “密集阵”近程武器系统	200枚 150枚 10座 30套	50 km 13~18 km 6 km 0.1~2 km
	自卫反潜	拖曳线列阵声呐、舰壳声呐、声呐浮标、吊放声呐、机载磁性探测器	DD-963、FFG-7、CG-47+MK-46鱼雷 SH-60B	8艘 40架	>10 km(ASROC) 3 h

86.“辽宁”号航母编队为何频繁更换护航舰艇?

“辽宁”号历次远航训练中，担任护航任务的水面舰队的编成、规模都不尽相同。

2013年11月26日“辽宁”舰从青岛解缆起航，首次赴海南组织跨海区远航训练时，伴随的护航舰队为北海舰队的两艘051C型导弹驱逐舰——“沈阳”号和“石家庄”号，2艘054A型导弹护卫舰——“烟台”号和“潍坊”号，4艘舰均属于北海舰队。2016年底“辽宁”号再赴南海并穿越宫古海峡进入西太平洋时，护卫舰船为052D型“长沙”号、052C型“郑州”号、“海口”号3艘驱逐舰，以及2艘054A型护卫舰——“烟台”号和“临沂”号。不仅舰艇不同，而且3艘驱逐舰中的“长沙”“海口”舰来自南海舰队，“郑州”号来自东海舰队，与“辽宁”号组成跨战区联合编队。后来这种编队编成基本上成了常态，例如“辽宁”舰访问香港时，随队护航的是东海的“济南”号、南海的“银川”号和北海的“烟台”号。除了“烟台”号几乎参加了历次大规模远航演练外，护航舰船频繁更换，完全打乱了既有的编制，而且新一代主力驱护舰051C、052C/D、0541A等各型驱护舰几乎全部参与。

这种编队组成模式说明，中国航母编队在试验和训练阶段正在试图以频繁的大规模演练，来积累必要的航母编队使用经验，并重点演练国产航母与现役主战舰艇的配合使用，尚未达到美国航母战斗群（CVBG）、打击群（CSG）的固定编制，这些编成和内部分工尚在摸索阶段。

87. 航母的组织编制有哪些特殊部门？

航空母舰的组织编制与一般水面舰船相似，但由于主要作战武器是舰载机，因此美国海军的航母编队增加了航空部门、航空联队、飞机中级维修部门。

设立航空部门的编制是为了统一领导航空母舰上的一切航空活动。航空联队是舰载机的一级行政组织，由联队长兼任部门长，航空联队长领导和管理联队所属的各个飞行中队。该联队与其所配属的舰载机是一支独立存在的部队，在一定时期内配属于某个航母并跟随航母出海执勤，当航母返港休整时，其航空联队由航母转场到岸上的海军航空站进行训练和修整，有一定的灵活性。

美国一般的航母编队组织编制如下：

舰长——副舰长
- 航海部门
- 作战部门
- 航空部门
- 甲板部门
- 飞机维修部门
- 航空联队—飞行中队
- 防御武器部门
- 轮机部门
  - 主推进部门
  - 电力系统分部门
  - 损管系统分部门
  - 辅机设备部门
- 行政管理部门
- 医疗部门
- 训练部门

对于核动力航母，其编制要比常规动力装置航母更复杂一些，因为动力装置中有一些系统与技术有关，而轮机人员中只有部分人经历过核技术训练。

88. 航母航空保障系统包含哪些设备？

航空母舰的航空保障系统是保障舰载机在航母上安全起降和有序

作业的核心，是实现舰载机高效出动回收的基础和保证，在航母各主要系统中发挥着特殊且重要的作用，是航母区别于其他大型主战水面舰艇的重要标志。

美国海军定义的“航空母舰保障设备”范围是：舰载机起飞与回收设备、舰面保障设备、航空电子测试设备、航空生命保障系统、气象设备、训练模拟装置等。此外，舰载机的保障一般还涉及塔台飞行指挥设备、维修及任务支援设备等。

我国军标《舰艇及其装备术语　舰船航空保障设施》定义的舰船航空保障设施范围为：舰载机用甲板和舱室、起飞设备、着舰设备、助降设备、升降和转运设备、停放和系留设备、供给和保障设置，以及防爆安全设施等。

我国航母研究设计、建造和海军使用航母相关部门习惯上称航母的航空保障系统，是指舰载机起飞相关系统、舰载机降落相关系统和舰载机保障相关系统。它的主要功能包括：辅助舰载机从航母上安全起飞升空；引导舰载机着舰下滑并精确降落在飞行甲板上；实现舰载机在航母飞行甲板和机库的调运、系留和停放；完成舰载机在航母上的燃料补给、弹药挂载、电力供应、气体充填、冲洗、救援等各项保障作业；完成航母飞行甲板的扫雪、除冰等工作。

二战后，随着航空发动机技术的发展，喷气式飞机逐渐替代螺旋桨飞机成为航母的主要舰载机型，弹射起飞成为喷气式舰载机在航母上起飞的主要形式，阻拦装置的能力大幅提高，航空保障的对象也发生了较大的变化。

美国“福特”号航母的建成，采用了更高效、可靠、易维护的电磁弹射起飞、涡轮电力阻拦降落的设备，顺应了航母全电力化发展的趋势，“一站式”保障方案大大提高了航空保障的效率。

89. 舰载机着舰引导保障经历了怎样的发展变化？

航空母舰在人类历史上首次将飞机和舰船这两大军事装备紧密地结合起来，为了满足飞机在航母上起飞、降落、调运、补给等一系列作业要求，航母航空保障系统应运而生。从航母诞生之初到二战结束，航母航空保障系统主要保障螺旋桨舰载机。这种舰载机质量较轻，飞行速度较低，无须采用弹射装置就可在平直飞行甲板上通过自由滑跑顺利起飞，弹射装置尚未成为固定翼舰载机起飞的必需设备。舰载机着舰采用简单的人工引导方式，着舰指挥官用手势、信号旗和指挥灯棒指引舰载机飞行员完成着舰下滑过程，着舰引导的成败取决于飞行员和着舰指挥官的个人经验和临场判断，着舰事故率较高。舰载机回收通过阻拦装置完成，阻拦装置经历了重力型、弹簧型、摩擦刹车型的早期探索，很快出现液压型并不断发展。

二战结束后，随着航空发动机技术的发展，喷气式飞机逐渐替代螺旋桨飞机成为航母舰载机的主要机型，质量和飞行速度大幅提升，对航空保障系统提出了更高的要求，航空保障系统得到快速发展。舰载机依旧仅依靠自身发动机推力已不足以在平直型甲板上达到起飞速度，弹射起飞成为喷气式舰载机在航母上起飞的主要方式。

由此，20世纪70年代诞生了垂直/短距起降方式，80年代又诞生了滑跃起飞方式。舰载机着舰引导加入了半自动和全自动引导方式，光学、电视、雷达、仪表等引导方式先后出现，使舰载机在不同距离和各种气象条件下的着舰引导更精确、更安全。阻拦装置的能力大幅提升，通过液压缓冲系统实现了高速、重载飞机的安全阻拦着舰。

美国新一代“福特”级航母服役后，为了顺应航母全电化发展趋势，“福特”级航母上将采用更加高效、可靠、易维护的电磁弹射装置，以取代蒸汽弹射装置，并采用涡轮电力阻拦装置取代液压阻拦装置，更有利于延长舰载机的结构寿命，航母起降舰载机的质量、速度范围也得到扩展。以差分GPS技术为基础的联合精确进近着舰系统成熟并投入使用后，舰载机着舰引导将进入多手段融合全自动着舰引导时代。“尼米兹”级航母使舰载机舰面保障由分散式转变为集中式（图2-37），“福特”级航母（图2-38）则采用一站式保障设计方案，这将有效提高舰面保障效率。

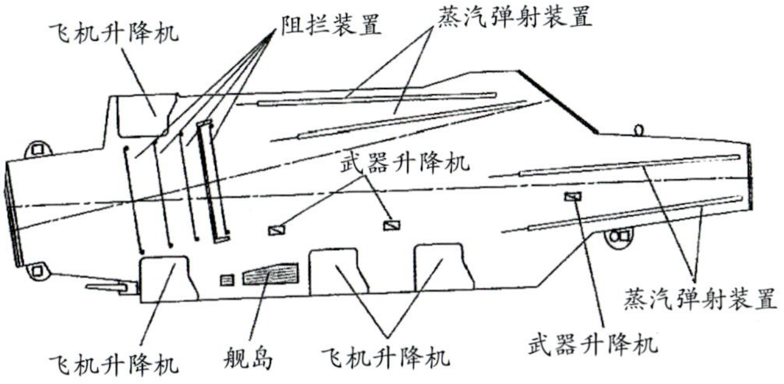

图2-37 美国“尼米兹”级航母飞行甲板上航空保障系统布置图

图2-38 美国“福特”级航母飞行甲板上航空保障系统布置图

90. 航母“一站式保障系统”为什么能让舰载机出动更快?

为了提高舰载机的保障效率、简化保障流程，美国“福特”级航母引入了“一站式”保障的概念，设计时在飞行甲板上布置了18个“一站式”保障区。图中“一站式”保障区概念设计图的实心红色矩形为保障区所在位置，每个保障区均可接受舰载机进行加油、挂弹、充电、充气、维修等作业，保障完后可滑行至电磁弹射器飞站位升空作战。

“一站式”保障具有以下优点：

(1) 可减少着舰舰载机的再次调运次数，从而提高飞行甲板作业效率。

(2) 可简化舰载机保障流程，提高出动架次率。“尼米兹”级航母的舰载机回收后需要分别在几个区域进行加油、挂弹和维修保养等，中间还穿插多个调运环节，费时费力，舰载机加油时需要加油人员把位于舷边沉重的加油软管拖到舰载机处“福特”级航母的舰载机出动准备时间从“尼米兹”航母的90分钟减少到60分钟，出动能力提高33%，12小时的舰载机出动架次率从“尼米兹”级航母的120架次提高到“福特”航母的160架次，舰载机连续4天每天的出动架次可达到270架次以上。

(3)可减少保障人员数量，降低航母全寿命费用。与“尼米兹”航母相比，“福特”级航母采用“一站式”保障模式（图2-39）后，可减少舰面操作人员63人，预计后续的全寿期费用可节省4 500万美元。

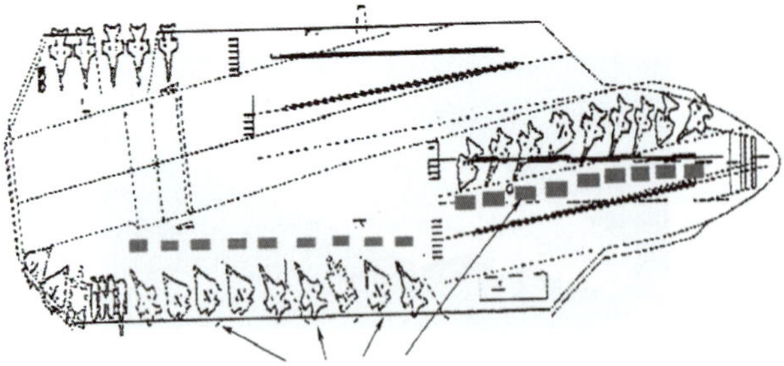

图2-39 “一站式”保障区的概念设计

91.航母编队中的补给舰需要运载多少弹药、燃油和食品?

航母的补给是保障航母航行和作战的最重要的任务之一。航母在海上作战期间燃料的消耗周期一般为12～14天。美军航母编队各类作战物资消耗的比例大体为59%的燃料、18%的弹药和23%的其他物资。按条令规定：燃料基数的1/3、弹药基数的70%被消耗时必须及时补充。对于有8艘舰艇（一艘航母、6艘护航舰、1艘补给舰）的单航母编队，按照每天1/4航程处于舰载机频繁作业状态，3/4航程处于航渡状态，日均油耗1 800吨。舰用燃油搭载量总计17 000吨，舰用燃油自持力仅为10天，航渡时5天需进行一次燃油补给，当作战快速机动时每1～2天就必须进行一次补给。美军常规航母弹药装载量为2 000吨，大约可支持800～1 000架次作战飞行任务，自持力10～15天，高强度战时自持力仅为1周左右。美国“供应”补给舰满载排水量约5万吨级，可装载超过7 000吨的船用燃油、约9 000吨航空燃油、200吨润滑油、1 829吨弹药、406吨冷藏食品、90吨淡水，还有9 000立方米装备用燃油，美国的“供应”级补给舰的能力可供参考。

我国21世纪初开始服役的903型“青海湖”“千岛湖”“微山湖”号等综合补给舰航速接近20节左右，满载排水量23 000吨，各种补给物资的运载量大约10 000吨左右。媒体称国产的901补给舰，估计会采用出口型两栖攻击舰使用过的16PC2-6B燃油补给舰，它将彻底解决中国航母编队的海上供给问题。

尽管美国目前只有4艘“供应”级伴随补给舰在1994—1998年服役，但由于实行二级补给体制，还有15艘满载排水量42 000吨的燃油补给舰、14艘满载排水量43 000吨的干货/弹药补给舰。而中国海军却没有这种支撑的后勤保障体系，显然比美国要落后。

英国是老牌海军强国，但受经济发展的约束已经风光不再，建造了6.5万吨满载排水量的“伊丽莎白女王”号航母后，却将4艘3万多吨级的补给舰外包给韩国船厂建造。

92. 航空母舰的舰长是如何选拔出来的?

美国把航空母舰视为其海上力量的中坚，舰长的选拔和培训一直受到美国海军的高度重视。1925年美国国会根据总统航空委员会的建议，制定了一项法令，规定航空母舰舰长必须由担任过海军飞行员或海军空勤职务的军官担任。1926年又通过法令，规定航空母舰或供应舰的舰长必须由具有海军飞行员或海军航空观察员身份的指挥军官担任。

同时，航空母舰舰长必须经过严格筛选产生。选拔的条件：要有在航空母舰上起降800～1200次、飞行4 000～6 000小时的记录，要担任过飞行中队队长或航空联队队长或航空母舰副舰长，要在2～4个飞行中队（或联队）任职期间参加过6～8次增程巡航，要熟知防空、反潜等海军战术和组织计划工作，要对海军各种武器装备的战术技术性能了如指掌。在美国海军航空兵中，航空母舰舰长是最受人尊重、最重要、最易引起竞争的职务。一般每年挑选出作为舰长培养的人只有5～10人。

挑选核动力航空母舰舰长的条件更高、更严。首先要担任飞行副中队长30至36个月后任中队长，还要进行16个月的核技术学习，并到核动力航空母舰上担任2～3年负责作战和行政事务的军官。航空母舰舰长从副舰长中选拔，而副舰长是舰长的代理人，主要职责是主持航空母舰日常工作，负责保持舰上秩序和指挥所的纪律，必要时代理舰长行使指挥航空母舰的职责。副舰长也应该是一名有经验的航空母舰飞行员。

据媒体报道，中国首艘航母“辽宁”号编制等级为正师级，海军接船后首任舰长张峥，1969年出生于浙江长兴县，上海交通大学自动控制系学习，1990年毕业参军，被分配到海军东海舰队司令部，先后担任过参谋、副舰长、舰长，并先后在英国国防语言学院和英国三军联合指挥与参谋学院深造。2003年8月起任海军某部队副参谋长，2007年进入海军的一个指挥班培训，然后到海军航空兵师培训。在接舰部队组建的两年中，又经过理论和新装备学习，曾任001舰副舰长、舰长，现大校军衔。

93. 航母上几千人是如何用餐的?

一艘航母搭载的舰员和飞行员多达几千人，膳食供应非常重要。航母上不仅人员众多，而且工种繁多、作息时间差别很大，美国航母上的飞行员从早上6点到晚上11点需要保障随时用餐，而在伙食供应上也有不同的需求，航母上用餐成为一个非常复杂的问题。

美国“尼米兹”级航母的舰上人员约6 000余人，配备的高级厨师就有100人，每天供应1.8万份餐，而且随到随吃。根据美国海军的统计，对于任何一餐，最大的高峰都可能出现在2小时的周期以内，达到70%的舰员用餐，而这些用膳者的70%通常吃菜单供应的饭菜，只有30%的人吃快餐。因此，美国在航母上发展了一种把所有供膳机构按其功能联合成一体，减少厨房设备和功能重叠的集中式厨房概念，即以厨房为中心面对各个服务供餐系统，包括不同的餐厅、储藏室、洗涤室、厨房等。

美国在此基础上又增加了一个多中心概念，全舰分散设计了5个独立的供膳系统，军官厨房和1餐厅布置在顶楼甲板，舰员厨房和1号餐厅布置在机库下方的2号甲板前部，舰员厨房和2号餐厅布置在2甲板的中部，军官的厨房和2餐厅布置在2甲板的中后部，士兵厨房餐厅布置在3号甲板中后部，5个储藏室分别布置在3，4号甲板及1，2号平台。各国的军官和舰员就餐习惯也不相同，我国的少数民族舰员的习惯和爱好也不相同，“辽宁”舰服役后进行了广泛的调查并参考了国外航母的经验，供餐方式也做了改进（图2-40、图2-41）。

图2-40 辽宁舰厨房的面包间

图2-41 辽宁舰自取餐厅

舰海

Quzhujian Deng Shuimian Zhanjian De Aomi

三 驱逐舰等水面战舰的奥秘

第三章　驱逐舰等水面战舰的奥秘

94. 曾经的霸主战列舰为什么被航母所取代?

战列舰是一种以大口径火炮的攻击力与厚重装甲的防护力为主要诉求的大吨位海军远洋作战舰艇。自19世纪60年代开始发展至二战中末期，一直是各主要海权国家的主要舰种。从19世纪初到二战，战列舰是唯一具备远程打击手段的战略武器平台。1916年英德两国之间爆发了规模巨大的日德兰海战，成为战列舰主宰海洋的“大舰巨炮制胜主义”理论的顶点。各国纷纷建造大型战列舰，排水量可达5～6万吨，续航力可达1～1.5万海里。日本建造的2艘“大和”级战列舰满载排水量7.28万吨、最大航速27节，武器装备先进，有大口径主副炮20余门，装甲厚、防御能力强。

一战期间美、英、日、法四国共建造了13艘航母，而当时战列舰的数量超过140艘，是当时航母的十多倍。1922年美、英、日、德、意五国在华盛顿签署了一个限制战列舰、巡洋舰吨位和数量的协定，各国将正在建造的战列舰和巡洋舰改装成一批航母，性能都有提高。1936年《华盛顿海军条约》期满作废，各海军强国重新开始战列舰的建造，英国建造了5艘、美国建造了10艘、德国建造了2艘、日本建造了2艘，共19艘不同型号的战列舰，法国、意大利等国也建造了新型的战列舰。

二战中航空母舰和潜艇逐渐成为海军的主力舰。英国海军围绕德国的战列舰展开了大规模的围剿行动，美国海军的8艘旧式战列舰大多在珍珠港事件中受损，其战略地位逐渐被航母和导弹潜艇所取代。美国新建的高速战列舰起航空母舰特混编队的舰队警戒任务，日本建造的2艘“大和”级战列舰先后被击沉。1945年8月5日，日本代表在美国的“密苏里”号战列舰（图3-1）上签订了投降文件，战列舰在海军中的光荣生涯走到了历史的终点。此时各国航母的数量增加到176艘，而称霸于世界海洋几百年的战列舰所剩甚少，不到40艘。

20世纪80年代，美国对4艘已经退役的“依阿华”级战列舰进行现代化改造，加装各种新型雷达、导弹、防空、电子对抗和指挥控制通信系统，重新编入现役，分别部署于太平洋和大西洋，独立进行海上作战、支援登陆和攻击岸上目标等任务。1991年的海湾战争中，美国海军曾利用战列舰对伊拉克目标进行炮击和发射巡航导弹。1993年美国的4艘战列舰再次退役，并从美国海军现役舰船分类目录中撤销。目前世界各国只有美国还保留拥有4艘战列舰，日本将2艘战列舰作为浮动博物馆永久保存。

图3-1 美国为航母护航的“密苏里”号战列舰

95. 现在还有哪些国家拥有巡洋舰?

巡洋舰是有悠久历史的重要舰种，至今还在发挥重要作用。它可以用于掩护航母和其他舰船编队，保卫己方或破坏敌方海上交通线，攻击敌方舰船、基地、港口和岸上目标，在登陆作战中进行火力支援，充当海上编队的指挥舰等。1884年中法两国海军在我国福建马尾水域进行了一场以巡洋舰为主的著名海战。1894年在我国黄海北部大鹿岛海域爆发了著名的中日甲午战争，两国数量众多的巡洋舰在激战中发挥了重要作用。在第一次世界大战中，英国海军设计建造了9 800吨级、航速33节和12 000吨级的装甲巡洋舰。

二战中战列舰的霸主地位已经不复存在，其超大口径舰炮的威力让位于航母的强大舰载机群，巡洋舰多半随航母战斗群一同行动。二战结束后一些国家停止了巡洋舰的建造，大批巡洋舰退役，美国仅留存20艘重型巡洋舰在役，另60艘重、轻巡洋舰转入海军预备役。由于巡洋舰具有多种作战能力，适用于远洋作战，战斗性强，1957年美国开建“长滩”核动力巡洋舰，排水量17 000吨、续航力35万海里。1983年美国服役的“提康德罗加”（图3-2）级具有“宙斯盾”电子作战系统、相控阵侦测系统、指挥系统、武器控制系统、战备检查系统、导弹控制系统、反潜系统、电子干扰系统的导弹巡洋舰，被称为当代最先进的巡洋舰，海湾战争中美国有10艘这样的巡洋舰参战。

苏联海军非常重视巡洋舰的发展，20世纪50至60年代，为实现远洋作战战略以对付美国航母战斗群，开始大力发展巡洋舰，先后建造了“斯维尔德洛夫”级等7个级别的巡洋舰。苏联先后发展了三代导弹巡洋舰，由对海攻击型发展为大型反潜对空型，进而发展为对海、反潜及防空多种功能、多层次作战型的第三代导弹巡洋舰。“基洛夫”级是苏联海军建造的核动力导弹巡洋舰，是二战后世界上除了航母之外的最大水面舰船，满载排水量23 400吨，共建造4艘。第三代导弹巡洋舰的主要特点是核动力或全燃动力，导弹采用垂直发射，具有超视距、超音速打击能力。

图3-2 美国“提康德罗加”号导弹巡洋舰

96. 二战后驱逐舰的发展经历了哪几代？

二战结束后，以美国的驱逐舰为代表先后发展了十个级别的驱逐舰。根据综合武器、电子装备、作战能力、动力装置、平台总体性能以及研制年代和技术水平等方面的不同特点，可以将驱逐舰分为五代：

（1）早期火炮驱逐舰。早期驱逐舰是指美国在1955年以前建造的未完成的和少量新设计的驱逐舰“弗列彻”级，“萨姆纳”级，以及“基林级”等。作为战后美国第一代全部署火炮驱逐舰，以舰炮、鱼雷为主要作战武器，装备舰用雷达，标准排水量为2万吨级。

（2）第一代导弹驱逐舰。随着导弹技术的发展，美国从1955年开始研发、1957—1964年建造了第一代导弹驱逐舰——“孔兹级”驱逐舰，其满载排水量6万吨、航速33节，装有1座用于舰队防空的双联装“小猎犬”导弹发射装置。后来将旧型驱逐舰改造成以反潜为主的导弹驱逐舰，装备远距离声呐和阿斯洛克反潜导弹。

（3）第二代导弹驱逐舰。1972—1983年美国海军发展了第二代导弹驱逐舰，以应对苏联高速发展的战略核潜艇和常规潜艇的威胁。“斯普鲁恩斯”级驱逐舰满载排水量8 000吨级、全燃动力，航速33节，具有良好的性能和充足的储备浮力，反潜作战能力强，采用了先进的降噪技术。“基德”级驱逐舰是一型具有对付多种威胁、以防空为主的多用途导弹驱逐舰，可为航母编队、水面作战编队、两栖作战编队和补给船队担任防空反潜任务，满载排水量9 000吨。

（4）第三代导弹驱逐舰。1988年至今，美国海军发展了第三代导弹驱逐舰——伯克（DDG-51）级驱逐舰。其主要特点是采用相控阵雷达和导弹垂直发射系统，可增强航母战斗群的核心作用，对付反舰导弹“饱和攻击”，将导弹驱逐舰发展到了一个新的阶段。

（5）第四代导弹驱逐舰。为了进一步提高防空反导和对陆火力支援的能力，美国正着手研制面向21世纪作战的第四代导弹驱逐舰DDG-1000级驱逐舰。其满载排水量14 000吨级，具有优异的穿浪隐身设计，采用全电力推进系统，装备MK57外围垂直发射系统，采用双波段雷达系统、集成复合上层建筑和孔径（IDHI）单元，首次配置全舰计算机环境，配置舰炮系统、作战指挥系统，设备自动化程度高、人员编制少，包括航空部门在内仅142人。

图3-3是美国“朱姆沃尔特”驱逐舰级巡洋舰。

图3-3 美国“朱姆沃尔特”驱逐舰级巡洋舰

97. 驱逐舰为什么被称为“海上多面手”？

驱逐舰是一种多用途的军舰，主要职责为护航。现代驱逐舰装备有防空、反潜、对海等多种武器，既能在海军舰艇编队中担任进攻性的突击任务，又能承担作战编队的防空、反潜护卫任务，还可在登陆、抗登陆作战中担任支援兵力，担任巡逻、警戒、侦察、海上封锁和海上救援任务，以及提供无人舰载机的起飞和降落。它是海军舰队中突击力较强的中型军舰之一，有“海上多面手”之称。

驱逐舰是伴随鱼雷艇的出现而发展起来的一个舰种。19世纪60年代，出现了一种以鱼雷为武器的鱼雷艇，它艇小、速度快，能给敌方大型舰艇造成巨大威胁。为了对付鱼雷艇，人们建造了反鱼雷艇——鱼雷炮艇，它是驱逐舰的前身。随后，不断更新装备提高航速的鱼雷炮艇改名为鱼雷艇驱逐舰，简称驱逐舰。它不仅有火炮装置，还有鱼雷武器，可用来对付敌方的鱼雷艇和其他舰艇。

随着时间推移，驱逐舰排水量越来越大，从最初的400吨发展到现在的10 000多吨，航速则提高到30节以上。多种新型的海军武器装备大都装备到了驱逐舰上，有的国家甚至还建造了反潜用直升机驱逐舰。

驱逐舰发展至今，早已从过去一个力量单薄的小型舰艇，逐步演变为一种多用途的中型军舰。除了名称留下的一点痕迹之外，驱逐舰已经失去了它原来短小灵活的特点，转而从过去一个只有几门小炮、防护几乎等于零的小型舰艇，变成了一种多用途的大中型军舰。

据报道，中国最新055型驱逐舰（图3-4）首舰不但已刷上101的新舷号，并将命名为“南昌”舰。在中国海军的舰艇序列中，101这个舷号蕴藏着特殊意义。它曾是中国海军第一艘驱逐舰“鞍山”舰的舷号，该舰与其他3艘同级舰组成的“四大金刚”，在相当长时间里构成中国海军的绝对主力。“鞍山”舰在中国海军服役期超过38年，航行10万多海里，1992年4月24日退出现役。“鞍山”舰在中国海军的历史地位，相当于大型舰艇的种子部队，不仅使中国海军积累了驱逐舰的大量使用经验，同时见证了海军从单纯仿制到独立自研的发展历程，是名副其实的英雄舰艇。

图3-4 我国055型驱逐舰

98. 驱逐舰为什么越来越受到各国海军青睐?

随着驱逐舰作战地位的不断增强，现有许多国家海军越来越青睐驱逐舰。出现这样的局面是有多层次原因的。

从目前情况来看，主要是因为驱逐舰造价相对较低，维护保养和对舰员的素质要求不是非常高。一般来讲，其适合中小国家，特别是发展中国家。驱逐舰与航母相比，它将攻和防融为一体，具有独立作战能力。驱逐舰不像航母那样，在大海航行还需要其他舰艇护航，也不像巡洋舰那样需要配对使用，而且不能在近海作战，因为巡洋舰的吨位比较大，吃水比较深。

美国的驱逐舰可以说是目前国际上比较先进的，也是21世纪初驱逐舰的发展方向。“阿利·伯克”级驱逐舰（DDG-51）是美国海上作战的基础，在维护全球海上安全中扮演着不可替代的角色，它包括空中、水下、水面打击与弹道导弹防御。“保罗·伊格内修斯”号驱逐舰属于“阿利·伯克”级（图3-5）Flight IIA型，在原有基础上提高了作战能力，包括反潜作战、指控系统、反舰作战等方面的改进。

驱逐舰还能用于对陆作战，而巡洋舰的反潜能力和防空能力相对较弱。具体讲，许多国家重视驱逐舰而不重视航母，一方面，驱逐舰的造价费用比较低，而航母的消耗很大。据统计，一艘航母一天的生活垃圾就有10吨，从这一点讲，对一些中小国家特别是发展中国家，建造使用航母不太现实。另一方面，现在国际上还比较太平，都在谋求经济的发展，不会出现像第二次世界大战那样大规模的战争。即使有战争，也只是一些局部冲突。所以从一定程度上讲，世界上大多数国家看重驱逐舰，也是为了维护本国的海洋权益，担负一定的护渔护航和近海防御任务。

图3-5 美军“阿利·伯克”级驱逐舰

99. 为什么说055型新型驱逐舰是我海军走向深蓝的“利剑先锋”？

中国海军的老一代“四大金刚”是4艘从苏联采购的“鞍山”级导

弹驱逐舰，如图3-6所示，在中国称为6607型，简称为07型驱逐舰。中国引进的这4艘导弹驱逐舰，分别称为“鞍山”舰、“抚顺”舰、“长春”舰和“太原”舰，弦号分别为101、102、103、104。1959年4月，编队南下赶赴舟山群岛，参加了以解放金门为假想背景的三军合成渡海登陆战役演习，改变了一江山岛战役中海军只能用吨位较小的护卫舰和临时改装的火力支援舰执行任务的局面。该级导弹驱逐舰1992年正式退役，见证了我海军早期发展历程。

图3-6 我国“鞍山”号导弹驱逐舰

052C型导弹驱逐舰是我海军的一型防空导弹驱逐舰，也是世界上第一种安装四面大型主动相控阵(有源电子扫描阵列)雷达的舰艇，堪称21世纪初期中国造舰史的最高成就。该型驱逐舰在诞生之初由于构型设计与美制“宙斯盾”系列舰艇相似，同样具备四面大型相控阵雷达，因此被网友称之为“中华宙斯盾”或“中华神盾”。该型驱逐舰的服役使中国海军第一次拥有了远程区域防空能力。

052D型导弹驱逐舰是我国海军新一代导弹驱逐舰，是052C型驱逐舰的最新改良型，也是继052C型舰后又一种配备相控阵雷达与垂直发射区域防空导弹系统的现代化防空驱逐舰。该型驱逐舰是继德国、荷兰、丹麦、日本之后第6种配备四面主动相控阵雷达和通用垂直发射装置的军舰。这标志着中国从此拥有跻身世界先进行列的新舰。

055型导弹驱逐舰全舰主要天线采用共形设计，具有较高的信息化水平及隐形性能，可组织远、中、近三层先期预警防御网，并有较强的防空、反导、反潜、反舰、攻陆和电子战能力。该舰拥有较高的续航力、自持力及适航性，可在除极区外无限航区遂行作战任务。本级舰首舰已于2017年6月28日在上海江南造船厂下水。

055型驱逐舰的问世对我国海军来说意义非凡。这是因为它除了运用诸多新的技术和设计理念以外，更是中国海军第一款一服役就在平台和设计理念上达到世界先进甚至局部领先水平的舰船。本级舰也是第一次在驱护舰的设计上实现远程攻防兼备的大潜力优秀平台，其未来改进型号加入电磁推进、电磁炮、激光近防技术及海基反导能力后，必将成为维护中国国家安全和海外利益的实力担当，成为中国海军走向深蓝的“利剑先锋”。

100. 护卫舰为什么被称为“海战老兵”？

早在16世纪诞生的三桅武装帆船就被称为护卫舰。初期的护卫舰排水量为240～400吨。第一次工业革命后，西方各国为保护在各地的殖民地利益，建造了一批排水量较小，适合在殖民地近海活动，用于警戒、巡逻和保护己方商船的中小型舰只，这也是护卫舰的前身之一。

1904－1905年日俄战争中，日本舰艇多次闯入旅顺俄国海军基地对舰艇进行鱼雷、炮火袭击，并布放水雷，用沉船堵塞港口以限制俄国舰队的行动。起初俄舰队巡逻、警戒港湾的任务由驱逐舰承担，但由于驱逐舰数量太少，其还要承担鱼雷攻击的任务，于是俄国建造了世界上第一批专用护卫舰。因其排水量小、火力弱、抗风浪性差、航速低，只适合在近海活动。

第一次世界大战时，德国潜艇肆虐海上，对协约国舰艇和商船的威胁极大。为保护海上交通安全，协约国开始大量建造护卫舰用于反潜和护航。新的护卫舰在吨位、火力、续航性等方面都有了提高，主要装备中小口径火炮、鱼雷和深水炸弹，最大的排水量已达1 000吨，具有一定的远洋作战能力。此时的护卫舰基本明确了自己的作战任务和使命。

二战期间，德国潜艇故伎重演，采用“狼群”战术打击同盟国的舰船，飞机也日益成为舰队和运输船队的严重威胁，这就使护卫舰的需要量更大，其担负的任务也更多样化。美国向英国提供50艘旧驱逐舰用于应急护航，同时开始建造新的护航驱逐舰，这标志着现代护卫舰的诞生。意大利、日本在战争中也建造了一批护航驱逐舰，各参战国的总建造数量达到2 000余艘。典型的护航驱逐舰排水量达1 500吨，航速高达30节，主要装备主炮或高平两用主炮用于近程防空的多门机关炮，数十枚深水炸弹可以执行防空、反潜、护航等任务。德国F-125型“巴登·符腾堡”级护卫舰见图3-7。

二战后，护卫舰除为大型舰艇护航外，主要用于近海警戒巡逻或护渔护航，舰上装备也逐渐现代化。在舰级划分上，美国和欧洲各国达成一致，将排水量3 000吨以下的护卫舰和护航驱逐舰统一用护卫舰代替。

纵观二战后护卫舰的发展历程，呈现出如下特点和趋势：一是大型化。由于载机直升机、导弹武器和电子设备的大量使用，护卫舰排水量超过3 000吨，21世纪以来建造的新型导弹护卫舰已经超过5 000吨。二是智能化。新技术革命成果和人工智能技术在军事领域广泛应用，使武器操作系统和作战指挥平台逐步融为一体，雷达的精度、可靠性以及电子对抗能力均有大幅提高，护卫舰具备了可在近岸水域全天候反潜、水雷对抗、布雷、反舰、监视、巡逻和远洋深海作战能力。三是模块化。在舰体设计上，预留了直升机平台，采用新型的燃气轮机，舰体外形不断变化。

图3-7 德国F-125型“巴登·符腾堡”级护卫舰

101. 为什么说护卫舰和驱逐舰是高低搭配的海上伙伴？

从大国海军的发展来看，护卫舰和驱逐舰仍然有本质区别。护卫舰最普遍的用途是为商船或者大型军舰护航，而驱逐舰是舰队的主力，一般不执行此种任务。

现代驱逐舰虽然被称为海上作战的多面手，但依然强调要具有一种突出特长。因此，现代驱逐舰在多用途的同时，往往还在防空、反舰或者反潜的某一方面特别突出。防空型驱逐舰一般负责远海大范围区域防空，装备有大量大型远程防空导弹，能够对抗敌方多批次、多目标的饱和攻击。

现代护卫舰的主要任务是执行小范围内的点防空和反潜任务，也就是说在舰队行动里，护卫舰承担的任务主要是消灭突破驱逐舰防御的漏网之鱼。大型防空驱逐舰一般都装备有昂贵的大型相控阵雷达和高度自动化、电脑化的防空指挥控制系统，携带的防空导弹都是大型的远射程舰对空导弹，长度可达9～11米，射程在100千米以上，射高大于20 000米，速度在2倍音速以上，可同时跟踪多数量、多批次的目标，并对其中若干个目标同时发动拦截。护卫舰携带的防空导弹一般都是较小的近程防空导弹，长度不超过5米，射程在30千米以内，射高不超过10 000米。限于成本因素，护卫舰廉价的火控系统只能对1～2个目标进行拦截。反潜驱逐舰和反潜护卫舰的区别同上述类似。我国054A型级530“徐州”号护卫舰见图3-8。

护卫舰的防空和反潜能力不像驱逐舰那么突出，绝大部分护卫舰都同时具有防空能力和反潜能力，但从世界各国护卫舰一直以来的用途来看，护卫舰的主业更偏向于反潜能力，防空只是其副业。总而言之，目前在大国海军，驱逐舰和护卫舰是一种高低搭配的作战方式，前者是舰队的主力，承担主要的防空和反潜任务，后者则作为前者的补充承担次要作战任务。

图3-8 我国054A型级530“徐州”号护卫舰

102. 模块化技术是如何在护卫舰上应用的?

MEKO是德国福卜隆思造船厂在20世纪70年代初期开始发展的一种新型外销用护卫舰。这种护卫舰使用了创新性的模组化建造观念，同时，他们还将模块化思想引入舰船设计。MEKO护卫舰模块组成示意图见图3-9。在MEKO舰的设计过程中，首先进行一定尺寸和排水量的标准船体的设计，并按照规范，预留好武器模块的接口。随后，按照订货方的要求，从众多可装舰的武器设备模块中，选择需要的组合装舰完工，就像搭积木一样。

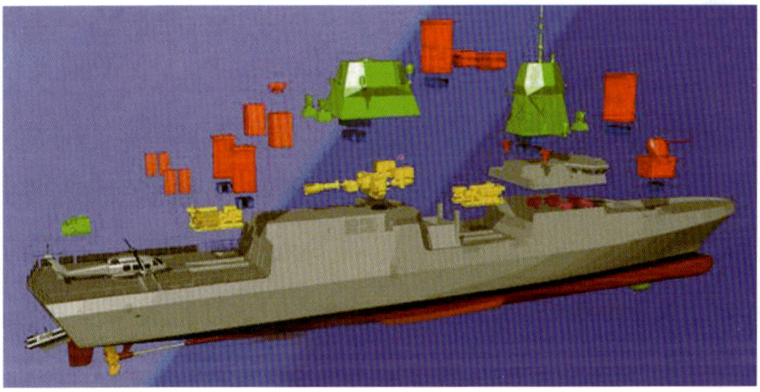

图3-9 MEKO护卫舰模块组成示意图

MEKO级最大特点是采用模块化开放式体系结构，为世界海军舰艇建造开创了新的模式。德国布洛姆-福斯造船厂开创的MEKO概念，核心是标准化和模块化，针对不同的用户性能需求和成本限制，只是更换或增减不同的功能模块，在标准船体上，可非常方便通过标准界面安装。因此，具有适应性强、结构可靠、建造周期短，费用低廉的显著优点。

MEKO级隐形设计用于减少雷达横截面和各类信号特征。船体设计避免大的平直表面，采用一种被称为“X-形状”的布局。避免直角和隅角，甲板和上部构造采用封闭结构。舰桥侧楼结构设计用于最初的一些MEKO护卫舰上，现在已经被去掉，舰桥被完全地封闭。与同型最初的舰艇相比，红外信号特征减少75%，已经完全去掉烟囱，采用横向输送管系统用于排放热废气。海水注入排气导管来冷却废气，排气管口的位置位于尾部，仅仅高于吃水线，因此排出的尾气大部分被尾波所掩盖。

103. 两栖战舰艇最大的用途是什么？

随着世界领海争端日趋增多，海上强国的海军战略中心已从远洋移向濒海地带，两栖作战因此得到重视。现代侦察手段和精确制导武器在海岸防御中的广泛使用，对两栖作战提出了严峻挑战。现代两栖战的新特点，对两栖舰艇在第一时间实现最大化远程投放提出要求，在海岸、海空、海上对抗拥有更强的自防卫和生存能力。各国在21世纪两栖战舰发展中逐步强大，都瞄准了具有设有船坞、吨位大、适航性好、续航力大、能运送大量兵力优点的坞式大型两栖战舰。按其用途不同，可分为船坞登陆舰、船坞运输舰和通用两栖攻击舰三类。

从目前典型的和正在建造的新型坞式两栖战舰来看，具有如下技术特点：

(1)多用途。“一舰多用，平战结合”及均衡装载，成建制地把装备、人员、物资和登陆换乘工具装在同一舰上独立执行两栖作战任务。

(2)排水量中型化。除美国外，世界其他各家坞式两栖战舰排水量通常在1～2万吨。坞式两栖战舰普遍装载有直升机、气垫登陆艇、两栖突击车等，以进一步加强突击威力。

(3)生存能力提高。新型坞式两栖战舰不仅配备中小口径舰炮武器系统，有些还配有舰空导弹，试装了舰艇自防卫系统。

(4)设计通用化、模块化、高速化。两栖战舰担负任务较多，装载变化较大。为了满足这种需求，舰体结构和装备采用了通用化、模块化的思路。为达到快速投送兵力的目的，航速高速化。

由于导弹等远程精确打击力量越来越多被应用，登陆战曾经是一个被排斥的概念，而且排斥范围随着卫星制导、海空中继制导等技术手段的应用而逐渐扩大。由此，不同于以往模式的登陆作战新理论浮出了水面。例如“超地平线突击登陆”作战样式，其先期作战任务艰巨。主要形式有海上作战、火力压制等。如果敌海军对联合两栖特遣部队航渡航线和登陆地域的威胁较大，需要专门组织海上作战，以夺取制海权。

超视距打击和立体登陆突击力量，显示了非线性作战下的两栖战“如远又近”的特点。现代化两栖战舰通过点状化、集中化的两栖武力配比，实现了局部火力上对陆、海、空的优势，通过“蛙跳作战”“直达作战”的方式，彻底消亡了以往前方与后方的界限。

104. 现代登陆战是如何影响两栖舰艇发展的?

处于海洋作战体系下的登陆作战是一种高度的“接触作战”，这必然意味着高风险，然而它所起到的战术效果是非接触作战所无法替代的。它对目标的破坏最为彻底，地下设施、各类管线等很多精确制导弹药难以打击到的目标，可以很容易地被现代登陆战完全破坏掉。常常会有某些陆上区域需要取得控制权，而登陆作战是唯一可以对岛屿或大陆沿海区域建立起绝对控制的作战模式。

现代登陆战中，按照任务划分，两栖作战舰艇可以分为6种：两栖攻击舰（LPH，LHA，LHD）（图3-10）、船坞登陆舰（LSD）、坦克登陆舰（LST）、轻型登陆艇（LCU，LCM，LCAC）、两栖运输舰（LKA）、两栖指挥舰（LCC，AGF）。

(1) 从坦克登陆舰到船坞登陆舰：如同驱护舰之间一样，两栖作战舰艇间的界限同样也在趋于模糊，多种功能总会或多或少地在一艘船上体现出来，只能通过其功能上的侧重，来尽量准确地将其归类。

(2) 垂直登陆时代的开启：20世纪60年代，随着直升机技术日趋成熟，诞生了“垂直包围”的登陆战术，出现了“两栖攻击舰”的新舰种。直升机进入到两栖作战体系无疑是两栖战模式的飞跃，作战空间由二维平面拓展至三维立体空间，彻底地摆脱了沿海地质、地形的束缚。

图3-10 美军“黄蜂”级两栖攻击舰

(3) 引领潮流的LPD：几乎在发展

LPH的同时，LSD不断加入新的成分而发生演化。首先是坞舱被缩小，相应扩大了陆战队的居住区。在两栖突击之外，又提高了运输功能。随着直升机技术的应用，增加了直升机的起降平台和机库。

(4)两栖舰的战术使用：两栖战舰艇家族中还有一群“小字辈”的登陆艇，它们均由各类两栖舰所携带，在登陆作战中和直升机一起充当登陆第一线的运载工具。此种登陆艇首、尾均设有吊门，当吊门放倒时可兼作跳板之用。货舱为首尾畅通式，坦克、车辆等可通过跳板自行驶入艇内。

(5)独此一家的LCC：两栖战舰家族中有一型地位显赫、但已日显衰落的舰种，就是“两栖指挥舰”（LCC）。LCC专职两栖作战中所有陆、海、空各军种的指挥、通信使命。以往此类舰都由商船改装而成，通常伴随两栖战舰编队一起行动。至20世纪60年代中期，美海军专门设计建造2艘LCC“蓝岭”号和“惠特尼山”号，并于70年代初开始服役。

105. 大型舰船研发有哪些关键技术?

(1)水面舰艇综合隐身技术。现代战场要求舰艇必须具备电磁、红外、声、磁、光、水压及尾流等综合隐身性能。隐身性能已成为现代新型舰艇研制中优先权最高的战斗技术指标之一，各国纷纷推出了以雷达波隐身为主要特点的新型水面舰艇设计方案或构想，采取了集成上层建筑、综合天线桅杆、X型桅杆，以及武器、电子设备和舰艇上部结构拱形设计等一系列新的隐身措施。舰艇隐身已经从以雷达隐身为主发展到要求控制舰船的声、电、磁等众多物理场特性，形成全谱舰船目标特性控制。

(2)集成上层建筑。舰艇上层建筑部分是影响全舰作战性能和舰艇隐身性能的最主要方面。由于舰上装载的系统数量多、种类多，复杂性高，实际上无法真正做到加装新系统后使整舰性能最佳。集成上层建筑技术采用系统工程方法，综合运用多功能结构设计技术、复合材料技术、平面阵天线技术、联合孔径技术、系统集成技术等，同时提高全舰性能和舰艇的隐身性能，使隐身设计与舰艇上部结构设计技术有机统一起来。这是水面舰艇发展历史上一项划时代的技术突破。

(3)平台信息化。舰艇平台信息化是在平台自动化技术的基础上发展起来的，旨在对舰艇进行一体化综合监控与管理，以预测、实时发现和控制事故与故障，提高应对突发事件的能力和舰艇的生存能力，对平台实施自动化、智能化管理；为舰艇本舰及远程信息交互提供信息基础平台，改善适居性，支持灵活训练和远程保障能力，为新的作战使用提供基础；降低平台对人员数量的需求，大幅降低全寿期费用。

(4)提高生命力。提高舰艇的生命力需要在多个技术领域采取综合措施，包括损管、防弹抗沉结构、抗冲击结构、分布式系统结构、主被动装甲，隐身性、主被动防御技术等。以美国为代表的先进国家正在研究新一代舰艇生命力设计、评估与试验方法。

106. 大型舰船如何做到攻击目标的同时又不遗漏威胁目标?

作战系统一般由各种终端显示、数据采集、数据处理、情报处理、信息融合、辅助决策、数据分发等子系统组成。作战系统从各个节点取得数据，数据的种类有水下目标、陆上目标、海上目标、空中目标、太空目标等。目标的取得可以从各个作战节点实时传输上报，下层作战指挥系统上报、上层作战指挥系统下达等。

各种信息汇集后进行处理，处理的方式一般有目标数量类型判别、敌我判别、威胁等级判断等，剔除重复的和无用的信息，然后这些信息按既定的程序，形成态势图和辅助决策提醒，供指挥员决策。指挥员决策后，将决策分发给各个作战节点实施。这样可以合理有效发挥各节点的效能，不至于同时攻击一个或几个目标而遗漏其他个别威胁目标。

作战系统包括作战指挥系统，同时也包括其他的诸如各种武器、各种探测器、飞机、水面舰艇、潜艇、卫星、各种辅助设备等，基本上囊括了直接参加战斗和间接参加战斗的所有武器装备。

水面舰船综合作战能力指标体系包括总体性能和作战能力两部分：前者包括稳性、快速性、适航性和操纵性；后者包括对海作战能力、对空作战能力、反潜作战能力，如图3-11所示。

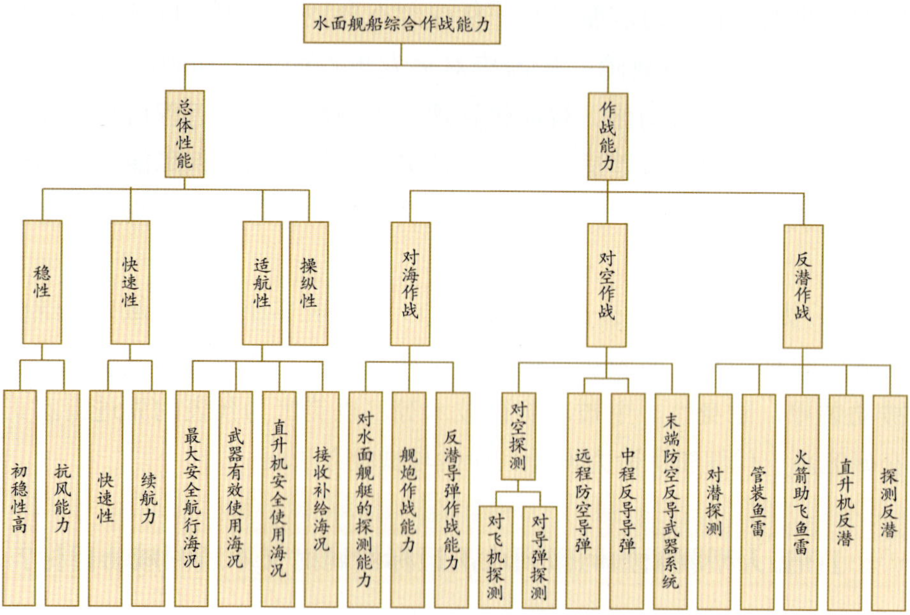

图3-11 水面舰船综合作战能力指标体系图

107. 大型舰船如何避免被雷达、声呐和红外信号发现？

对舰艇的探测主要采用雷达、声呐和红外信号来探索和发现目标。舰艇要隐身必须采取措施来降低这三个方面的可探测信息特征。

雷达是最常见和有效的探测设备之一。它在工作时，向一定空域发射电磁波，该电磁波遇到信号后便会被反射回来，雷达接收到该反射信号就会发现目标。因此，为了不让对方雷达发现目标，可以采取两种措施：一是使照射到目标上的雷达波反射到其他方向，不能返回到雷达，从而使雷达接收不到目标反射的信号；二是将照射到目标上的雷达波强烈地吸收掉，使返回到雷达处的信号变得极其微弱，以致于雷达检测不到目标的反射信号，从而发现不了隐身目标。对第一种情况可通过改变舰艇的外形来实现，例如：（1）外形用曲面板代替平面板，尽可能采用圆弧形表面和棱，避免镜面强反射；(2) 各部结构设计成倾斜式侧面，将雷达波反射到空中或水中；(3) 各部结构采用倒角连接，普遍采用凸面圆滑过渡的倒角连接，这可使雷达波反射强度降低1/10；(4) 减少外露的武器装备和设备，所有通常外露的武器装备都尽量设计成可伸缩的并使窗口盖与甲板配平。

声呐是在水下发现目标的重要工具、卓越的“水下侦察兵”，它能探测到潜艇在大海深处的一举一动。声呐分为主动式和被动式两种。主动式声呐自己发出声波，并根据目标反射的回波来发现目标。主动式声呐能探测静止目标的方位和距离，但容易暴露自己，并且侦察距离短。对付这类声呐，可用吸音涂层等手段吸收声波达到隐身效果。

对于水面舰艇来说，红外辐射具有明显的可探测特征。其红外辐射源主要是烟囱、主机舱及其排出的废气和热水、灯光、舰体表面的热辐射等。舰艇采用反红外探测隐身技术就是要抑制红外辐射，其目的是降低舰体特别是其热点的温度，使其接近于周围环境的温度，从而使红外探测系统难以发现目标而达到隐身。

108. 大型水面舰船在航母编队中分别担当什么角色?

航母编队战斗群的构成不尽相同，但它需要多艘舰只为航母及其空中编队提供支援，这一点是始终不变的。美国的航母编队模式一般包括两艘导弹巡洋舰、两艘驱逐舰、一艘护卫舰、两艘核动力攻击型潜艇和一艘补给舰。根据具体任务，还可能增配运兵船、两栖攻击艇和货船。

在航母编队中，各护航舰艇根据各自的专长和作战能力，分别担当不同角色。美国航母编队中最大的护航战舰“提康德罗加”级巡洋舰，从第6艘起即装有“SM-2MR”标准舰空导弹、“阿斯洛克”反潜导弹，以及具有远程对岸、对海打击能力的“战斧”巡航导弹。其主要任务是组织防空武器或引导己方飞机为航母编队提供对空防御，同时也能对海上和陆上目标实施攻击。“阿利·伯克”级驱逐舰是以防空为主的一级多用途导弹驱逐舰，可在高威胁海区为航母编队和其他水面作战编队担负防空、反潜和对海作战等任务。“斯普鲁恩斯”是以反潜作战为主的一级导弹驱逐舰，主要担负航母编队的搜潜和反潜任务，也具备反舰、对陆和防空作战能力。“佩里”则是一级性能适中的通用型护卫舰，具有较强的对空作战能力及相当的反潜和反舰作战能力。“洛杉矶”级核动力攻击型潜艇的主要任务是搜索和攻击敌潜艇，打击敌水面舰艇，为己方航母编队或运输船队护航。快速战斗支援舰是在海上航行状态下，利用专门的补给装置或舰载直升机向航母编队中的水面作战舰艇提供燃油、弹药、食品及备件等各种消耗品的辅助舰船。

从目前中国海军装备的情况来看，未来航母编队的形式应该和美国的单艘航母编队差不多：以航母和综合补给舰为核心，编入2艘052C防空导弹驱逐舰、4艘054A多功能护卫舰、2艘093核潜艇。其中编队的外围防御由航母的舰载机和预警机负责，按照惯例一般舰载预警机会在离母舰100千米处，9 000米的高度执勤，可以将编队的预警圈向前推进300～400千米左右，为己方的防御系统和部署争取足够的时间。

109. 大型水面舰船如何对抗各式先进鱼雷的威胁?

水面舰艇反潜通常以专用反潜舰艇为主，其他舰艇则多装以自卫性反潜设备。以反潜为主的水面舰艇有猎潜艇、反潜护卫舰、反潜驱逐舰等。反潜型舰艇主要装备舰壳声呐、变深声呐、拖曳声呐等探潜设备，以及反潜深弹、反潜鱼雷、反潜水雷、反潜导弹等攻潜武器。

随着鱼雷技术的不断发展，鱼雷对水面舰艇的威胁越来越大，已成为制约水面舰艇发展的因素之一。鱼雷从自控鱼雷、声自导鱼雷、线导鱼雷，逐渐发展到最先进的尾流自导鱼雷，各国海军研制的反鱼雷技术也在不断向前发展。为了抗击鱼雷的攻击，世界各国研究开发的反鱼雷技术主要分为两类：一是被动防御，二是主动进攻。

被动防御主要是通过在舰艇上涂层、贴片、敷设橡胶等措施来降低舰艇噪音，使舰艇隐身，以降低被敌声呐发现的概率，减小声自导鱼雷的自导作用距离，从而达到减少被声自导鱼雷命中的目的。如原苏联潜艇表面的吸声材料“集束卫士”，能吸收入射波的1/3，而且由于吸声层使入射声波成漫反射，类似尾流层回波，影响声呐工作，使声呐探测和鱼雷自导装置的作用距离缩短约1/3。同时，在舰艇两侧或尾部拖带防鱼雷网，以阻拦鱼雷，使舰艇免受损伤。个别舰艇还进行了消磁处理，降低磁探仪的探测效果，导致磁和电磁引信鱼雷失效。

主动防御又可分为战术防御和器材对抗防御。战术防御主要通过改变舰艇的航向、航速及航深（用于潜艇）的方法来规避直航鱼雷的雷迹和自导鱼雷的探测，从而达到避开被敌雷击中的目的。器材对抗措施又包括软杀伤（软对抗）和硬杀伤（硬对抗）两种。软杀伤主要是通过采用各种诱饵、干扰器和气幕弹等，使来袭鱼雷跟踪或攻击假目标或偏离航向，迷盲、消耗鱼雷的动力，造成鱼雷攻击失效。硬杀伤主要是使用反鱼雷浮标、反鱼雷深弹（炸弹）、反鱼雷水雷、反鱼雷鱼雷等，把来袭鱼雷拦截、摧毁或让其失去战斗力。

110. 海基弹道导弹防御系统能够摧毁敌方间谍卫星吗？

海基弹道导弹防御体系的使命主要有两类：

一是拦截敌方弹道导弹，阻止其攻击陆上和海上目标。这些弹道导弹可以是：(1) 射程为数百千米的近程弹道导弹，用于世界关键水道的目标攻击，例如波斯湾和霍尔木兹海峡、南中国海和马六甲海峡、台湾海峡等，它们可以携载核弹头或常规弹头；(2) 用来攻击航空母舰之类大型海上平台的反舰弹道导弹，其射程可以达到1 000千米以上，此类射程的导弹也可用来对岛屿军事基地实施攻击；(3) 携载包括核武器在内的大规模杀伤性武器的中远程和洲际弹道导弹。

二是实施海基太空战，对敌方卫星实施攻击，破坏其近地轨道的使用。鉴于海基弹道导弹防御系统能够拦截大气层以外飞行的弹道导弹，那么用来对近地轨道的卫星实施攻击就是自然而然的事了。对卫星的攻击，会破坏敌天基侦察预警、指挥通信和引导定位系统，从而对敌方现代化精确制导作战的基础进行致命性的打击。2008年2月21日，美国海军利用“宙斯盾”弹道导弹防御战舰在西北太平洋海域发射1枚“标准-3”型导弹，摧毁了1颗失控的美间谍卫星，就是最好的例子。

海基弹道导弹防御的构成和任何作战系统一样，也是由侦察情报、指挥控制和拦截打击系统三部分组成的。从现代化联合作战角度，这既是战略威慑系统的子集，也是诸军种联合作战体系的一部分。因为海基弹道导弹防御既有战略拦截的任务，又能起到海上战役屏卫的作用，所以说它和海军整体作战体系，特别是和防空和战术导弹防御紧密联系在一起，并且呈现高度一体化的发展趋势。

111.“宙斯盾”战斗系统是一张盾牌吗?

1960年代末，美国海军认为自己在各种环境中的反应时间、火力运作妥善率，不足以应付苏联大量反舰导弹对水面作战系统的饱和攻击威胁。为此，美国海军提出“先进水面导弹系统”的提案，经过发展就成为“宙斯盾”战斗系统。

“宙斯盾”可以有效防御敌方从四面八方发动的导弹攻击，构成了美国海军舰队的坚固盾牌。“宙斯盾”原本是神话里的一种武器。希腊神话中的主神宙斯有一面雕有蛇发女妖头像的盾牌，这是其护身法宝，谁见了此盾牌就会变成石头。“宙斯盾”就由此得名。

“宙斯盾”系统的核心是一套电脑化的指挥决策与武器管制系统。虽然表面上“宙斯盾”系统很强调对于空中目标的追踪与拦截能力，不过其核心是接收来自舰上包括雷达、各种电子作战装置与声呐等侦测系统的资料，加上与其他水上、水下、空中的载体，经由战术数位资讯链路交换的情报，经过自动化的信号处理、目标识别、威胁分析之后，显示在“宙斯盾”系统的大型显示幕上，提供指挥官最即时的情报资料。相关的目标资料也会显示在其他的控制台上。电脑作战系统可以在必要的时候根据目标的威胁高低自动接战。透过武器管制系统的整合与指挥，舰上的作战系统得以发挥最大的能力，进行必要的攻击与防御措施。

“宙斯盾”作战系统最重要也是最显眼的就是AN/SPY-1被动电子扫描阵列雷达，“宙斯盾”系统的相控阵雷达天线见图3-12。这一套雷达共有四片，呈六角形，分别装置在舰艇上层结构的四个方向上。雷达本身不旋转，完全利用改变波束相位的方式，对雷达前方的空域目标以每秒数次的速率进行扫描。

第一代的SPY-1A雷达上面有140套模组，每个模组包含32具发射/接收与相位控制单元。这一套雷达于1965年开始发展，1974年展开海上测试。第一套系统随“提康德罗加”级巡洋舰第一艘“提康德罗加”号于1983年进入美国海军服役。后来又发展到驱逐舰，“阿利·伯克”级驱逐舰第一艘“阿利·伯克”号于1991年进入美国海军服役。

图3-12 “宙斯盾”系统的相控阵雷达天线

112. 为什么说在某些方面“中华神盾”优于“宙斯盾”战斗系统？

美军“阿利·伯克”级驱逐舰是世界上第一个安装“宙斯盾”系统的导弹驱逐舰。有媒体报道称，被称为“中华神盾”的052C型、052D型（图3-13）驱逐舰上的作战系统极具前瞻性，无论是运算速度还是辅助决策能力，均可与美军舰艇相媲美。美国情报机构分析称，中国海军可通过它实现单舰、多舰，乃至与直升机、潜艇与岸基部队实时信息共享。分析还称，052C使用的雷达系统甚至优于“阿利·伯克”级。

052C采用的是中国自行研制的有源相控阵雷达。而美军“阿利·伯克”级使用的是无源相控阵雷达，探测距离远但精度不高，所以还需依靠其他雷达来引导导弹攻击目标。它对隐身目标的攻击距离、对小型慢速目标的持续跟踪、对弹道导弹的跟踪效率，以及抗干扰能力等方面，完全无法与中国的052C相提并论。所以在先敌发现目标能力和远程对海打击能力上，052C更具优势。

052C、052D上的雷达丝毫不亚于美国“阿利·伯克”级驱逐舰的相控阵雷达，在某些方面甚至更优于它。但由于受到地球曲率的限制，即使舰艇上的雷达再先进，水平线以下的目标仍然无法被探测到，需要依靠预警机或卫星探测目标信息，这就对舰艇信息化提出了非常高的要求，需要很好的通信设施。052C被誉为“中华神盾”不仅因为它拥有相控阵雷达，能看到雷达所能扫描到的地方，而且因为它同时可以接收陆地、直升机、卫星以及其他舰艇所传来的信息，拥有较为完整的通信指挥系统。

图3-13 我国052D“中华神盾”驱逐舰银川号

113. 为什么说隐身性和生存能力是未来战船的两大“命门”？

新概念舰船的发展在于创新，而有了丰富的技术资源才能进行创新。美、英等海军强国舰船技术的发展秉承了这一理念，使得现在乃至未来的很长一段时间都能够保持绝对的技术优势。

近年来，水面舰船推广应用模块化设计和制造技术，将通用性、基础性设备作为模块分离出来，将武器装备的体积、尺寸等标准化和模块化，不仅提高了舰艇总装技术水平，而且只要对舰船进行小的改装即可改变和扩大舰船的功能。

隐身性和生存能力是21世纪战舰的两大主题。以全隐身为特征，即雷达波反射特性、电磁特性、声特性、红外特性等各种物理场的隐身性均良好。作战环境下生存能力的目标是在舰艇被一枚导弹命中时还能继续战斗。战舰隐身性的提高和电子对抗、声对抗措施的实施，增强了战舰的生存能力。同时，设置舰上自动作战机动系统，能有选择地自动启动提前准备的损管设施，使作战损伤减至最小。船体材料研究采用新型特殊钢和复合材料建造，并考虑采用类似潜艇的双壳结构。

为了对抗敌导弹袭击，未来大型水面舰船将会设置具有电子侦察，有源、无源干扰能力的电子战系统，进一步解决通信侦察和通信对抗问题。由于各种雷达、通信干扰设备装舰后，会引起影响本舰电子设备电磁兼容正常工作的一系列难题，因此在增强本舰电子对抗能力的同时，各国均应注意加强电磁兼容性的研究。

114. 为什么中小型水面舰艇作战功能越来越趋于多样性?

中小型舰艇包含的舰种较多，排水量从几十吨到数千吨不等。由于近些年各国海军紧密围绕任务需求设计、建造舰艇，舰载装备的组合搭配发生了较大变化，传统的舰种划分越来越趋于模糊，各类“混搭”舰相继问世。部分大型护卫舰在配备装备、担负任务等方面与驱逐舰趋同，随着有效载荷的增加，部分舰艇满载排水量达到6 000～7 000吨，可承担弹道导弹防御任务。更多的护卫舰则依据任务需求选择武器系统。英国26型护卫舰在设计上采用同一船体，为特定功能加载特定装备：C1舰作为航母编队的护航护卫舰，注重防空、反潜作战能力；C2舰作为维稳型护卫舰，注重近海小规模作战，不装备反潜武器。

舰种划分趋于模糊的其他原因是，一些研制国是出于政治方面的考虑，一些是出于适应新时代要求的考虑，在功能上混搭了原本属于其他舰种的装备。美国的近海战斗舰在加载水雷战任务包后，可以承担普通水雷战舰艇的任务。英国26型护卫舰也配备了建制水雷战装备，具备一般猎扫雷功能。法国推出的MPC2双体巡逻舰、MPV多用途投送舰，除了具备海上警戒巡逻能力、低强度反潜、对海作战能力外，还可搭载60～1 050吨包括履带式装甲运兵车在内的军用物资，运送200多名士兵，具备支援登陆作战、人道主义救援、缉私等非战争军事行动的能力。

作为世界海军装备中数量最多的水面战斗舰艇，中小型舰艇未来仍是各国海军特别是中小国家海军装备发展的重点。随着作战需求和军事技术的进步，各种新概念和新技术将陆续被引入中小型水面战斗舰艇，使其隐身性、机动性、信息化和多任务能力不断提高。

115. 为什么中小型快艇普遍增强了投送特种作战部队能力?

“911”恐怖袭击后，欧美海军将反恐作战任务置于前所未有的高度，同时，在装备方面予以高度注视，只是海军装备通常需要很长的发展周期，物化为装备需要一定时间。近些年，国外海军设计建造的新概念舰船无不带有浓厚的反恐色彩，反映了时代发展的特殊要求。

由此，与特种作战完美结合的水面战斗舰艇应运而生，其主要表现是水面战斗舰艇搭载特种作战部队。德国的F125型护卫舰、欧洲多用途护卫舰、西班牙的F2M2“未来多用途护卫舰”、西班牙海军新一代“流星”级近海巡逻护卫舰等，都可以搭载特种作战部队。为快速投送人员，普遍设置冲锋舟收放坡道，这种设计也有利于UUV等装备的布放和回收。实践证明，直升机和高速橡皮艇是完成驱赶、围堵、打击海盗船的完美组合，必要时还可运送几十名特战队员上岸，在小规模投送兵力时不必动用大型两栖战舰。

当前，削减舰艇种类、舰级数量是各国海军为建设精干高效部队而采取的共同做法，这样既可节约军费，又可增强通用性，便于“海上轮换”。为了不因数量减少而影响部队的战斗力，各国海军积极探索用一型舰替代原来几型舰才能完成的任务。英国计划用26型护卫舰替代现役的22型、23型，以及5型承担巡逻、水雷战、水文地质巡航任务的舰艇，并在一型船体的基础上根据需求的不同，形成功能和能力不同的C1、C2、C3等3型舰，分别作为航母/两栖编队护卫舰、通用护卫舰、巡逻/水雷战战舰使用。

除了日本没有护卫舰发展计划，美国继续发展近海战斗舰以外，其他主要国家海军都在积极探索、研制新型中小型舰艇。中小型水面战斗舰艇因其自动化程度高、舰员编制少，建造和使用维护成本相对较低，也受到中小国家的青睐。另外，由于欧洲爆发大规模战争的可能性较小，除保有少量大型舰艇用作远程投送平台外，中小型舰艇因其任务领域广泛，在装备体系中所占比例亦将增大。

116. 为什么小型鱼雷艇能够与大型军舰相抗衡？

鱼雷艇具有以下优点：一是航速高，机动灵活。由于鱼雷艇体积小，排水量通常为数十吨至数百吨，又采用高速艇艇型，动力装置功率大，速度高达30～40节，甚至可达50节，有“海上轻骑”之称。二是攻击威力大。鱼雷艇装备鱼雷武器，鱼雷的头部装着100～500千克的高效炸药。一般的炸药在空气中爆炸时能量损失很大，但鱼雷在水里爆炸时水吸收的能量很小，所以鱼雷的爆炸威力很大，鱼雷艇具有较大攻击威力，甚至能与大中型军舰作战。三是隐蔽性好。鱼雷艇尺寸小，吃水浅，能隐蔽在港湾、岛礁、洞库，可出其不意地攻击近岸的水面舰艇。此外，它的造价低廉，制造容易，使用方便。

鱼雷艇具有的缺点：适航性差，活动半径小，自卫能力弱。与导弹艇相比，鱼雷的最大射程在100千米以内，远低于反舰导弹的射程。在速度上，即使是俄罗斯的“暴风”鱼雷200节的速度，也无法与超音速导弹相比。随着现代化探测和作战手段的日益发展，鱼雷艇隐蔽出击的作战优势日益降低，导弹艇出现后，鱼雷艇的作用有所下降。总之，鱼雷艇具有打击威力大、建造容易、周期短、造价低等优点，加之鱼雷性能不断提高，舰艇隐身技术不断发展，鱼雷艇仍在不少国家用于近海防御而予以保留和发展。

鱼雷艇发展趋势：采用隐身技术以便隐蔽出击；提高鱼雷艇的航海性能；改善鱼雷性能；采用小型化和自动化电子设备以提高快速反应能力和射击精度；采用轻型舰空导弹或导弹与舰炮结合的武器系统以提高对空防御能力。

扫雷艇是专用于搜索和排除水雷的舰艇，有舰队扫雷舰、基地扫雷舰、港湾扫雷艇和扫雷母舰等。扫雷艇主要担负开辟航道、登陆作战前扫雷，以及巡逻、警戒、护航等任务。

自20世纪初，扫雷舰艇在战争中得到广泛应用。70年代以后，一些国家相继研制出了玻璃钢船体结构的扫雷舰艇、艇和扫雷具融为一体的遥控扫雷艇、气垫扫雷艇等，大大提高了排扫高灵敏度水雷的安全性。扫雷艇一般在战线的后方行动，对速度、火力的要求不高。军工产品一般都是威力强外观就吸引人，而扫雷艇就不如一线作战舰艇“长得好看”。为了防止自身引爆磁感应水雷，扫雷艇一般都不能用钢壳，而是用木头或者玻璃钢制造。越南海军的扫雷艇就是玻璃钢的，在尾部还安放有像小潜艇一样的拖曳式扫雷具，可以探测和消灭敌方水雷。

117. 为什么水翼艇可以在海上飞航?

水翼艇是一种依靠水翼的上、下压强差来抬高船体，从而达到快速航行的船舶。早期的水翼船采用U型水翼，这种水翼被称为“半浸式”或“割划式”水翼。因为在水翼飞航时，U型水翼会有部分浸在水中，而其余部份则会割破水面露在空中。较新的水翼船采用倒T型水翼，这种水翼被称为“全浸式”，因为它经常保持在水下。半浸式水翼和全浸式水翼见图3-14。“全浸式”水翼受海浪的影响比“半浸式”小，在大浪的海上航行时更为稳定、舒适。但全浸式水翼设计不具备自我稳定的特性，必须要由自动控制系统就海面情况、船身姿态、速度、加速度等参数不断改变水翼的攻角，以维持水翼飞航的状态。如果水翼船突然失速，飞航中的船身可能会突然掉回水中，造成意外。部分全浸式水翼船的推进采用燃气涡轮引擎，配以喷水系统，避免了螺旋桨及方向舵带来的阻力。喷射飞航“铁星”号水翼船见图3-15。

但是，要制造大型水翼船，特别是要进一步提高速度，还存在技术困难。水翼所能提供的浮力与长度呈平方关系，而船的重量却与长度呈立方的关系（平方/立方定律），因此，制造更大型的水翼船存在一定的难度。要进一步提高速度，水翼在高速下会产生气泡的问题亦需解决。此外，全浸式水翼的结构及控制较为复杂，也令成本上涨。水翼船使用燃气引擎花费燃料较多，也是商业运作上的考虑之一。

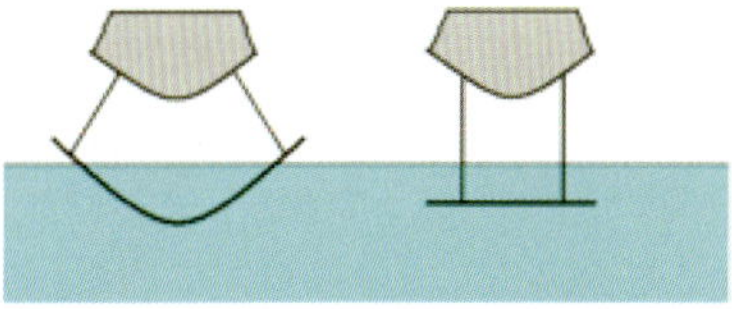

图3-14 半浸式水翼和全浸式水翼示意图

图3-15 喷射飞航“铁星”号水翼船

118. 为什么气垫船可以在水上、海滩和陆地上高速行驶？

气垫船又叫作“腾空船”，是一种以空气在船只底部衬垫承托的气垫交通工具。气垫通常是由持续不断供应的高压气体形成。气垫船主要用于水上航行和冰上行驶，还可以在某些比较平滑的陆上地形和浮码头登陆。气垫船是高速船的一种，航行时船身升离水面，船体水阻减少，航行速度比同样功率的船只快，很多气垫船的速度都可以超过50节。气垫船亦可用非常缓慢的速度行驶，在水面上悬停。

按航行状态，气垫船分为全垫升气垫船和侧壁式气垫船两种。

全垫升气垫船（图3-16）采用空气螺旋桨推进，航行时船底离开水面，具有较好的登陆快速性。在军事上，气垫艇是最理想的登陆作战运输装备，它的高航速和登陆性大幅提高了上陆抢滩速度，增大了战术突然性，有利于上得去、突得破。垫升式气垫船不但可在水上、冰雪上航行，也可在海滩等界面登陆，在无码头设施的沿海岛屿停靠，实施无码头组织不间断地后勤补给，有利于向纵深突击。同时，它也是猎雷艇、扫雷艇的理想艇型，可用于在浅滩、滩涂、岛屿间担负巡逻警戒、交通运输、抢险救灾等任务。

侧壁式气垫船（图3-17）的船底两侧有刚性侧壁插入水中，首尾有柔性围裙形成的气封装置，可减少空气外逸。航行时，利用专门的升力风机向船底充气形成气腔，使船体飘行于水面。它常选用轻型柴油机或燃气轮机作为主动力装置，用水螺旋桨或喷水推进，航速可达20～90节，有较好的操纵性和航向稳定性，但是不具备登陆性能。由于这种气垫船气腔中的空气不易流失，托力比全垫升式大，功率消耗小，适合建造大型船只，其军用价值颇受各国海军重视，认为它比全垫升式气垫船更有发展前景。现代侧壁式气垫船的刚性侧壁已发展为细长的两个船体，兼有高速双体船的优点，又称气垫双体船或表面效应船，是一种发展迅速的船型。

图3-16 全垫升气垫船

图3-17 侧壁式气垫船

119. 为什么小水线面双体船比单体船更稳定、更灵活？

小水线面双体船（图3-18）是通过流线型支柱对排水体积和主体部分进行连接的船只。它由常规双体船发展而来，既具有常规双体船甲板面积宽敞、横稳定性好的优点，又有耐波性能良好的特点。此外，还具有噪音小、舒适性好、航向稳定性好的特点。随着技术的进步，小水线面双体船有大型化的趋势。但由于这种船回转直径较大，船舶载量对浮态产生敏感影响。

与传统单体排水量型船体相比，同等吨位下，小水面线双体船的优点：

(1) 小水面线双体船排水容积大部分潜没水中，支柱的水线面很小，海浪的干扰作用明显减弱，船在波浪中的摇荡、冲击力和失速均显著减小，具有常规船难以达到的良好的耐波性。

(2) 因为有两个船体，所以型宽较单体船宽很多，甲板面积大，上层船体空间大，十分适合作为飞行甲板和总体布置。

(3) 两个船体都有推进系统，其机动性能十分好，转向半径减少很多。

小水面线双体船的缺点：

(1)浸湿面积比常规船大，船体较重。

(2)吃水较深载，重量变化使吃水变化十分敏感。

(3)在静水中单位装载重量所消耗的功率通常较大，高速航行时需靠自动控制水平鳍确保纵向运动稳定性，技术较复杂。

(4)结构强度低，对材料和结构设计要求高。在满足结构强度的情况下，尤其在排水量增加时，整船付出的结构质量大。这是限制其大型化的主要问题。

(5)水下部分分成两个船体，需要部署两套推进系统，在使用传统传动推进系统时，限制了发动机的大小。这个问题可以通过全电力推进系统解决。

120. 为什么穿浪双体船的中央船体在小风浪中可以离开水面？

穿浪双体船型是吸收常规双体船高速低耗、小水线面船优良耐波性的优点设计的一种新的复合船型。它由左右两个瘦长的主船体、中央船体和上层建筑组成。

穿浪双体船两个瘦长主船体的舷部非常尖，加上特殊的船体线型，使船在波浪中航行时能平滑地切入波浪做穿浪运动，使船体的横摇、垂荡和纵摇都大大小于常规船型。在中央船体还有一个中央船首，静水或小风浪时离开水面，在恶劣海况特别是有较大随浪的情况下，它能提供足够的贮备浮力，避免出现埋艏现象。中央船体距水面较高，有效地减少了甲板上浪的次数。甲板面宽敞，便于总体布置。由于穿浪型船的上述特点，使其具备了阻力较小、运动响应少，具有较好的快速性、优良的耐波性和在波浪中失速小等优点。

我国022型导弹艇采用高速穿浪双体造型设计，其横截面具有明显的雷达信号消减特征，最高航速50节，具有高速灵活、隐形持久、火力强大以及防空能力强等优点，是一种灵活的武器发射载台。毫无疑问，022型导弹艇（图3-18）是设计较为成功的作战舰艇，对于中国海军而言，其重要意义不容质疑。

图3-18 我国研发的022型导弹艇

121. 为什么地面效应船既像舰艇又像飞机?

地面效应船最大特点是利用地面效应力增升原理实现高速掠海飞行，具有升空和排水两种航态，从不同的角度看既有别于飞机又不同于舰艇，可以被认为是特殊的舰船，也可以被认为是特殊的飞机。它在兼收并蓄了两者优势的基础上，形成了自身独具的特点：

(1)航速高。地面效应船的船体完全脱离水面，所受阻力小，航速最高可达100～300节以上，而气垫船只有70～80节。至于传统的排水型舰艇，则更是望尘莫及。

(2)适航性好。地面效应船在浪高1.5米以下飞行稳定，浪高超过1.5米仍可飞行，基本不受波浪的影响。它可以轻而易举地飞越一般地面交通工具难以逾越的沙漠、沼泽、江河、雪地和冰川等，无论在海上还是陆地均可起降与飞行，是名副其实的“两栖飞行器”。

(3)隐蔽性好。地面效应船能贴地面或海面飞行，不易被敌方雷达和红外探测系统发现，也不易被敌方舰载和防空火力击中。它航速特快，是普通舰艇的10倍，是气垫船的2～3倍，就连直升机也望尘莫及。这么高的速度，常令敌方猝不及防。

(4)经济性好。地面效应船的单位载荷油耗，要比高速航行的舰船低得多，与低速航行的舰船相当。与普通飞机相比，其载重系数也大一倍，油耗省一半，航程增加50%。

(5)操纵性好。地面效应船能倒退、悬停以及垂直起降，还可进行无坡度急转弯，甚至可以就地回转。

Qianting Yu Qianqi De Aomi

四 潜艇与潜器的奥秘

第四章　潜艇与潜器的奥秘

122. 为什么潜艇可以自由地下潜与上浮？

潜艇的下潜与上浮原理，主要依据阿基米德定律。阿基米德定律指出，浸入液体中的物体所受的浮力，等于它所排开的液体所受重力。潜艇的排水量就等于它浸入海水中的体积。浮力是将潜艇推向水面，而潜艇所受重力却是使潜艇沉入水中，两个力同时作用在潜艇上，它们合力的大小、作用方向、就决定了潜艇的沉浮。

那么如何改变合力的大小和方向呢？

如图4-1所示，当潜艇浮在水面上时，在重力的作用下，艇体一部分自然而然地浸在水中，这时排开的海水重力（与浮力相等）与艇的重力相等，所以合力为零，艇保持漂浮状态。

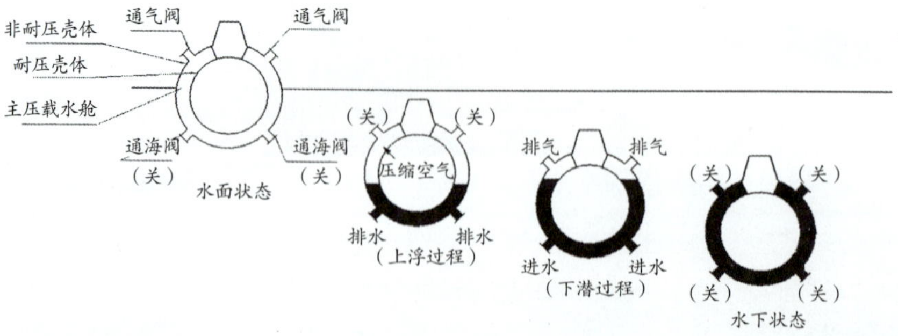

图4-1 力的作用图

这时如果有附加的重力加在船上，艇的重力大于浮力，就会下沉，于是又有一部分艇体浸入水中，浮力也随之增大，重力重新与浮力平衡，艇在浸入更多一些的状态下达到新的自由漂浮状态。

但是如果艇已经全部浸入水中，艇的排水量也不能继续增加了，也就是说艇所能得到的浮力最大了，这时艇就只能下沉了。舰艇正常下沉时，就是下潜。

那么潜艇所受重力是怎么增加的呢？原来在潜艇的耐压壳与非耐压壳之间，设置了前、中、后几个水舱，下潜的时候打开进水阀门，让海水灌入水舱，潜艇的重力大于浮力，使潜艇下潜，同时，通过调节向哪个水舱注水或进行不同注水量分配，还可以改变艇体在水中的姿态。姿态也能通过艇的舵来改变。当调节好注水量时，艇在水中的重力与其最大浮力相等，艇就可以停在水中的任意位置。

要让艇上浮，必须要减少艇的重力，让艇所受浮力大于重力。怎么减少艇的重力呢？当然是把水舱的水排掉一些。潜艇上带有许多压缩空气瓶，艇内还装有空压机，空压机把空气压缩到气瓶内，瓶内压力达到200个大气压左右，使潜艇即使航行在1 500多米深度时，也能通过向水舱注入压缩空气把水排出去，艇就变轻了，在浮力作用下就能浮向水面了。

上面主要描述了通过重力与浮力的关系来调节艇的沉浮，实际上通过改变艇在水中的姿态，靠螺旋桨的推力也能使艇产生下降或上升的力。在艇的重力和浮力平衡时，靠舵来配合螺旋桨的推进，潜艇就能机动航行，灵活改变方向。

123. 潜艇最大的军事价值和魅力是什么？

潜艇作为一种战斗舰艇，既可以在水面也可以在水下航行和作战。现代潜艇装备的鱼雷可以摧毁敌方的舰艇，它所携带的导弹足以摧毁一座城市甚至能使一个国家瘫痪。高性能的核潜艇可以在海中持续潜航长达数月，连续跟踪和监视敌方的舰艇，窃听敌方高度机密的通信。潜艇还可以担负秘密输送谍报人员和登陆队员、用水雷封锁敌人舰船出入港口等任务。因此，潜艇一直受到各国海军的高度重视。

潜艇的最大军事价值或具有的魅力，就在于它的隐蔽性。这与潜艇的生存能力和作战能力存在着密切的关系。二战前期，美国潜艇常常因发射的鱼雷带有故障而暴露了自身的位置，招来敌方的深水炸弹攻击。二战后期，美国研制出高性能隐身鱼雷和无轨迹电动鱼类，增加了潜艇的隐蔽性，降低了风险。

1982年马岛战争中，英国和阿根廷双方均投入了潜艇作战。1982年5月2日，英国皇家海军“征服者“号攻击型核潜艇用两枚鱼雷，将阿根廷海军13 000多吨的巡洋舰击沉，阿根廷海军舰队被迫撤退并处于守势。但阿根廷派遣的唯一一艘参战常规潜艇，顶住了英国航母编队数百枚反潜武器的威胁和攻击，证明了潜艇在反击水面舰艇战斗中的有效性。

冷战时期，美国和苏联都对潜艇发射巡航导弹给予高度重视。苏联专门设计并建造了E级、C级以及“奥斯卡”级等可以携带巡航导弹的核潜艇。美国对“洛杉矶”级攻击型核潜艇（图4-2）进行改换装，携带“战斧”导弹，一艘核潜艇可以携带的武器数量大约是20～30枚。21世纪各国潜艇的作用将随着科技的进步而大。

图4-2 美国“洛杉矶”级攻击型核潜艇

124. 哪些潜艇代表了各个阶段潜艇发展的最高水平?

罗伊·伯切尔和路易斯·赖迪尔两位潜艇专家合著的《潜艇设计基本原理》一书中，将现代潜艇技术的发展过程划分为5个里程碑：

第一阶段的里程碑标志是美国海军于1899年建造的“SS-1型”霍兰号潜艇。该潜艇由爱尔兰裔的美国人约翰·霍兰花费25年的努力成功建造，后来美、法、英、德国等国据此迅速推进了潜艇的发展，相继建造了A级、B级、D级潜艇。

第二阶段的里程碑标志是1915年德国海军建造的“U-35”型潜艇。德国在一战期间将拥有的仅20余艘小型潜艇投入作战，其以水面航行状态接近协约国的运输船只，并用艇上的舰炮摧毁运输船。随着潜艇数量的迅速增加，德国海军潜艇每个月在大西洋和地中海两个海域击沉的协约国运输船就有10万吨之多。在整个第一次世界大战期间，德国的U-35号潜艇击沉协约国运输船194艘、军舰2艘，总吨位45万吨。

第三阶段的里程碑标志是德国海军1945年建造的“U-XXI”型潜艇。该潜艇水面和水下排水量分别为1 621吨和1 819吨，耐压艇体为8字形，水下最高速度17.2节，水面最高速度15.6节。该潜艇装备了通气管装置，水下最大航速的续航力为5 100海里，通气管状态最大航速航行时续航力为11 150海里。

第四阶段的里程碑标志是美国海军1953年建造的“AGSS-569”型大青花鱼号潜艇。该潜艇水面、水下排水量1 516吨和1 837吨，33节的速度达到了美国海军常规动力潜艇史无前例的水下最高航速。这不仅是利用增大水下航行电机功率所获得，更主要的是研究出水下阻力较小的舰体线型。

第五阶段的里程碑标志是是美国海军1958年建造的“SSN-585”型“鲣鱼”级攻击型核潜艇。它把压水型反应堆核动力装置、水滴型线与潜艇水下高速、机动性，以及水下无限续航力进行结合，并首次将潜艇的艏水平舵移装到指挥台围壳上。水面正常和水下排水量为3 024吨、3 494吨，水下航速达到28.3节。

这五个里程碑性的代表潜艇都曾经把当时的最新技术与潜艇设计进行了结合，推动潜艇设计和潜艇性能发生革命性飞跃。将要装备热离子反应堆系统的未来潜艇，则被国外专家誉为潜艇技术发展的第六个里程碑。可以确信，一种更为安静、水下速度更高的新型核潜艇将暂露头角。

125. 为什么核潜艇比一般常规潜艇具有巨大的优势?

核潜艇与一般常规潜艇在许多方面都有很大的区别：

在航行速度方面，目前最先进的常规潜艇水下航速不超过20节，在水下只能电动航行，高速航行只能维持1个小时左右。而核潜艇水下航速可达25～35节，可以用汽轮机直接驱动螺旋桨，也可以电动驱动，在任何速度下都能持续航行。

在续航能力方面，常规潜艇以巡航速度航行，仅能维持几天，并且一次充电时间需要10个小时左右。而核反应堆运行不依靠任何外界条件，一次装料可使用几十年，仅就能源而言，它可以供潜艇全寿期在水下航行。

在隐蔽性方面，常规舰艇一旦需要柴油机发电为电池充电，就要浮出水面或浮起到通气管状态，就现在的探测技术而言，在这样的状态下常规潜艇是很容易被敌方发现的。而核潜艇可在水下几百米深度长期航行，活动范围大，可以说能到达世界上的任何海域，也能在那里隐蔽，很难被敌方发现。

在武器装备方面，常规潜艇只能携带战术性武器，对敌方不能构成战略威慑作用。而核潜艇体积大，排水量大，可以携带更多的武器弹药。目前战略弹道导弹只能装在核潜艇上，以保证长期隐蔽在水中，并且可随核潜艇的移动变换位置，确保第二次核打击能力。

在艇员生活方面，常规潜艇在水下航行一段时间后，船员的生理功能状态是主要影响因素。而核舰艇体积大，能携带更多的生活物资，有可供船员锻炼身体的健身空间和餐厅，用水、用电都不受限制，船员工作和生活环境比常规潜艇优越得多。

同常规潜艇相比核潜艇虽然具有明显的优势，但有些方面也是不可替代的。常规潜艇因为吃水深度比较小，更适合于近海、浅海防卫作战。此外，核潜艇的造价昂贵、核安全问题突出、退役复杂，这也是它的不利因素。

126. 除了核潜艇外还有哪种潜艇可以不依赖空气长时间潜航?

AIP潜艇（Air Independent Propulsion），指的是使用不依赖空气推进发动机作为动力的潜艇。其特点是可以更长时间地潜伏水下，隐蔽性较普通常规潜艇更优秀。德国海军燃料电池214型AIP潜艇见图4-3。

图4-3 德国海军燃料电池214型AIP潜艇

潜艇虽然能在水下悄悄航行，但不能总待在下面。电池用完了，潜艇就开不动；氧气耗尽了，船员就没法呼吸。所以在围追堵截下，它们要么浮出水面投降，要么就因为跑不动了，更容易被护卫舰、飞机炸沉。水下憋气功力不足，主要是因为潜艇在水下的动力来源于电池，电池是靠柴油机充电的，而柴油机必须要用空气才能工作。直到核动力的开发出现，不需要空气就能提供强大动力。核潜艇能在水下航行几个月，可是它的造价却非常昂贵。

潜艇设计师，特别是发动机设计师们想了很多办法。比如给潜艇装上氧气瓶，潜航时就用它给柴油机供气，这叫作闭式循环柴油机，价格便宜，但在水下时噪音大，对要求隐蔽的潜艇存在劣势。另外还有斯特林热气机、闭式循环汽轮机，噪音倒是低一些，但结构复杂，效率也不算高。还有一种是燃料电池。说是电池，其实是一种独特的发动机：容器里装有一种特殊的材料，质子交换膜，两侧分别是正极和负极。如果给正极送入氧气，负极送入氢气，氢就会释放电子，变成氢离子；氢离子穿过质子交换膜，去和正极的氧化合，变成水；电子则通过外面的电路流向正极，形成电流。它就像一个化学反应容器，能让氢和氧直接反应，产生电流，因为没有什么运动部件，也就不会产生噪音。神奇的是，它工作时只会产生水，不会产生二氧化碳等废气，它的效率很高，理论上能把氢、氧中的所有能量都转化成电。而闭式循环柴油机等设备，无论如何都会有大部分能量随着废气被浪费掉。

AIP潜艇使得常规潜艇的作战效能成倍提高，已经接近于“准”核潜艇。大多数国家的海军受限于军费和狭小的作战海域，买不起价格高昂的核潜艇，AIP潜艇就成了他们不错的选择。近年来，越来越多的国家开始购置带有AIP系统的潜艇，或者对在役潜艇嵌加AIP独立舱段，潜艇作战能力因此得到明显加强。同时，AIP技术对于世界各国发展潜艇的政策也产生了不可低估的影响。AIP技术已经成为发展潜艇兵力国家的一个不容忽视的重要因素。

127. 攻击型核潜艇能够发射核导弹吗?

现代攻击型核潜艇主要以各种常规弹头的潜射战术武器为主要武器，用于执行搜索、护航和攻击等任务。与攻击型核潜艇不同，战略核潜艇装备战略核导弹，主要用于执行战略核打击任务。

现代攻击型核潜艇采用核动力推进，但不发射核导弹的战术潜艇，所以限制战略核武器条约对它没有约束力。由于核动力装置具有续航力几乎没有限制的巨大优势，所以这种潜艇可以毫无顾忌地在水下长期航行，跟踪敌方潜艇或水面舰艇，必要时发起突击。原来的攻击型核潜艇武器比较单一，后来发展到可以装备各种导弹之后，形成了一个综合多用途的水下攻击平台，实际上，它完全可以取代战略导弹潜艇、巡航导弹潜艇、常规潜艇等各种潜艇，发展前景非常广阔。美国“海狼”级攻击型核潜艇见图4-4。

图4-4 美国“海狼”级攻击型核潜艇

128. 为什么一艘弹道导弹核潜艇能令一个大国瘫痪?

弹道导弹核潜艇可以利用航程几乎不受限制特点，自由、方便地进出世界各大洋，它同时又具有较强的隐蔽性。核潜艇不必像常规潜艇那样定期浮出海面，能够充分利用大潜深的优势，达成有效的掩护，发起隐蔽、突然的攻击，甚至可以前出到敌国领土附近海区，出敌不意。弹道导弹核潜艇是世界上集成度最高的核武器系统。

以美国“俄亥俄”级潜艇为例，它可以载24枚“三叉戟”导弹，每枚导弹可以有7～12个弹头，如果按照8个弹头计，1艘“俄亥俄”级潜艇（图4-5），可携带192个核弹头，理论上可以攻击192个目标。一般潜射弹道导弹发射准备时间为15分钟，连射时间间隔一般不超过1分钟，以此计算，1艘“俄亥俄”级潜艇可在半小时内将一个中等国家全境打回石器时代，可以完全令一个大国瘫痪。所谓一艘潜艇摧毁一个国家的说法，绝对不是空穴来风。

弹道导弹核潜艇具有隐蔽、安全、机动性强、作战威力大等特点，备受世界各国的重视。弹道导弹潜艇的排水量一般为6 000～30 000吨，载弹量为16～24枚，水下续航能力相对无限，世界各核大国都将战略核弹头重点部署在弹道导弹核潜艇上。据报道，美国和俄罗斯的战略进攻核弹头潜基部署已达到50%。1995年9月，英国宣布将战略核弹头全部部署在核潜艇上。法国也于20世纪末把战略核力量全部部署在核潜艇上。由此可以预见，弹道导弹核潜艇对各海洋国家海军的发展十分重要，将是21世纪最重要的核力量。

图4-5“俄亥俄”级弹道导弹核潜艇

129. 为什么俄罗斯“基洛”级潜艇被称为“世界上最安静的潜艇”？

常规潜艇是用柴油机作为动力源，边航行边带动发电机给电池充电。柴油机工作需要消耗大量的氧气，只有在水面状态、半潜状态和通气管状态航行时才能充电。潜艇的噪音降至90分贝左右，就可以“淹没”在浩瀚的海洋背景噪音中。

“基洛”级潜艇（图4-6）被称为“世界上最安静的潜艇”。潜艇的隐蔽性是由潜艇自身的安静程度决定的，而安静程度主要取决于潜艇噪声的大小。潜艇的噪声低不仅能保持行动的隐蔽，避免被敌方声呐发现，而且可增大自己声呐的探测距离，做到先敌发现，保持作战的主动权。“基洛”级采用光顺水滴形线型艇体、外表短粗，是经过精密计算的最佳降噪形态。其推进器改用7叶大侧斜桨，转速降到250转/分。柴油发动机被安置在软垫上运转，对全艇所有产生噪音的设备均实行封闭管理。潜艇外壳嵌满了塑胶消音瓦，不但能吸收本艇噪音，还可以衰减对方主动声呐的声波反射。

正因为如此，“基洛”级潜艇的噪音降到了118分贝，也因此获得“大洋黑洞”的称号。按照国际公认的算式，潜艇水下噪音每减小6分贝就可使敌潜艇被动声呐的探测距离缩小一半。一旦潜艇自身噪音降到90分贝，海洋背景噪音就可以完全掩盖潜艇行踪。

“基洛”级潜艇安装6具533毫米鱼雷发射管，艇内共配备18枚鱼雷，并有快速装雷系统。6具发射管可在15秒内完成射击，两分钟后再装填完毕，以实施第二轮打击。更令人称绝的是，“基洛”级还可配备“俱乐部”反舰导弹。该导弹系统包括超音速反舰巡航导弹，可从鱼雷发射管中发射，射程达300千米，大大提高了远程打击能力。

图4-6 号称“大洋黑洞”的“基洛”级常规潜艇

130. 哪个国家核潜艇下潜深度最深？

核潜艇下潜深度的确定是与一国海军的战略和战术思想、主要运用海区、设计能力、工业能力、反潜武器发展等密切相关的。冷战时期，苏联海军为了在深海大洋与美国海军争夺海上优势，而自身降噪能力较差，于是把希望寄托在大潜深和高航速上。美国海军整体海军实力远强于苏联海军，因此对核潜艇的潜深和航速追求远没有苏联海军那么强烈，主要集中于核潜艇降噪以及艇载设备、武器系统的完善上。

下潜深度是核潜艇的重要技术指标之一。下潜深度大意味着核潜艇有更高的战术灵活性，可以选择更大的水深隐蔽自己或躲避反潜武器的攻击。冷战时期，苏联海军对核潜艇下潜深度有着痴迷的追求，甚至为此不惜用昂贵的钛合金建造了一批“金鱼”，其“麦克”级攻击核潜艇的最大设计下潜深度达1 250米。迄今为止，世界上还没有其他核潜艇打破“麦克”级核潜艇创造的下潜纪录。

美国海军主力攻击核潜艇“洛杉矶”级早期型最大潜深也就300米，后期型也才达到450米。虽然冷战后期“海狼”级最大潜深达到了600米，但美国只建造了3艘，转而建造“弗吉尼亚”级，并将下潜深度减为480米。因为美国海军冷战后注重濒海作战，不需要核潜艇具备那么大的潜深。即便是俄罗斯，在苏联解体后也不再疯狂追求潜深，最新的885型“北德文斯克”级攻击核潜艇的最大下潜深度减到600米。至于各国海军的战略核潜艇，最大下潜深度普遍在小于300米。

131. 核潜艇最大潜航时间能够不受限制吗？

在水下，潜艇必须要有足够的动力和电力，这方面核潜艇绝对是无敌的。核动力的能量密度是目前人类可以利用的能源中最大的，使得核潜艇几乎拥有无限的水下活动能力。常规潜艇在水下是靠电池供电的，电池的能量密度很小，一般常规潜艇以5节的静音航速航行，最多4～5天就没电了，再想前进就得升起通气管或上浮充电了。如果以最高航速航行的话，最多5～10个小时就没电了。这方面AIP潜艇好一些，静音巡航的时间提高到7～10天。

人员也是限制潜艇潜航的一个主要因素。人在水下生存必需的条件有氧气、食物、饮水、休息和排泄物处理。这方面还是核潜艇占优势。由于核潜艇充足的动力，使其可以造得很大，可以携带更多的食物和饮水，甚至有足够的电力来维持海水淡化系统，还可以用电解水的方式来获得氧气。核潜艇庞大的空间可以给人员足够的休息空间，可以很容易地做到单人单铺，而不是像常规潜艇那样用“热铺”（三人睡两铺）。但即使这样，核潜艇的给养最多也只能维持半年。

常规潜艇的体积小空间小，携带的食物和饮水都有限，氧气只能靠再生药板来实现补充，交换量极小，一般在水下潜航一周就要上浮补充氧气，而食物和饮水最多只能保证30天的消耗。再加上常规潜艇空间狭小，艇员的床铺都很小，只能蜷缩着睡觉，很难休息好。常规潜艇里面睡觉的宝地是鱼雷舱，在鱼雷上搭铺算得上是一种享受。

当然，核潜艇虽然理论上可以潜航半年，但是由于潜艇里繁重的体力劳动，以及完全封闭空间造成的孤独感，使艇员很容易生病。所以现代核潜艇的潜航时间一直无法突破90天。

132. 如何防止核潜艇发生重大核安全事故？

没有核安全就没有核潜艇部队的战斗力。从国外发生的核潜艇核安全事故可以看出，这些事故严重地减弱甚至完全使核潜艇丧失了战斗力。

核潜艇的核安全，应该主要归结到核反应堆的安全。为了保证核反应堆的安全，有3个基本安全准则是必须遵守的：必须对反应堆的反应性做到能有效控制，防止堆功率意外暴升，造成反应堆失控；必须保证堆芯核燃料的良好冷却，防止因冷却不足导致核燃料部件烧损或熔化；必须保证核动力装置内放射性物质的密封，防止任何放射物质的外泄。

为了预防技术的、人为的失误，一般设5层保护，包括预防层次、监督层次、保护层次、缓解层次和救援层次。

为了防止核事故，各国船用核动力装置在核燃料与外界环境之间，均设置了3道保护屏障：

第一道屏障：核燃料包壳。其作用是防止放射性物质进入到冷却水中去。

第二道屏障：核反应堆压力容器及冷却水输送回路。核燃料元件被固定在极为耐压的容器内，即使核燃料包壳破损，放射性物质进入冷却剂系统，也不会有放射性物质泄漏。

第三道屏障：核反应堆耐压舱，也叫堆舱。核反应堆一回路和与一回路相通的所有设备和系统，都安装在可承受几十个大气压的堆舱内。堆舱是阻止放射性物质向外界释放的最后一道屏障，即使一回路管道破裂，所有具有放射性的物质都密封在堆舱内，不能向外扩散。

以上只是核反应堆本身的核安全措施。另外，建全艇员的核安全意识，完善法规标准的执行制度，健全组织机构，完备核事故处理预案，都是保证核安全不可缺少的措施。

133. 为什么说核潜艇是对海军官兵忍受极限的最大挑战?

就核潜艇本身而言，理论上几乎可以无限期地在水下航行。但实际上，决定核潜艇能否长期在海上巡逻和训练的因素是潜艇艇员的耐久力。长期的考查数据表明，艇员在水下的忍受极限是90个昼夜。

核潜艇就像一个“闷罐子”，艇员在“罐子”里享受不到阳光，呼吸不到新鲜的空气，活动空间狭小，生活单一，机械噪声侵扰，生物钟处于混乱之中。生理、心理上消极因素的多重作用，导致艇员协调性和准确性变差，应变能力减弱，工作效能下降，这直接影响到战斗力的发挥。

居住性对艇员耐久力的影响最大，其次是外界事物和突发事件对艇员情绪和斗志的影响。在相同外界环境条件中，耐久力还取决于个人的生理储备能力、调节能力和适应能力，并与艇员个人的意志和性格有关。

那么怎样改善潜艇环境、提高艇员在艇上的耐久力呢？

“克隆”自然界的优质空气。在艇上为了保持良好的空气质量，专门设有空气监测分析系统、空气再生系统、空气净化系统和通风换气系统。这其中制氧装置最为关键。氧气在自然界空气中含量约是21%，降到16%人就会感到呼吸困难，降到10%人就会神志恍惚，降到6%人就会休克死亡。我国核潜艇空气中含氧量的标准是19%～21%。担负生产氧气的主要装置是电解水制氧装置。通过电解水（H_2O）产生H_2和O_2，氧气经过通风系统输送到全艇供艇员呼吸，氢气则临时储存在罐子里，并择机排入消除有害气体装置。

制造“小气候”。艇内温度和湿度是衡量适居性的重要指标，如果不对艇内的温度、湿度进行控制，就会出现高温高湿的“热环境”，人员将无法正常生存。艇内的“小气候”标准是相对湿度为50%条件下，温度不超过30 ℃。为了达到这一标准，在艇内安装了中央综合空调系统，配备通风管道、大功率制冷设备、暖气和除湿装置等。

创造多功能的生活条件。核潜艇与常规潜艇相比，空间相对宽敞，能源充足，所以居住环境比较优越舒适。核潜艇上设置的功能性舱室有：寝室、会议室、餐厅兼电影厅、健身娱乐场所、医疗室、厕所、图书室、“无噪声”休息室等。

让艇员在水下快乐起来。在生活环境和人员管理上要想方设法体现人性化，比如多放映一些喜剧片，听听欢乐的轻音乐，组织各种娱乐活动，美化舱室生活环境，制造与亲人接触的信息等。

轮流“坐庄”劳逸结合。在艇上采取倒班工作方式，每班工作4小时，学习娱乐8小时，其余时间休息。每艘核潜艇都配有两个船员队，一个出海值勤、训练，一个在基地休整，做到“歇人不歇马”。

134. 为什么未来核舰艇要有更多用途、装备更多导弹？

1980年世界上曾有300余艘核潜艇在役，1990年这一数字攀升到370余艘，到2003年已逐步降至140艘左右，过去那种“以多取胜”的观点被“提高质量、减少数量”的理念所取代。“量少质精”已成为各国研制发展核潜艇的基本原则。未来核潜艇发展变化突出表现在以下几个方面：

发展“一艇多能”。过去核潜艇分工比较细，潜艇的作战功能单一。实践证明，这种过细分工，难以应对变幻莫测的战争势态。战斗时需将多种功能的潜艇同时组织在一起投入战斗，可能有的类型数量不足，有的多余。而战略核潜艇实施对陆地的真正攻击，大概是“百年不遇的”。美国和俄罗斯最多时分别“养着”41艘、65艘战略核潜艇，他们深感负担沉重。所以，现在都在走“少而精”的道路，将许多功能集中在一条核舰艇上，在一条核潜艇上增加更多功能的发射装置。

装备更先进的导弹。在减少战略弹道导弹核潜艇数量的同时，将更多经费投入到提高导弹技术的研发上，使导弹打得更远，打得更精准。采用多弹头技术，将原来的单弹头变成可分导的10个分弹头，原来一条艇最多能发射24枚弹道导弹，现在变成了240枚，使得敌方对导弹的拦截几乎不可能成功。

提高潜艇的隐蔽性。隐蔽性是潜艇生存和发挥威力的第一要素。噪音是破坏隐蔽性的主要因素，为此各国海军从未放松对降噪技术的研究。降低噪声的终极目标是低于海洋环境噪声，使目前唯一在水中可以发现潜艇的声呐技术不能有效发挥作用。除此之外，现代潜艇还普遍采用减小红外特征、消除航迹、消磁和减少无线通信暴露等隐身技术。

提高核动力装置的安全性和寿命。在核动力装置的安全性方面采用非能动技术，提高其固有安全性。研制与核潜艇同寿命的反应堆，节省维护和更换燃料的经费，提高在航率。

提高潜艇的自动化和电子化水平。减少船员，降低人为事故率，将更先进的通信、导航技术如激光、量子通信、卫星导航等应用在核潜艇上。实现自动化操控，智能故障报警、诊断技术，大大减轻艇员的劳动强度和减少岗位人员。

提高制造技术。采用先进的“模块化”造船技术，将潜艇分成功能段制造，根据实际需要进行组合。如有新的需要或先进技术改造，可将相对应的模块拆除重装。这样不仅能缩短建造周期，更重要的是可提高建造质量和艇的寿命。

135. 为什么说无人潜航器是未来战争中的“海底侦察兵”？

早期的水下无人潜航器只是用于民用领域，可以代替潜水员进行沉船打捞、深水勘探以及水下电缆敷设等作业和施工。直到20世纪90年代，无人潜航器的相关技术发展相对成熟，其在军事领域的重要价值才日渐被人们重视。

无人潜航器的用途很多：可以瞬移，配备有大量传感器的UUV绘制海床图，为潜艇和两栖作战计划提供必要数据；可用于搜救、情报、监视和侦察任务；可作为诱饵将敌潜艇诱骗离开舰艇编队，在其他兵器协同下进行围歼；可对水面、水下目标进行侦察，或者作为潜艇的外部声传感器平台，扩大潜艇的搜索和侦察范围；可深入敌方布设的水雷区绘制雷区图，引导己方舰艇安全通过雷区或为己方扫/猎雷舰提供支援。无人潜航器不惧怕恶劣的水文环境和海底极高的危险度，可以长时间、高密级地侦察搜集水中的各种情报，是未来战争中当之无愧的“海底侦察兵”。

载人潜水器（图4-7）由于要载人在水下航行，所以在设计上有特殊的要求。首先，载人潜水器要有坚固的耐压壳，耐压壳外装有可减少航行阻力的外壳。艇上的蓄电池、高压气瓶等设备装在非耐压结构的外壳中，以提供一部分浮力。其次，载人潜水器的动力装置一般用蓄电池为能源，系缆潜水器则通过电缆由母船提供电能。载人潜水器一般装有多个推进器，可朝不同方向运动，利用主压载舱、质量调整装置或纵倾调整装置，来控制潜水器的稳定。第三，载人潜水器还要有氧气供给与二氧化碳吸收的环境控制装置。潜水器根据需要装有罗经、深度计、障碍物探测声呐、高度和深度声呐、方位探测听音机和各种水声通信设备，以及供水下作业用的机械手、水下电视和照明设备。

载人潜水器具有海底采样、水中观察测定以及拍摄录像、照相、打捞等功用，广泛应用于海洋基础学科的研究和海洋资源的调查、开发，对这些领域的发展起到重大作用。

图4-7 载人潜水器

136. 便携式无人潜航器与巨型无人潜航器各有什么用途？

按照《无人潜航器总体发展规划》，美海军要求未来的无人潜航器应尽可能实现标准化、模块化和智能化。为此，总体规划具体提出，美国海军应开发和部署以下四种级别的无人潜航器：

(1) 便携式无人潜航器（图4-8）。这种潜航器可由人工携带，一般由橡皮艇施放，直径约76毫米，全重不超过45千克，水下自持力10小时（高负荷状态）或20小时（低负荷状态），主要功能是用于特定目的的情报监视和侦察，一次性通信导航与中继，浅水水雷的探测识别和灭杀，爆炸物的处理等。

(2) 轻型无人潜航器。这种潜航器外形似鱼雷，直径为323毫米，质量为226千克左右，有效载荷比便携式多6～10倍，水下自持力20小时（高负荷状态）或40小时（低负荷状态），可由现役轻型鱼雷发射管发射和回收，主要用于港口侦察与监视，移动式通信、导航与中继，雷区探测和特定目的的海底调查等。

(3) 重型无人潜航器。这种潜航器亦如鱼雷，直径533为毫米，质量为1360千克左右，有效载荷体积46立方英尺①，水下自持力30小时（高负荷状态）或80小时（低负荷状态），可用现役重型鱼雷发射管发

①1英尺=0.3 048米。

射和回收，将来也可由大型水面舰艇投射，主要用于战术侦察和监视反水雷作战充当诱饵目标，大范围秘密侦测、海洋调查等任务。

（4）巨型无人潜航器。这种潜航器体积较大，直径在900毫米以上，排水量10吨左右，活动半径1 900米，水下自持力150小时（高负荷状态）或400小时（低负荷状态），可由攻击型核潜艇和巡航导弹核潜艇的垂直发射隔舱或外置式发射装置施放，也可由水面支援舰艇携载投放，主要用于持续警戒、侦察和监视，反潜作战、反水雷作战，有效载荷投送，特种作战、爆炸物处置，对重要目标的突然打击和远程打击等。

图4-8 无人潜航器

137. 美军部署在南海的“水下滑翔机”都能干些什么？

“水下滑翔机”的基本原理是：设法让一个航行体在水中沉浮运动，然后通过一对“机翼”和“尾翼”控制航行体的姿态，从而将沉浮运动变成向前运动，这就和滑翔机利用气流滑翔一样，如图4-9所示。

航行体之所以能在水中沉浮运动，是采用类似鱼鳔的原理。在“水下滑翔机”内，有两个类似鱼鳔的囊体，其中灌注轻于水的工质（实现热能和机械能相互转化的媒介物质称为工质，可以是气体，也可以是液体），两个囊体中一个较软，随着工质的灌入，其体积发生

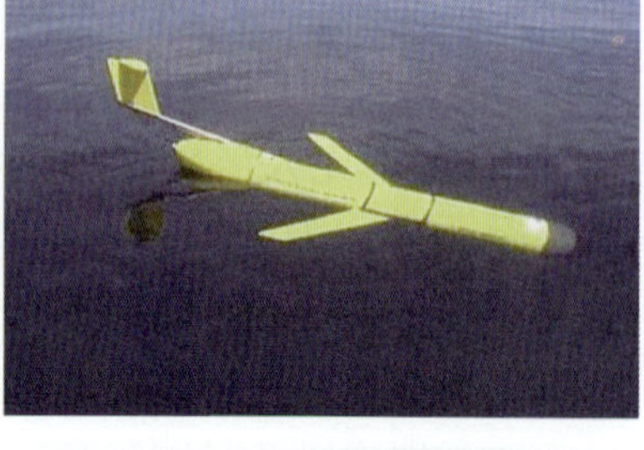

图4-9 水下滑翔机

明显的膨胀，另一个则较较硬，能承受一定压力，在灌入工质的时候基本不膨胀。这样，当工质流入较软囊体的时候，“水下滑翔机”的总密度就会明显小于水，开始上浮，反之，则下沉。

水下滑翔机”的优点和缺点：

优点：由于具备极长的续航能力，且能从水面一直潜入数千米深的海底，因此“水下滑翔机”能进行大范围的水文探测。如果多个“水下滑翔机”按照一定的规划编队航行，甚至能画出它所探测海域的水温情况、盐度情况、水声特性、海洋生物活动情况的测绘图来。此外，由于“水下滑翔机”尺寸较小，且基本没有噪声，相对传统探测手段而言，它几乎是隐形的，在军事测绘领域有一定的应用前景。较为简单的结构和价格，也使得这种无人航行器可以作为消耗品使用。

缺点：速度极慢，最快航速也超不过1节／小时，在水下只能做锯齿形和螺旋回转轨迹的航行，航迹控制和定位精度较低。如果在风浪较大的海面上停留，还会被水流冲走，失去控制。此外，由于尺寸过小，且没有多少电力，“水下滑翔机”无法装备大型仪器设备，不能用来取代现有诸如拖曳声呐之类的探潜手段。

138. 潜入几千米深海中的深潜器都能干些什么？

深潜器主要用来执行水下考察、海底勘探、海底开发和打捞、救生等任务，并可以作为潜水员活动的水下作业基地。

深潜器分民用和军用两类，具有军民通用性质，一般不携载武器，吨位在20～80吨，个别达300～400吨，潜水深度一般为2 000～5 000米，个别达11 000米。现在正在设计和使用的遥控机器人/深潜器，绝大部分是依靠与舰船连接的缆线操纵行动。使用电缆遥控操纵深潜器的优点是：能长时间提供动力；有高速率数据传送能力；与辅助舰船之间的联系可靠，不会受到无线电或其他信号的干扰。缺点是：电缆像风筝线一样地拴住了它，限制了深潜器的机动能力，而且电缆还需经常维修更换。

深潜器分为有人深潜器、无人深潜器和遥控深潜器等多种类型，其主要任务有三类：第一类是用于海洋调查，采集水下标本，进行水下摄影，开展潜水医学和生理学研究，进行水声学研究。第二类是协助进行深海石油资源的勘探与开发，检查及维修海底电缆管路，运送潜水员在水下执行任务，进行水下救生与打捞。第三类是执行军事侦察、扫雷、布雷等任务，试验和回收鱼雷、水雷、深弹等水中兵器，营救失事潜艇的艇员，观察武器的水下发射情况，进行水下噪音测量等。

当前，民用大深度无缆潜水器尚处于研究、试用阶段，还有一些关键技术问题有待解决。如要使其活动范围在250～5 000千米的半径内，就要解决保证长时间工作的动力源，国外正在探索使用燃料电池、小核反应堆等。关于控制和信息处理系统，需采用图像识别、人工智能技术、大容量知识库系统，以及提高信息处理能力和精密导航定位的随感能力等，要在大深度声音图像传输技术等高技术上有突破。长远看它是发展方向，趋势是向远程化、智能化发展。图4-10为我国7 000米级“蛟龙”号深潜器。

图4-10 中国7 000米级“蛟龙”号深潜器

舰海

Xinzang—Jianchuan Dongli De Aomi

五 心脏——舰船动力的奥秘

第五章 心脏——舰船动力的奥秘

139. 舰船动力装置仅仅指推进系统吗?

舰船动力装置是舰船上用于提供推进动力、能量消费的机械、设备和系统的总称，包括推进装置和辅助装置两部分。

推进装置是将原动机输出的动力，驱动推进器产生舰船推进力的整套装置。其中包括：主机及其辅助设备与系统，有柴油机、燃气轮机、蒸汽轮机、核动力装置等；传动设备是将主机动力传递给推进器的中间传动部件，有离合器、减速齿轮箱、止推轴承、传动轴和弹性联轴器等；推进器是将主机动力转换成舰船推进动力的设备，有固定式螺旋桨、变距桨、喷水推进器等；机舱自动化系统是指现代舰船推进装置采用的三级控制系统，其中主机控制系统用于主机及变距浆等的控制，接受舰船总控制系统的指令，操纵和控制机组的启动、加减速、停机和稳态运行，具有极限调节安全保护和参数检测处理等功能。

辅助装置提供舰船除推进装置以外所需的能量，以保证舰船航行和人员生活需要。其中包括：发电机组供给全舰所需电能，有柴油发动机组、涡轮发电机组等；辅助锅炉装置供给蒸汽满足加热、取暖以及其他生活需要；压缩空气系统供给全舰所有的压缩空气，用于主机启动、舰艇鱼雷发射、潜艇沉浮，以及船舶作业等。

动力装置正常工作，需要全船系统的配合保障，全船系统包括：生活方面的通风、取暖、空调、照明、供水、卫生、制冷、冷藏等设备。

140. 为什么舰船要采用不同类型的动力装置?

在舰船动力装置组成中，推进装置是最重要的部分。通常根据推进装置的类型进行分类，舰船动力装置可分成五类。

第一类：单一型式动力装置。其是指单机单轴推进装置组成的动力装置，舰船也可由相对独立的双轴、三轴或四轴组成全舰装置，主机可为柴油机、燃气轮机或蒸汽轮机等。

第二类：联合动力装置。舰船推进动力的选择一般是以满足舰船最大航速要求为前提条件的，然而舰船约90%的时间是在巡航航速以下工况运行，因此，采用单机单轴满足舰船全速航行较大的功率主机，其绝大部分时间将处于低工况运行状态，运行性能差，耗油率高，难以满足舰船续航力的要求。为解决全速航行的大功率要求和巡航时经济性好的矛盾，就出现了柴燃联合动力装置、柴柴联合动力装置、燃燃联合动力装置和柴电燃联合动力装置等。

第三类：综合电力推进系统。其是把舰船推进系统与电力系统融合为一个整体，将全舰所需的能源以电力的形式集中提供，统一调度、分配和管理。主要由发电、供配电网及保护、变配电、推进、储能及能量管理等六大模块组成。

第四类：核动力装置。其是以核裂变所释放的能量为能源的推进装置，一般为压水堆双回式，包括核反应堆、蒸汽发生器、主蒸汽轮机、主冷凝器、主减速齿轮箱、轴系、推进器、有关辅机和管路系统。核动力装置工作时不需要空气，核燃料的储存能量极大，是潜艇理想的动力装置，对于大型水面舰船也是理想的动力装置，特别是航母。

第五类：不依赖空气推进装置。其是指潜艇在水下不需要外界空气而依靠艇内所带的能量物资提供推进动力的装置。目前国际上装艇服役AIP系统有：燃料电池FC/AIP系统、热气机SE/AIP系统、闭式循环蒸汽轮机CCST/AIP系统和闭式循环柴油机CCD/AIP系统等。

141. 为什么舰船电力推进比热机推进更先进?

传统的船舶推进方式是由柴油机等热机带动螺旋桨旋转推动船舶运行，电力推进是采用电动机驱动螺旋桨来推进船舶运行的一种推进方式。

船舶电力推进装置一般由原动机、发电机、电动机、螺旋桨以及控制单元组成。原动机带动发电机发电，电能供给推进电动机，推进电机带动螺旋桨旋转，推动船舶航行。原动机一般使用高速或中高速的内燃机，有些大型船舶采用蒸汽机。推进电机选择的种类较多，可以是交流电动机，也可以是直流电动机。

船舶电力推进按其使用的推进电机不同，可分为直流电力推进和交流电力推进两大类。1970年以前，电力推进系统主要采用直流电动机作为推进电机，因为直流电动机转速调整范围宽广和平滑，过载启动和制动转矩大，逆转运行特性好；而交流电动机尽管具有输出功率大、极限转速高、结构简单、成本低、体积小、运行可靠等优点，但限于当时的技术限制，调速困难，应用较少。

随着电力电子技术及其控制技术的发展，交流调速系统的性能逐渐提高，甚至可以与直流调速系统相媲美。因此，交流电动机在电力推进系统中的应用越来越多，已经成为船舶电力推进发展的主流。目前，在水面船舶中，交流电力推进占主导地位，但潜艇则是以直流电力推进为主。

船舶电力推进技术的兴起是现代电力电子技术进步的必然结果。尽管目前电力推进需较高的初投资，维护管理难度大，但能通过船舶营运后节能、增加舱容和赢利来弥补。随着电力电子器件的改进，电机控制技术和谐波抑制技术的发展，推进器和推进电机技术的成熟，必将进一步降低电力推进的初资。可以预见，科技的进步必将为电力推进技术提供更加广阔的市场，也将成为船舶推进装置的主要发展方向。

142. 为什么舰船吊舱推进具有极高的军事价值?

吊舱推进技术是近年来发展起来的一种新型的船舶电力推进技

术，吊舱推进器是其核心设备。

吊舱式推进器，又称POD推进器，是一种集推进和操舵装置于一体的新型船舶推进装置。吊舱推进器主要由支架、吊舱和螺旋桨等部件构成。其中，吊舱通过支架悬挂在船体下面，舱体内置电机直接驱动舱体前端、后端的螺旋桨。

吊舱推进其设计思想的革命性在于，它把螺旋桨驱动电机置于一个能360°回转的吊舱内，悬挂在船下，水平转动以实现矢量推进。它集推进装置和操舵装置于一体，省去了通常所使用的推进器轴系和舵，而且吊舱推进器将推进系统置于船外，可以节省船体内大量的空间，从而极大地增加了船舶设计、建造和使用的灵活性。

吊舱推进器可提高舰船总体性能，节省舱室空间，增加有效载荷，提高舰艇的作战使用效能，使电力推进的优越性得到更充分的体现。因此，吊舱推进器具有广阔的市场应用前景和极高的军事应用价值。

目前，吊舱推进器已应用于诸如潜水作业供应船、石油钻井平台、补给船、穿梭油轮及滚装船和游轮等民用船舶。20世纪90年代以来，英国海军的油船、海洋考察船、加拿大海军的破冰船等多型辅助舰船采用了吊舱推进器。

吊舱推进器的出现是电力推进技术中的亮点，使电力推进船舶的机动性、可靠性和运行效率等方面都有了突破性的发展，船舶电力推进技术的应用领域不断扩大，从工程船、破冰船到目前的豪华邮轮、LPG船、油轮、化学品船等领域，吊舱式电力推进系统已成为21世纪船舶推进的发展方向之一。

143. 为什么舰船喷水推进更适合高速舰船?

喷水推进装置是一种新型的特种动力装置。与常见的螺旋桨推进方式不同，喷水推进的推力是通过推进水泵喷出的水流的反作用力来获得的，并通过操纵舵及倒舵设备分配和改变喷流的方向来实现船舶的操纵。在滑行艇、穿浪艇、水翼艇、气垫船等中高速船舶上，喷水推进装置得到广泛应用。

自1661年英国人发明喷水推进装置以来，船舶喷水推进技术已有350多的历史。但在20世纪80年代以前，只是在个别水翼艇、滑行艇等内河浅水船舶或者水陆两用战车上采用。按时间顺序，喷水推进技术大致经历了液泵喷水推进、间歇喷水推进、底板式喷水推进、艉板式喷水推进和舷外喷水推进5个阶段。从目前应用情况看，艉板式喷水推进已成为喷水推进的首选形式。

喷水推进的系统总效率取决于两个方面：一是水泵效率，二是系统效率。二者都与推进水泵的喷速比有关。要取得喷水推进的高效率，关键在于取得推进水泵效率和系统效率的最佳综合效果。对提高喷水推进效率的研究重点放在系统总效率优化、推进水泵的研究及制造、减小进水管道损失等三个方面。

喷水推进的另一个关键技术是保证船在转弯时其推力不会丧失。目前可以通过单片水平操舵变流装置来引导水流喷向左舷或右舷，以此获得最大转弯力。

喷水推进的第三个关键技术是配备操作灵活、水动力性能优良的倒车装置。通常采用由液压驱动的分隔式双瓣导管倒车变流装置在船下改变水流方向，使船得到强有力的向后推力，随后控制系统允许可倒车变流装置在保持全舵力时置于零速度位置。

国内外水下高速航行器的研究趋势是体积小型化、航行隐形化、进攻高速化、制导精确化。改变传统的轴流泵推进技术，采用系列模块化制造技术，以使用无轴推进技术为主要趋势。具体来讲采用中高压容积式液压泵作为推进喷射泵，符合当前推进技术的发展趋势，成为水下航行器无轴推进技术的最佳选择。

144. 综合全电力推进系统是如何使舰船全部实现电气化的?

综合电力推进是指舰船上的所有原动机都用于产生电力，然后分配至推进、船上用电和作战系统等，在舰船运行的全速范围内完全由电动机驱动推进器。综合全电力推进系统是现行船舶平台的电力和动力两大系统发展的综合。

在舰船综合电力系统的发展过程中，先后出现过混合电力推进系统、综合电力推进系统、综合全电力推进系统、综合电力系统、全电力舰、电力战舰等多种形式和先进概念。综合电力系统是一个不断发展的技术领域，并且成为各国海军在舰艇动力上的主流发展方向。

舰船综合全电力推进系统包括：发电、输电、配电、变电、拖动、推进、储能、监控和电力管理等诸多功能。与传统方法相比，船舶综合全电力推进系统有较大优势，如经济性好、操作性好、节省空间、噪音低和环保等。

欧美国家的综合电力推进项目有：英、法海军的“综合全电力推进”，舰船推进和日常用电由同一发电系统供电，同时舰船的前进和后退完全由电力驱动，如英国的45型驱逐舰；北约国家海军的“全电力舰”，除推进用电和日常用电外，更进一步地使原先所有非电动如气动、汽动、液压驱动的辅机以及武器装备全部实现电气化；美国海军的“综合电力系统”，使用同一电源，在向推进系统供电的同时，还可向全船其他电力负载，如各种泵、照明系统等供电，从而不必再为其配备单独的发电设备，是用于未来水面战舰和潜艇的一种全电力构造。

145. 舰船上的电站与陆上电站有什么不同?

船舶电站是现代船舶的重要组成部分，是船舶电力系统的心脏，其工作的可靠性和稳定性直接影响船舶电力系统的生命力，尤其在采用综合全电力推进技术的舰船中起到无法替代的核心作用。

船舶电站按结构可以分为三大功能块，即原动机、发电机组和配电板，其功能是产生并高效连续地为全船所有电气设备提供高品质的电能。

根据船舶电力系统的划分，船舶电站主要包括电力系统中的主电源和配电装置。

主发电机组是船舶的主电源。应急发电机或蓄电池只能作为应急电源，其设置的主要目的是为了提高船舶的安全性。因为当主电源出现故障不能供电时，应急电源能及时地为船舶重要的设备供电，保证船舶及人员的安全。

与陆上大电力系统相比，船舶电站有其自己的特点：

(1)船舶电站容量较小，电压等级低。陆上电力系统容量很大，一般在几百万至几千万千瓦，单机容量大多数在数十万千瓦以上，与用电设备相比，可以认为电力系统是无限大容量电源，在短路时，其电压不变，且系统内阻为零。在船舶电力系统中，一般远洋船舶主电站大多安装3台相同容量的发电机组，发电机单机容量为几百千瓦至一千千瓦。从这一点上来看，船舶电站的规模大小取决于具体的船舶体积和舰船类型，但船用电压等级较陆上电力系统还是低很多的。

(2)恶劣的工作环境。众所周知，环境条件对电气设备的运行和工作寿命有着重要的影响。由于舰船出航所要面对的天气和地理等自然环境有极大的不确定性，所以船用电气设备的工作条件比陆地恶劣。当环境温度高时，如果电机不降额使用，会造成电机绕组温度过高而使绕组老化加速。由于机舱里的空气中含有油雾、霉菌，会腐蚀电气设备，使电气设备绝缘下降、工作性能受到影响。另外，船舶在正常营运中所产生的振动和颠簸，也容易使船舶电气设备产生误动作或损坏。

(3)结构的局限性。现代船舶即使是超大型船舶，其船长也不超过400米。受结构限制，船舶电站与用电设备的距离也较短，船舶电压不像陆地电压等级多而高，因此船舶电力网全部采用电缆敷设，以提高电缆线路的可靠性。

146. 为什么说保证战损后舰船电力系统快速重构性命攸关?

舰船电力系统生命力是指舰船电力系统遭到武器打击或自身损坏的情况下，依靠自身网络结构和相关操作，抵抗战斗破损和事故破损的能力，尽最大可能恢复或保持对舰船各电气设备负载供电的能力。

舰船电力系统生命力是舰船生命力的重要组成部分，也是评价电力系统性能优劣的一个重要指标。舰船电力系统在各种运行工况下，由于武器破坏或操作失误，以及设备质量问题，都可能造成系统故障或在非正常状态下运行，使得电力系统安全性和可靠性降低，更严重的会造成整个电力系统的瘫痪。随着新科技、新材料的广泛应用，舰船的电气化、自动化程度不断提高，对舰船电力系统的生命力提出了更高的要求。要求电力系统在出现战损或故障时能够快速重构系统，最大限度地恢复供电。

现代战争表明，连续可靠、稳定优良的供电，已经成为保证舰船作战能力、防御能力以及自我修复能力的必要条件，是保证舰船生命力和重要设备生命力的重要因素。20世纪80年代初期的英阿马岛海战中，英国皇家海军“谢菲尔德”号驱逐舰达到了当时最为先进的技术水平，但是在遭受阿军一枚飞鱼式导弹袭击后，完全丧失生命力而沉没。事后调查其沉没的主要原因，就是电力系统生命力的丧失。

原来，“谢菲尔德”号中弹后，造成右舷通道、厨房、前辅机舱至前主机舱的大火，大火通过舱室间的通风管道和电缆迅速蔓延，导致发、配电设备以及电缆受到严重破坏，无法正常供电，造成负载设备无法正常工作。尤其是消防设备的失灵，使得火势无法得到控制。同时，电缆保护层的橡胶塑料燃烧后产生了大量有毒气体和浓烟，救火人员无法接近灭火，最终舰长不得不选择弃舰。

由此可以发现，在舰船设计建造中，电力系统的生命力是必须给予重视的一个重要问题。提高电力系统的生命力，可以说就是提高了整个舰船的生命力。因此，对电力系统生命力进行评估显得尤为重要。利用科学的研究方法和先进的计算机手段，对舰船电力系统生命力进行定量计算和定性分析，找到一种较为先进的评估方法，能够为舰船电力系统的设计建造提供科学依据。同时，利用功能先进的自动化设备进行优化配置组合，利用先进的制造工艺技术进行建造与施工，才能真正提高其生命力。

147. 各国常规动力航母分别配置了什么动力装置?

常规动力航母大多是中型或轻型航母，当然也有个别属于大型航母，如美国“小鹰”级航母，它采用的是蒸汽动力装置。常规动力航母除采用蒸汽动力之外，主要采用大功率的燃气轮机或燃气轮机的联合动力。而英国新近服役的“伊丽莎白女王”号航母，采用的则是以燃机为主的综合全电力动力系统。

美国“小鹰”级航母是世界最大的非核航母，其满载排量为83 960吨，共建造4艘，分别为“小鹰”“星座”“美国”“肯尼迪”等，于20世纪60年代服役，现已先后退出现役。“小鹰”级航母飞行甲板长318米，宽76.8米，搭载1个航母舰载机联队，共计70余架各型飞机，如图5-1所示。其动力装置为：8台福斯特-韦勒锅炉，蒸汽压力达到83.4kg/cm^2，温度达510 ℃；4台威斯汀豪斯汽轮机，最大功率28万马力，4轴推进。最大航速32节，以20节航速巡航时续航力为12 000海里。

采用蒸汽动力装置的航母还有：苏/俄“库兹涅佐夫”号航母、我国的“辽宁”号航母、印度“维克拉姆蒂亚”号航母，以及巴西的“圣保罗”号航母，他们都属于中型航母。“辽宁”号与“库兹涅佐夫”号动力系统都是由4台5万马力的主汽轮机和8台锅炉组成，总推进功率20万马力，4轴4桨推进，最大航速30节，续航力为18节航速下8 500千米。

图5-1 美国“小鹰”级非核航母

采用燃气轮机为主动力的轻型航母有英国“无敌”级3艘航母，分别是“无敌”“卓越”和“皇家方舟”，满载排水量20 600吨，采用垂直短距起降机作为舰载机使用，飞行甲板长167.8米，滑跃式起飞。其动力系统为4台“奥林普斯”TM3B燃气轮机，总功率9.72万马力。这些采用燃机的轻型航母都是燃-燃联合动力。

英国“伊丽莎白女王”号中型航母，满载排水量65 000吨，是世界上最大的综合全电力推进战舰。该航母主要原动机是两台MT-30燃气轮机，总功率72兆瓦，外加4台瓦锡兰公司38系列柴油发电机组约39兆瓦，共计111兆瓦，双轴双桨推进。

148. 意大利“加富尔”号轻型航母燃机推进动力装置如何组成?

意大利“加富尔”号是一艘体量偏大的轻型航母。该舰全长244米，最大宽度39.5米，标准排水量21 160吨，最大排水量30 000吨，如图5-2所示。

图5-2 “加富尔”号轻型航母

“加富尔”号航母动力系统采用燃—燃联合推进方式，通过跨接齿轮箱可转换任意一台燃气轮机独立运行。4台通用动力公司授权意大利一家公司生产的LM2500燃气轮机及箱装体，单机最大功率22兆瓦。双轴、双桨推进，其中左轴长110米，右轴长71米，驱动两具5叶调距桨。设计吃水7.5米，4机并车时在15%功率的储备下，可使“加富尔”号航母达到28节的持续最高航速。16节航速时，该舰续航力可达7 000海里。

该舰为保证舰载机起降，对耐波性姿态控制力有较高的要求。除在船中设有舭龙骨外，还在前、后主机舱附近设有两对主动力减摇鳍，在球鼻艏后部和呆木位置设有两部侧推装置。

鉴于航母平台系统运行的复杂性，“加富尔”号航母在设计期间专门研制了平台综合自动化及监管子系统。该系统共分4大功能模块：主机操控模块、电力及配电模块、船舶系统及安全模块、监管及控制系统。在SIASP系统的框架下，“加富尔”号航母的动力和辅助系统运行自动化程序和反应速度，较意大利海军原有舰船明显提高。

149. 英国“伊丽莎白女王”号航母全电力推进系统如何组成？

5万吨级英国“伊丽莎白女王”号中型航母2017年正式下水，是世界上最大的综合全电力推进战舰。

综合全电力推进系统IEP是把舰船推进系统与电力系统融合为一个整体，将全舰所需的能源以电力的形式集中提供，统一调度、分配和管理。它主要由发电、供配电网络及保护、变配电、推进、储能及能量管理等模块组成。

“伊丽莎白女王”号航母的最大电力需求为105～109兆瓦电力，其中大约39兆瓦的电力由4台瓦锡兰公司的38系列柴油发电机组提供，另有2台18V38B型机组和2台12V38B型机组。2台英国罗尔斯·罗伊斯公司生产的MT30燃机是目前世界上功率最大的舰用燃气轮机，功率35兆瓦，热效率超过40%。20兆瓦先进感应电机为航母提供推进动力，驱动轴系与可调距螺旋桨。2台MT30燃机交流发电机组被安装在右舷第4层甲板上，这有利于减少对管道的要求，而且不会影响机库空间。航母上4台柴油发电机组被分别安放在4个相距很远的位置。

为高效管理航母及各大系统，提高安全性，“伊丽莎白女王”号航母配备了“综合平台管理系统”。该系统具有对推进系统、电力系统、辅助系统和损管系统实施自动化监视和控制，以及辅助舰上训练的能力。

如若航母需要用电磁弹射，或高能探测设备、高能武器需要增加电力，对综合全电力推进系统来说并不困难，增加必要的发电模块等就可以了。

150. 潜用柴油机具备什么条件才能在通气管航态下正常工作？

潜用柴油机是指常规潜艇在通气管航态下能够正常工作的柴油

机。潜艇在通气管航态下，潜用柴油机要耐受高背压、高真空环境。

所谓高背压是指柴油机排气不能自由地排入大气，也不能排入机舱，从气缸排出后要经过排气管进入增压器后进入冷却消音器，再经过一系列过程，最后从鸭嘴喷口（细孔）排出。海面离喷口近1米，就是说排气是水下排气，不仅有这近1米的落差，还有机舱底部柴油机排气口到指挥舱围壳10多米的落差。这样的高背压不是专门研制的潜用柴油机是无法工作。

潜用柴油机一般是在水面船用柴油机基础上研制的，只不过需要新的增压系统和调整柴油机的燃烧系统。整台柴油机变成潜用柴油机时，功率可能减少40%～50%。另外，潜用柴油机还会比原机热负荷大。

潜用柴油机主要是在通气管航态下使用，这时候尽管会选择相对安全的海域，然而这时仍是潜艇容易暴露的时候。使用柴油机不能回避振动噪声问题。对柴油发电机组来说减振降噪措施很多也很有效，对潜用柴油机来说，排气红外隐身是特别值得注意的问题。排气直接排到艇外接近海平面的海水中，对高温排气有红外隐身问题，当然还有排气噪声问题。潜用柴油机自身就有一个结构复杂、体积庞大的冷却消声器，它背在柴油机上或置立在机旁，能大幅降温、降噪。为什么冷却消声器需要这样庞大呢？对于潜用柴油机消声器来说，冷却消声器还是一个十分重要的稳压箱，需要柴油机转一转排气容积的一二十倍的容积。

151. 为什么各国争相在常规动力潜艇上加装AIP推进装置？

在常规动力潜艇上加装一套不依赖空气的推进装置(AIP)，不是作为主推进动力使用，而是在常规潜艇保留原有的柴—电动力系统的推进方式前提下，作为其水下低航速航行动力，以达到增加常规潜艇低速连续潜航能力、减少暴露率的目的。

不依赖空气推进装置，是指潜艇在水下不需要外界空气而依靠艇内所带的能量物质提供推进动力的装置。常规潜艇AIP系统主要由液氧等能量储存供给系统、能量转换装置、废弃物排放处理系统、辅助系统、隔热装置和控制系统等组成。目前的能量转换装置单机功率较小，只能满足水下低速航行的需要，一次潜航距离的大小主要取决于艇内所需能量物质的多少。

目前AIP系统依能量转换装置的不同有多种形式，主要有燃料电池、热气机、闭式循环柴油机、闭式循环蒸气轮机、闭式循环燃气轮机等。

我国常规动力潜艇加装的是一套SE/AIP装置，即以斯特林发动机为能量转换装置的不依赖空气动力系统。斯特林发动机是一种外部供热（或燃烧）的活塞式发动机，它以氦气作工质，按闭式回热循环的方式进行工作。

目前国外AIP系统主要布置在一个独立舱段内，此舱段长一般为6～8米，排水量增加200～220吨。这种AIP潜艇以经济航速在水下一次潜航距离是原来的4倍多，常规潜艇暴露率可降低30%，从而明显提高了潜艇的生存能力和作战能力。

瑞典是第一个研制成功AIP潜艇的国家，其SE/AIP技术处于世界领先水平。20世纪80年代起，瑞典对多级潜艇进行改装，加装了SE/AIP系统。至21世纪初，瑞典所有的在役潜艇都加装了SE/AIP系统。

美国为了提高其反潜能力，于2005年租借了瑞典的“哥特兰”潜艇，与其航母战斗群进行反潜对抗训练。在实战演习中“哥特兰”潜艇表现优异，多次突破美军防线，西方海军专家给予了极高评价。

152. 核动力系统也能做到超小型化吗？

为解决常规动力潜艇水下续航力低、通气管航态工作时隐蔽性差等缺点，专家提出一种由常规柴电动力和超小型核动力构成的不依赖空气的混合动力推进方案。

这一方案的特点是在原有常规柴-电动力基础上，增加一套超小型核动力发电装置，作为潜艇水下航行时一种真正不依赖空气的动力源。这样，既保持了原常规潜艇的基本特征，又显著增加了潜艇水下续航力，减少了暴露率，提高了隐蔽性。

超小型核动力AIP系统又称自持式船用核反应堆发电装置。它采用低温、低压系统，使用低浓缩铀，装置结构简单可靠，安全性好。作为新一代的AIP系统，其能量、输出功率要远超其他几型AIP系统。它虽然有系统成本高、红外辐射信号强、核废料的后处理等问题，但其优势是明显的：能源丰富，技术可靠，潜艇自身暴露率为零，不受下潜深度限制。同时，发电机的电能可向蓄电池组充电，以满足高速机动或应急使用。

超小型核能发电装置比较典型的型号有：加拿大开发的自持式船用核反应堆发电装置、法国研制的小型紧凑反应堆和俄罗斯的VAU-6超小型核反应堆。

2007年12月，俄罗斯最新型“萨罗夫”号潜艇下水。它装有一台VAU-6超小型反应堆，输出功率600千瓦，但不是直接用来作为推进动力，而是给电池充电。因其能确保潜艇长时间潜航而无需添加燃料，使潜艇的战斗能力大大提高。

153. 仅依靠燃料电池就可以驱动潜艇吗?

燃料电池是一种将燃料的化学能直接转换成为电能的电化学装置。它由外部不断供给燃料和氧化剂，将燃料的化学能不断地转换为电能，因此燃料电池是一种连续电源。燃料电池的容量主要取决于电池外部燃料和氧化剂的储量。

燃料电池的特点是：（1）没有复杂的运动机构，零部件少，运行时安静无振动；（2）燃料利用效率高，可达60%～70%。由于直接将燃料的化学能转换为电能，不受卡诺循环效率的限制；（3）它的产物除电之外主要是水，向环境排放的有害物质比较容易处理；（4）燃料，氧化剂的供给及电解质的循环等辅助系统比较复杂。

目前，质子交换膜燃料电池应用最多，它是潜艇AIP系统能量转换装置中最具竞争力的一种。这种电池的最大特点是可以在室温下启动，无腐蚀问题，寿命长，工作电流密度高。

德国212A（出口型代号214）级潜艇的燃料电池AIP系统十分先

进，以其优越性能争得大批订单，除了德国海军订购以外，意大利、希腊、韩国、葡萄牙、美国都有订购，韩国更是通过许可证和配件组装，一口气要了9艘。

法国设计的4 500吨“短鳍梭鱼”级潜艇赢得澳大利亚竞标，一下订购10艘该级潜艇，是世界上排水量最大的常规潜艇，AIP系统决定采用第二代的2组燃料电池，可以在水下以14节高速航行。

俄罗斯也掌握了成熟的燃料电池AIP技术，准备出口的“拉达”级1650型潜艇，其噪声仅为“基洛”级潜艇的1/3。为“拉达”级潜艇加装燃料电池AIP系统后，必将成为进军AIP潜艇市场的有力竞争者。

154. 原子核为什么能释放出巨大能量?

爱因斯坦的“相对论”是20世纪物理学最伟大的理论成果之一。“相对论”证明：物质与能量是统一的，质量和能量是可以互相转换的。他还给出一个十分简洁、令人惊奇的质能转换公式 $E=m\cdot c^2$，这个公式将能量E、质量m二者的关系，通过转换系数“光速的平方”c^2联系在一起了。

1918年阿斯顿研制成功了质谱仪，准确测量了许多原子的质量，并且有以下发现：几乎所有原子的质量数都接近氢原子的整数倍，但不完全相等。同样令人奇怪的是：为什么所有元素的原子质量都比组成它的单个粒子（质子、中子、电子）的质量之和小呢？

同性电荷间的静电排斥力与它们间的距离成反比，原子核内有与原子系数相同多的质子并且质子间距离非常微小，预期在核内应有巨大的排斥力，以至于这些原子核是不能稳定存在的。事实上这些原子核却稳定地存在了，为什么呢？

阿斯顿经过一系列的研究，给出了他的解释：原子核不会分裂，是因为有像胶一样很强的东西使他们聚在了一起。现在我们知道了这是核力。

要想把一个原子核分离成一堆离散的核子，必须从外部供给原子核能量，以克服核力形成的引力。这部分能量换算成质量，恰恰等于组成该原子核的各个核子的质量之和与该原子核质量的差值。

1933年10月，在比利时首都布鲁塞尔举行了世界上第一次讨论核物理的盛会。会上，玛丽·居里的女婿约里奥做了关于“可以用人工的方法使核在放射性衰变中释放出能量”的报告。后来，通过许多科学家的实验研究，发现用一个中子去轰击铀-235的核，会分裂成另外两个质量近似相等的核，而且这两个核的质量之和小于铀-235核的质量，同时有能量释放出来，这些能量恰好等于质量差。

实验已确定一个铀-235核裂变约产生190 MeV(百万电子伏)的能量。这点能量如果加热1立方厘米的水，那么水温只能升高1×10^{-11}℃。别以为这点能量微不足道，一立方厘米铀-235有5×10^{23}个原子，如果使这么多原子全部发生裂变，那么释放的能量足以把5 000吨的水从常温加热到沸腾。

一个用铀-235做燃料的反应堆，若产生100万千瓦时的能量，仅消耗1公斤铀-235，这些能量如果由汽油产生则需要消耗1.5×10^{6}千克汽油。通过核裂变的途径获得巨大能量，是人类的伟大科学成就之一。

155.为什么一个用于“点火”的中子就能让铀-235持续裂变?

中子是唯一能使铀-235核产生裂变并释放出能量的粒子，所以中子是打开核能宝库的钥匙。然而中子怎么获得呢?

宇宙射线中有中子，但是当其进入大气层时立刻就被吸收了，并且自由中子的寿命很短（平均寿命14分左右），看来靠自然界中的中子去引起铀-235裂变是不可能的。

幸运的是，铀-235吸收一个中子后裂变成2个碎片的同时，还会释放出2～3个中子，如果能把这些中子利用起来继续撞击铀-235核，那么就会产生越来越多的中子，也就能使越来越多的铀-235发生裂变了。

首先，用一种叫作中子源的东西，提供最初用于“点火”的中子，例如钋铍源。钋是放射性原素，它衰变时放出α粒子，α粒子被铍吸收后就能放出中子，利用这些中子去引起铀-235的裂变。一个铀-235裂变可放出2～3个新的中子，两个新中子如果被另外两个铀-235核吞掉引起裂变，则可又放出4个中子，4个新中子被吃掉，则可放出8个新中子，8个变16个，16个变32个……顷刻之间到了第20次时就放出1×10^{6}以上个中子。

实际情况会这么顺利吗？当然不会，否则一个宇宙射线中的中子，有幸撞到地球中铀矿里的铀-235核，那么整个轴矿不就成了反应堆了吗？一个中子产生之后想遇到一个铀-235核，并被它吞掉，那可不是简单的过程，它需要经历各种艰难险阻才能实现。中子是打开核能宝库的钥匙，但是为了使其能打开核能宝库，人类还需做很多其他工作。

156. 核反应堆是怎样驱动潜艇航行并为全舰提供电力的?

普通的潜艇与核潜艇的根本区别是它们的动力装置不同。普通潜艇的动力装置以柴油机为动力源，而核潜艇以核反应堆为动力源。

柴油机可以直接驱动潜艇，但核反应堆不能。核能在反应堆内主要以热能的形态释放，热能需通过核动力装置转变成机械能和电能驱动潜艇航行。下面通过图5-3说明核动力装置的工作原理。

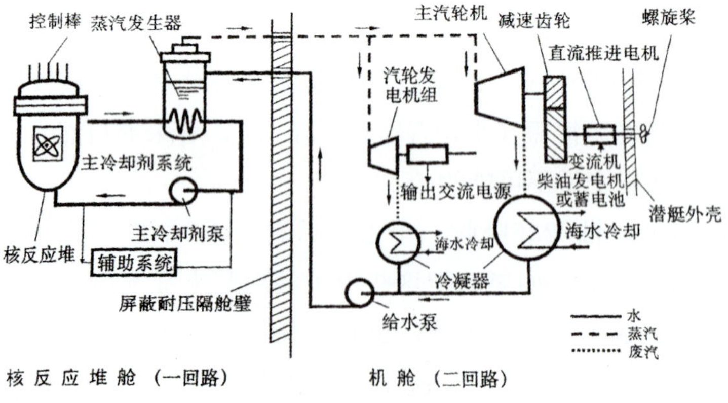

图5-3 潜艇核动力装置工作原理图

在核潜艇中有一个专门的封闭舱，称为反应堆舱。这个舱内的回路称为一回路，所有一回路上的设备都与反应堆相联系，回路和系统中充满了工作介质——纯净水。一回路中主要的设备有：反应堆、稳压器、蒸汽发生器、冷却剂水泵和其他辅助系统。

在反应堆启动工作之前，首先通过稳压器中的电加热器对回路中的水进行加温，随着温度的升高，回路的压力也不断升高，当回路的温度和压力达到规定的数值后，提升反应堆内的控制棒，使反应堆达到某功率水平。

与此同时，一回路的冷却剂水泵运行，强迫冷却剂（回路中的水）循环流过堆芯和蒸汽发生器换热管的一次侧（管内），在流过堆芯时将燃料棒产生的热能带走。在流过蒸汽发生器换热管时把热量传递给换热管二次侧（管外）的工作水，使被加热的二次侧的工作水产生蒸汽。蒸汽在蒸汽发生器中产生后，经汽水分离，成为干饱和蒸汽，通过穿透反应堆舱的蒸汽管路进入到辅机舱和主机舱的二回路。

二回路的设备和系统主要有：蒸汽发生器主给水泵、汽轮机组、汽轮发电机组、主辅冷凝器、海水淡化系统、辅机海水冷却系统、海水给水泵等。二回路里的饱和蒸汽主要被送到汽轮机组，驱动主汽轮机工作，经减速后，主轴带动螺旋桨推动潜艇航行。另外还用一部分蒸汽推动汽轮发电机组，所发电量供全艇使用。

艇上还有一些用汽设备和系统，如海水淡化系统、汽动给水泵，汽动循环水泵，都使用蒸汽发生器提供的蒸汽。所有蒸汽在汽轮机等设备做功之后排入到冷凝器中，冷凝器也是一个换热器，在冷凝器中蒸汽重新被冷凝为水，然后用给水泵送入蒸发器再次被加热成蒸汽，进行下一次循环。冷凝器换热管内的冷却水来自于海水。

157. 核潜艇为什么都对“压水反应堆”情有独钟?

“压水反应堆”是以水做中子慢化剂和核燃料冷却剂、可进行链式核反应的高温高压装置。为什么叫“压水堆”呢？因为为了提高反应堆的热效率，必须提高冷却剂的温度，所以反应堆及一回路系统，都工作在300 ℃高温下，并且不允许水在堆内产生大容积沸腾，必须保持反应堆内的工作压力在15 MPa左右，故将其称为压水反应堆。

在核潜艇初期建造时，美国和苏联也曾采用过金属作为冷却剂的快中子反应堆，但由于腐蚀和泄漏的事故频频发生，难以解决，后来都放弃了。压水反应堆因具有如下一些优点，长期使用表明其更适合作为潜艇的动力堆，所以核潜艇对它“情有独钟”。

通过设计控制水与铀的合理比例，可以使得压水堆固有安全性较高。所谓固有安全性，就好比一个不倒翁，不论你怎么摇晃它，当你松手后，它都能自动恢复到原来的稳定状态。反应堆受到外界干扰，功率发生变化，堆芯的温度就会升高或下降，当温度高时中子与核的裂变截面就会变小，堆芯功率就会下降，温度也就下降，反之亦然。压水堆温度的反应性是负的，核潜艇的航行速度是随着海洋环境和作战情况灵活机动变化的，这就要求反应堆功率频繁调整，堆内参数也会跟随波动，所以固有安全性对于核潜艇是十分重要的。

核潜艇的体积对其航速、机动性、隐蔽性都有很大的影响，因此对反应堆容积有十分苛刻的要求。反应堆占用的空间大小，对于艇内的工作、生活空间拥挤程度有很大影响。压水堆用水做中子慢化剂，慢化性能好，所需水量少，反应堆占用空间少且结构紧凑。此外，水对中子屏蔽效果好，减少了屏蔽装置的质量，所以压水堆是潜艇的理想堆型。

压水堆核动力装置将具有放射性的反应堆和其冷却系统及设备密封在一个舱室内，反应堆的热量（能量）通过蒸汽发生器传给蒸汽动力系统，反应堆的冷却剂与蒸汽动力系统的工作介质（水）是不直接接触的，因此蒸汽动力系统不具有放射性，这为人、设备提供了安全环境。

压水堆制造成本低，其技术成熟，通用设备多。故障率低，后期维护、维修成本低。专用配套保养、维修装置少，易于管理，水的价格便宜。

压水堆本体如图5-4所示。

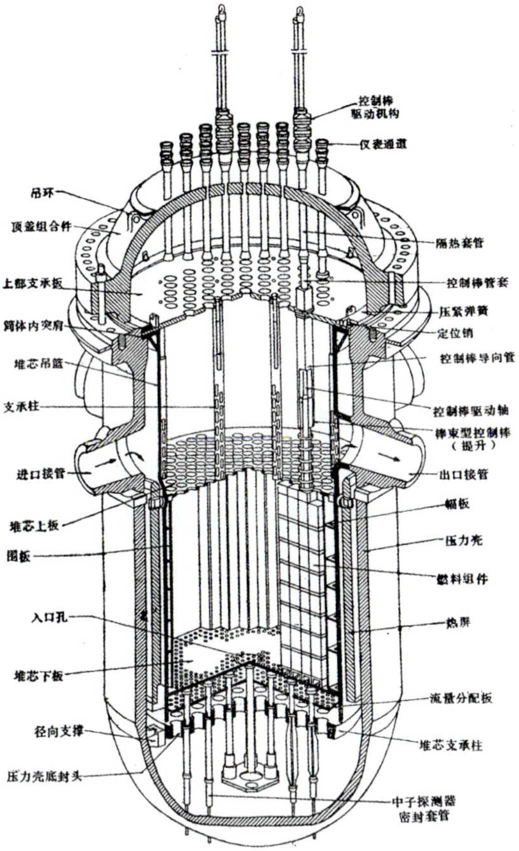

图5-4 压水堆本体图

158. 为什么淡水被称为“核潜艇的血液”？

淡水被称为“核潜艇的血液”，这是为什么呢？

首先，淡水是反应堆内中子的慢化剂，核潜艇的反应堆是热中子压水堆，裂变中子产生时都是高能快中子，它们与可裂变核的裂变截面能引起核裂变的几率很低，必须经过慢化变成热中子的过程。能作为快中子慢化最好的物质是纯水，纯水中的氢原子核在快中子碰撞时能吸收中子的最多动能，并且纯水的物理、化学和核特性都是非常好的。相对大多数物质，纯水的中子吸收截面也比较低，能保证中子的经济性。这也是为什么用纯水，而不是普通水更不能用海水的原因之一。

其二，淡水是反应堆的冷却剂，反应堆堆芯产生的热量必须被带走，否则堆芯会因温度过高而烧毁。一回路的淡水在吸收了堆芯的热量后，流过蒸汽发生器把热量再传送给二回路的淡水，所以一回路的淡水也叫载热剂。二回路的淡水在获得一回路传给的热量后，会在蒸汽发生器里变成蒸汽，这部分高温、高压的蒸汽流经汽轮机，推动汽轮机带动螺旋桨工作，产生潜艇运动的推力。蒸汽还推动汽轮发电机组工作生产出全艇工作和生活所需要的全部电力。没有淡水，核潜艇就不能工作，艇员也不能生活。

核潜艇设备用的淡水纯度必须很高。艇上的大多数设备和管路系统都是不锈钢制造的，不锈钢抗氧化性能很好，但经不起氯离子的腐蚀。蒸汽发生器几千根换热管只要有一根被腐蚀坏，就会使一回路带有放射性的水跑到二回路中，造成二回路设备和环境的放射性污染，这会严重影响艇员的生命安全。所以水质在核潜艇上是十分重要的。

在设备运行过程中，水质会被污染，污染后的水必须进行排污处理。另外，二回路中的水也会因管道、阀门、设备泄漏而失掉一些，这就要求制造新的纯净水进行补充。核潜艇制造淡水主要有两种方式：一是热力蒸发方式，二是淡化膜方式，两种方式造出的淡水纯度不够，还需要经过树脂进行离子交换处理，才能补充给系统使用。

159. 舰船上的核反应堆能像原子弹一样爆炸吗？

猫和老虎都是猫科动物，但是猫是变不成虎的。核电站与原子弹都是通过核裂变释放能量的，但是核电站就像猫一样，不可能发出原子弹的“虎威”。

在原子弹中，将大于临界质量的铀-235或钚-239分割成两个以上的小块（达不到临界体积），使其保持一定的距离。将它们和中子源及炸药同时装在一个容器内，待需要原子弹爆炸时，先引爆炸药，瞬间分散的浓缩度几乎达到100%的核燃料和中子源压缩在一起，临界质量、临界体积、不需要慢化的中子源条件都具备了，核反应以瞬间释放出巨大的能量，发生剧烈的爆炸。原子弹爆炸后形成的冲击波、光辐射，对人类和设施具有巨大的伤害和破坏。

核反应堆是以释放能量可控的方式运行的，它用的核燃料是2%～4%的低浓缩铀。这也是它区别于原子弹的一大特点。

反应堆的堆芯具有负反应性。当某种因素引起堆芯温度上升时，则有效增殖系数keff就下降，堆芯核反应趋向次临界。堆芯温度升高还会引起慢化剂水的密度降低，减弱对中子的慢化作用，占燃料总量95%以上的铀-238温度升高后，对中子的共振吸收加强，铀-238吸收了中子后不仅不发生核裂变，反而使keff进一步下降。如此温度升高则keff下降，结果核裂变的发生几率减小，对温度升高起了抑制作用。

反应堆只允许有负反应不许有正反应性，所以它不需人为干预就能自己控制自己，这就表明反应性具有固有安全性。当然，为了验证反应堆不能像原子弹一样会产生核爆炸，必须进行试验。

美国曾为此在沙漠中建造了很多类型的反应堆，进行了大量的失控试验。在进行这些试验时，在堆内装入很多核燃料，然后尽快把控制棒提升上来，想尽一切办法不使其失控发生爆炸，通过试验确认了反应堆固有安全性和失控难度，证明反应堆不能像原子弹那样释放能量。所以对于反应堆，主要是防止它失事时放射性物质扩散的问题，而不是防止核爆炸的问题。

舰海

Danao Yu Shouzu—Jianchuan Daohang Yu Kongzhi De Aomi

六

大脑与手足——舰船导航与控制的奥秘

第六章　大脑与手足
——舰船导航与控制的奥秘

160. 为什么确定舰船方位要研究地球的形状和大小?

从古到今，各种船舶、舰艇主要航行在大海中。从水面到水下，对舰艇位置坐标的精度要求越来越高，因此航海学就要对地球的形状和大小进行深入研究。在海上和大洋深处，决定舰艇方向是航海学中最基本的问题。要先确定测量者的基本方向，即东西南北四个方向，再测量舰船海上航行速度，船长根据电子海图上给出的航迹图，来确保舰船的航行安全。

1958年我国自行建造的第一艘万吨货轮满载玉米，由天津港首航驶往日本，途中因触礁沉入海底，经调查就是因为首航该航线的船长对航路上的海图不够熟悉所致。

如何研究地球的形状与大小？地球表面有高山、深谷、江河、湖泊、海洋等，其自然表面和形体不是圆球，而是一个不规则的几何体。在航海作业中，只讨论大地体，它是指大地水准面所包围的形体。

大地水准面是海洋的表面以及由延伸到陆地上面并保持着与垂线方向成直角的整个闭合形状的面。此时假定海洋的水体在完全平衡的状态，没有潮汐风浪等影响。

由于地球的自转，地球表面的形状是一个两极略扁的扁球体，它与一个旋转球体相差很小，基本上可用椭球代替它。在航海学中，只有精度要求很高时，才将地球看做旋转椭球体。它的大小与形状可以用椭球体长半轴和短半轴来表示。通常讲地球半径近似6 370千米，在海上导航计算中则引入长、短半轴的相应数值。以上这些内容就是航海学所要研究的。

161. 海图与地图有什么区别?

为保证舰船海上航行安全和满足战斗要求，必须印制海上专门的地图——海图。由于现代电子技术与计算机技术的发展，目前舰船导航的纸制海图均已由电子海图所取代，航海人员可以在海图上绘算出舰船的航迹。海图上主要绘有海洋情况和岸边的状况，如水深、水质、暗礁、沙滩、潮汐，以及各种水下障碍物和人工航标设备等；岸边情况则包括地形与目标，如高地、海角、灯塔等，以供测定舰位时使用。

1569年，荷兰制图学家格拉德·克列密尔创造了地球标准圆柱投影方法来绘制海图，其被称为墨卡托海图。

在舰船航海作业中，为了让航海长及舰长随时了解舰船在大海中航迹线中的舰位，要求航迹线、航向线以及目标方位线均成为一条直线，并要求海图上量得各目标与舰船间的夹角和实际上的夹角一致。这就要求舰船的航向线在海图上应该是一条直线，当舰船的航向为0°和180°时，航向线就是子午线，它投影到海图上必须是直线才行。

若舰船沿一定航向航行时，其航向线与各子午线的夹角应该是相等的，这样只有当各子午线彼此平行才能满足航向线是一直线的要求。

另外，由于赤道与子午线相交成直角，且纬度圈又与赤道圈平行，这就要求在海图上赤道线和纬度线都应该与子午线垂直。

这就是海图与我们日常使用的地图的最大区别。

162. 为什么海上航行距离不用千米而要用海里?

海里是度量海上距离的单位，其单位长度等于地球椭圆体子午圈上一角分的弧长。这样规定，给海上航行应用带来极大方便。例如舰船向正北航行60海里，其纬度就变化了一度，不仅去掉了换算的麻烦，也便于在海图上利用纬度分划、量测距离。

当然地球实际上是一个不规则的椭球实体，一角分的弧长不尽一样，赤道附近约1 843米，两极最长约1 861.6米。1929年国际水文地理学会召开会议，确定1 852米作为统一的海里标准长度，我国和其他多数国家均已采用这一标准。

节是计算舰船航行速度的单位，即海里/小时。如某舰船速度24节，即表示每小时航行24海里。

那么如何测定舰船的相对海水的航速？

在海上航行的舰船上都有一种专门仪器——计程仪。目前舰船上使用的测量航速仪器有：水压计程仪、电磁计程仪、多普勒计程仪。其中前两种计程仪是舰船相对海水的速度，而多普勒计程仪测量舰船相对海底的速度(又称地速)。从物理意义上讲，计程仪应该称为速度仪更为恰当。

另外，装有惯性导航系统的舰船，可以通过系统中的加速度计(又称比力计)测量的舰船加速度a，经过一次积分得出航行速度V。

舰船在大洋中航行时，影响航行速度的因素很多，除了考虑海洋中海流和风向与风速的各种影响之外，影响航速误差主要有以下几个方面:

(1)排水量。一般舰船的排水量对航速影响不大，正负10%的舰船排水量的变化，会影响航速变化正负5%。

(2)舰船的纵横摇会使船速下降10%。

(3)船底苔芥影响较大。若舰船底附着大量的苔芥，会使航速降低25%～30%。

(4)风浪的影响。顺风与逆风(1～3级)会使航速略有增加和减小，强烈逆风可能使航速下降20%～30%。

(5)浅水的影响。舰船航行在浅水区时，通常会使航速下降10%～15%。

总之，由于影响航速的因素较多，利用航速推算舰船航程与精确定位，很难满足其要求。那么如何根据计程仪计算航程呢？若船的航速已知，那么由航速和时间就可以推算航程。准确地测定舰船的航程是保证舰船航行安全和准确到达预定地点的一项重要工作。现代舰船上一般都装有GPS或BNS（北斗）卫星导航系统和自主的惯性导航系统，这些系统可以对舰船的航程与速度进行测量。

163. 为什么一个摆锤能证明地球是转动的？

时间回溯到1851年的巴黎，在法兰西共和国先贤祠的大厅里，让·傅科正在进行一项有趣的实验。傅科在大厅的穹顶上悬挂了一条67米长的绳索，绳索下面是一个重达28千克的摆锤，摆锤的下方是巨大的沙盘。每当摆锤经过沙盘上方的时候，摆锤上的指针就会在沙盘上面留下运动的轨迹。按照日常的生活经验，这个硕大无比的摆锤应该在沙盘上面画出唯一的一条轨迹。人们惊奇地发现，傅科设置的摆锤每经过一个周期的振荡，在沙盘上画出的轨迹都会偏离原来的轨迹。准确地说，在这个直径6米的沙盘边缘，两个轨迹之间大约相差3毫米。这是由于地球自转和惯性所导致的。

傅科利用摆锤所做的演示地球自转的实验，被人们命名为“傅科摆”。

这里并没有明确说出它到底相相对于什么自转。这是一个非常重要的问题，因为没有参照物，谈论运动是不可想象的，也是没有意义的。到目前为止，还没有办法在空间中打上一根钉子作为绝对参照物，我们只能依靠较远的且看起来似乎是静止的天体作为参照物。之所以可以把它们看作是“空间的钉子”，因为它们实在太遥远了。

傅科最初是学习医学的，后来因为特别喜欢动手做些物理实验，才转行学习物理学。1862年，他使用旋转镜法成功地测定了光速为29.8万千米/秒，这在当时是一个相当了不起的成就。1852年，他制造出了上述的试验装置——这也是现代航海领域广泛使用的惯性导航中的陀螺仪的前身。此外，他还发现了在磁场中的运动圆盘因电磁感而产生的涡电，这被命名为“傅科电流”。

164. 地球自转与陀螺仪指北及找北有什么关系?

自古以来，运载体的定向就是人们关注的话题。我国古代四大发明之一的指南针，就是一种指示方位的简单仪器。目前，无论多么复杂高端的舰船，从普通渔船到大型战舰，都装有航海磁罗经，又称应急磁罗经，因为它简单可靠。

磁罗经可以指示地球磁北极方向，但这个方向被称为磁北，并不是地球真北，且它的指示精度是不能令人满意的。因为在地球及其磁暴、磁异常和强电磁场干扰下，磁罗经的定向基准功能将会失灵。

20世纪初，由于航海事业的需求，特别是铁制大船代替古代的木制船舶，并在当代自然科学技术发展的促进下，陀螺制造技术有了良好的开端，人们研制成不依赖于地磁特性而能指示方向的陀螺罗经，又称电罗经。

那么陀螺罗经不敏感地磁场又依赖什么样的信息呢？它是靠敏感地球自转角速度和重力加速度这两个信息完成指北与找北的。

地球自转与指北有什么关系呢？怎样才能在地球上证明它自转呢？

首先是意大利天文学家哥白尼，通过长时间地观测天体运动规律，以科学的“日心说”否定了在西方统治了1000多年的“地心说”。16世纪40年代，哥白尼勇敢地纠正了被长期歪曲的客观事实，摆正了地球绕太阳转动的正确关系，提出了以太阳为中心的“日心说”。

之后文艺复兴时期意大利哲学家布鲁诺，接受了哥白尼的“日心说”，并认为宇宙是无限的，太阳系只是无限宇宙中的一个天体系统。由于布鲁诺宣传“日心说”，结果被宗教裁判所判处死刑，于1600年被活活烧死在罗马鲜花广场上。

另一位意大利物理学家、天文学家伽利略，利用望远镜观察天体取得了大量成果，并证明了哥白尼的“日心说”。罗马教皇以“反对教皇，宣扬邪学”的罪名，将其送上罗马宗教法庭，并于1633年4月12日判处其终身监禁。1638年以后其双目逐渐失明。300多年以后，罗马教皇保罗二世公开宣布当年审判不公平，予以平反，恢复伽利略的名誉，真是迟到的正义。

直到1852年，法国科学家傅科利用所设计并制造的证明地球自转的“实验装置”，在巴黎做了著名实验，在地球上而不是靠观测天体星空，证明地球是绕太阳公转的，并且还绕自身的地轴自转。这个实验还同时给出巴黎当地的纬度，并找到当地的真北。

165. 为什么用六分仪观测两个天体就能知道舰船的方位?

舰船沿岸航行时，可以观测岸上的山峰、灯塔以及人工标志等目标的方位、距离或目标间夹角以确定舰位，其主要仪器是罗经和六分仪。前者用来观测目标的方位，后者用来测定目标之间的夹角。这种方法的前提条件必须是视距良好。

在海上观测天体确定舰位，是航海天文导航的基本问题。其方法简单的说，就是在海上观测两个或两个以上天体的高度，通过求得舰位线而确定舰船的位置。

舰船上的观测者用六分仪测得天体B的高度，同时记下观测的时间（表时）。然后找出观测时的表时修正表差，再找出观测时的世界时，从航海天文历查取相应参数，最终每观测一个天体就会得到一个天文舰位圆的圆心和半径。测者观测另一个天体A，又可以得到一个圆心和半经。两个天文舰位圆相交有两个交点，其中靠近推算舰位的那一个交点，就是观测者所处的舰位。如今所有上述过程都可以通过六分仪和天文导航计算机来自动完成，这就是舰船天文导航。

星体在天上好比是灯塔，如能分别测出两座灯塔的基点（即星下点——星体和地心的连线与地球表面的交点）与舰船的距离，在海图上找到基点，并以它为圆心，以舰船与基点的距离为半径，做两个圆弧，得到相交的两点，只要知道舰船在基点的哪一侧，就能得到舰船的准确位置。全自动星光跟踪器是一种既古老又现代的天文导航仪器。导航计算机根据预先设计好的方法，计算出某一颗星大约在舰船哪个方向和仰角上，自动控制测天室的望远镜并自动指向要测量的星体。当星体位于视野中心时，将测得的方位角和望远镜的仰角一并输入到天文导航计算机，完成一颗星的测量。接着星光跟踪器又自动地转向另一颗星体，自动算出舰船的位置来。

天文导航受天气影响很大，必须能清楚地看到水天线才行。通常都是晨光或昏影时，此时既能请楚地看到水天线，又可以看清星体。若是在月夜，天空晴朗、视界良好、水天线清楚，可以通宵进行观测。但是在阴雨天气，天文导航系统就无法工作了。

166. 为什么在舰船上建立一个水平面才能使舰炮和导弹打得更准?

茫茫大海，波浪滔天，如果我们站在摇摆不定的船上，身体失去了平衡，技术再高的神枪手也不知道射出的子弹会飞到哪里去。如果能在摇摆的舰船上人工地模拟一个水平面，使舰船的纵横两个轴线与人工模拟水平面的两个轴相比较并测量出来，按照摇摆角相反的方向加以补偿，就好像我们站在人工模拟水平面上，再打靶射击就可以发挥真实水平了。

一般的机械单摆在不动的基座上可以准确地指示地垂线方向，也就是说单摆具有敏感地垂线方向的特性。但若把摆放在舰船上，由于舰船前进及摇摆运动会产生加速度，使得摆除了受重力作用之外，还会受到惯性力作用，结果使摆线偏离地垂线方向，而指向重力和惯性力合力作用方向。

而陀螺仪没有敏感地垂线方向的特性，它能稳定地指示牛顿定律成立的惯性空间某一方向，也就是它的定轴性。所以人们想到把它们二者进行结合，取陀螺仪转子轴能抵抗外界干扰保持方向稳定的长处，又取摆能敏感地垂线方向的特性，制造出航空地平仪(飞机上用)和陀螺垂直器(舰船上用)。其基本原理就是让单摆对陀螺仪轴子轴指示方向实施控制，在海上航行的舰船或空中飞行的飞机上建立一个稳定的垂线基准。它是用单摆的摆线，去自动测量并跟踪地垂线方向，而单摆的摆线方向又用来作为控制陀螺仪转子轴方向的信息源，使陀螺仪的转子轴进动变成一个受摆线方向控制的运动。这样，摆、力矩器和陀螺仪组成了一个简单的闭环位置随动系统。

人们把在舰船上能提供水平基准的陀螺罗经称为平台罗经。船用平台罗经可以为在海上航行的舰船上的各种设备，诸如火炮、鱼雷及导弹、雷达天线基座提供两条基准线：真北与垂线基准。它的精准度可以使各种武器装备发挥巨大的威力。武器系统的命中精度是战斗力的重要体现，它既可减少发射数量，又可减少后勤支援和不必要的人员伤亡，有效地打击敌方目标。

167. 为什么重力梯度仪的研发使美军航母后退100海里？

2004年3月，战略科学家黄大年由其英国导师推荐，作为英国ARKEX公司派出的代表，与美国专家一起在1 000多米的大洋深处，进行“重力梯度仪”军民融合应用的技术攻关。两年后，美国空军某基地，同样的试验从潜艇搬上了飞机。2009年，黄大年回国，消息传出，震动海外，美国航母舰队后退100海里！可见重力梯度仪是多么重要。

为什么要研究重力梯度呢？这是因为地球上不同地方的重力加速度g的大小是不一样的，并不是通常意义上的9.81 m/s^2。事实上，不同地点g的大小是有区别的：哈尔滨的重力加速度是9.890 6 m/s^2，天津是9.794 6 m/s^2，北京是9.801 5 m/s^2，九江是9.792 8 m/s^2，广州是9.788 3 $m/^2$。而重力梯度仪可以测量出平面距离一米的两个不地方重力加速度的微小差别。这种重力偏差和重力异常，会影响船用惯性导航系统的准确度，必须加以修正。所以说重力敏感系统（重力仪、重力梯度仪）是继陀螺仪、加速度计之后的第三种关键惯性器件，它将在巡天、探地、潜海中发挥重大的作用。

现在将有可能将隐身航行在大洋深处的潜艇导航定位精度的提高变为现实，而无论任务周期的长短，这种途径就是将重力梯度/重力测量/惯性导航系统，结合到一种合适的潜艇的武器平台上，使三者成为一体。这一重大需求推动了重力敏感系统的技术进步。通过使用一种完整的差分GPS/惯性导航系统/重力敏感系统，目前已在海上实现了高精度的重力及重力梯度测量。

168. 为什么铁路上的两根铁轨磨损程度明显不同?

早在火车出现之前，地质地貌学者就惊奇地发现，在地球的北半球沿经线由南向北流动的河流，例如俄罗斯的鄂毕河、叶尼塞河、勒拿河，非洲的尼罗河……都有一个非常相同而神奇的地貌特点，即右岸被河水冲刷得陡峭，而左岸却广阔平坦。火车出现之后，在北半球沿经线由南向北行驶火车，虽然同样磨损着两根铁轨，但随着时间的推移，人们同样惊奇地发现，左边铁轨比右边耐磨，即右边铁轨比左边磨损得厉害。面对这种自然现象，你一定会问，这是为什么呢？

直到19世纪法国科学家哥里奥利斯在研究高速转动的水轮机转子运动时，首先提出来“哥氏加速度”才算解释了这一疑问，至此人们才知道前述两种自然界的神奇地貌及铁轨磨损的机理了。那么出现“哥氏加速度”的真正原因到底是什么呢？简单地说就是火车或河床里流动的水相对地球的相对运动，且地球载着火车或河水旋转两种运动互相影响的结果。即相对运动改变了牵连运动速度的大小，而牵连运动改变了相对运动的方向。因为只要一个速度的大小或方向有了变化，就会伴随有加速度的产生，这样说来神奇的加速度也就不神奇了。

正是这神奇的“哥氏加速度”引起的哥氏惯性力矩，才使得高速旋转的陀螺仪具有宝贵的定轴性和进动性。高精度陀螺仪的出现，才能使得导弹的命中精度在千里之外达到“百步穿杨”，才能使人类登月任务得以完成，才能使核潜艇穿越北冰洋冰下迷宫准确无误地抵达预定地点。

169. 为什么说惯性导航系统可以不依赖外部信息导航?

什么是导航呢？导航就是引导人们或各种运载体(汽车、飞机、导弹、卫星、舰船)到达预定目的地的过程。现代人们已经离不开各种各样的导航工具了，不是吗？靠手机里的地图及导航软件可以顺利并快捷地以最短路径抵达你要去的地方，这已经成为现代人的生活方式了。

现代舰船导航有五种基本形式：

(1)目视驾驶：靠辨识陆标以弄清舰船的位置，人们在陆地和海上早已广泛应用了。

(2)航迹推算：依靠起始点，测量出船舶瞬时方位、速度信息的估计值，推算舰船位置。

(3)天文导航：采用时间和当地垂线与已知天体(如太阳、月亮及其他恒星)之间的角度测量值，经计算确定舰船当前的位置。

(4)无线电导航：依靠已知的无线电频率源系统，用相应的无线电或卫星导航接收机确定并显示舰船的瞬时位置。

(5)惯性导航系统(INS)：依靠已知初始位置、初始速度和初始姿态角，利用舰船内部惯性敏感器(陀螺仪和加速度计)建立的方向基准和测定的舰船加速度，实现自动推算舰船瞬时速度和位置。

舰船用惯性导航系统是利用陀螺仪和加速度计、相应的机电结构、控制及计算装置及相应的体现INS数学模型计算机软件包构成，它是唯一不依靠外部信息的导航系统（图6-1）。INS的精度在很大精度上取决于陀螺仪和加速度计的精度。因为加速度计测量不精确会使定位误差变大，而陀螺仪有漂移误差会使平台不能精确稳定设定空间基准，从而使加速度计测量误差变大。

当然INS也有一些不足：一是定位精度随时间增加而积累；二是计算过程中需要起始位置和起始姿态角的初值；三是制造复杂且价格昂贵。

图6-1 平台式惯性导航系的三轴液浮稳定平台实物图

170. 为什么说惯性导航系统改变了现代战争的作战模式?

舰船用惯性导航系统，是利用惯性原理和其他学科原理，自主测量和控制舰船角运动和线运动参数的系统技术。包括陀螺仪、加速度计和系统技术，属于交叉学科，涉及数学、力学、光学、原子物理学、材料学、精密机械学与仪器科学。惯性导航系统以自主、隐蔽、全天候、抗干扰的突出优点，在航海、航天、航空与宇宙飞行等众领域普遍被采用。

现代战争的作战模式，正向远程空袭、超视距攻击、防区外发射、精确制导、外科手术式空中打击等方式转变。实现这种转变的原因，主要归功于武器系统及其发射平台使用了惯性制导或惯性导航系统。近年来的阿富汗、伊拉克、利比亚等局部战争表明，在高科技战争的各种武器装备中，惯性导航系统已成为不可替代的关键设备。

基于牛顿经典力学和爱因斯坦相对论创立起来的惯性导航（制导）技术，既不需要外界提供任何声、光、电、磁等信息，也不向外界发出任何辐射，仅仅依靠系统本身的惯性器件——陀螺仪和加速度计直接敏感舰船相对界质中，包括宇宙空间和大洋深海。通过装备在导航计算机中的软件包，自主、隐蔽、不受干扰地连续输出各种运载体的即时位置、线速度、加速度、航行方向角、水平姿态角及航向姿态变化率、角加速度等信息，确定舰船的运动状态。

惯性系统已成功用于民用交通及能源勘探、地球物理测量、工业控制、大地测量、石油测井、水下及海洋探测等方面。它既是国防关键技术，也是一项高科技民用技术，随着广泛需求而发展，也随着科学技术进步而前进。

航空母舰是最大的作战武器之一。要想让航空母舰发挥巨大威力，就必须在舰上建立一个统一的水平与方位基准，这个基准就是由惯性导航系统来提供的。它可以向舰上各部门提供舰的位置、艏向、速度和纵摇、横摇信息。通过北斗卫导和星体跟踪器对其惯性系统进行修正，可以保证其定位精度在10～100米，艏向精度在一角分左右，水平基准信息的误差在十角秒左右。

171. 为什么说海洋环境对潜航有巨大影响？

潜艇以其水下隐蔽航行作战而著称。潜艇在水下活动时，不可避免地要受到海洋水文环境的影响。海洋水文要素主要包括温度、盐度、深度三大静态要素，以及海流、海浪、潮汐三大动态要素。在众多的海洋环境要素中，海流对潜艇航行的影响较大。

海流亦称洋流，是指海洋中海水以相对稳定的速度，沿一定的方向做大规模的非周期性运动。其流动方向有水平方向，也有垂直方向。海流直接影响潜艇航行的水下定位以及航速、航向。

(1)影响潜艇航行的安全性和经济性：潜艇在流速较大的海区航行时，容易失去控制。尤其当两者间角度为90°左右（横流）时，海流产生的力矩最大，为修正航迹而消耗的能量也最大。顺流航行时，利用海流的推力，可以节约燃料，增大常规潜艇的续航力，加快潜艇的航行速度；而逆流航行时，航速最多可相差50%以上，航向最多可偏差20°以上，并且需要消耗较多的燃料及潜艇电量。

(2)影响潜艇的隐蔽性：潜艇通过敌方控制的海峡和反潜封锁区计划航线时，为避开敌声呐搜索，可利用深层流进行漂航，以增强潜艇的隐蔽性。二战期间，为了击败英国舰队，打通运输线，德国潜艇采用“群狼”战术，给英国运输船以重创。由于英国控制着从大西洋进入地中海的咽喉直布罗陀海峡，一旦德军潜艇通过，英军声呐即可发现潜艇发动机螺旋桨的运转声进行定位。但在1941年9月的傍晚，德军潜艇部队隐秘地来到直布罗陀海峡附近，在海峡入口处下潜到水下70～80米，然后将发动机全部关闭，潜艇依然平稳前进，第二天凌晨便进入地中海水域。这是由于德军利用大西洋流入地中海的一股洋流，把潜艇“送”过了海峡。

172. 全球卫星导航系统都有哪几种？

对于古代的航海者来说，在茫茫大海的黑夜中航行，星星不仅是他们亲密旅伴，还是引导他们航行的灯塔。自己的航船处在什么位置，如何驶向目的地，只有靠天空中的星星。

直到20世纪50年代出现用于潜艇的惯性导航系统之后，靠观测天空中的星星仍然是长期潜航的惯性导航系统必不可少的辅助标校方法。但当潜艇冒着被发现的风险浮出海面时，恰巧遇到雨天或阴天，就无法达到定时对惯导系统标校的目的。飞机在气象条件恶劣的时候，也提出利用导航卫星保证准确着陆的需求。美国国防部把海军、空军的这两种需求整合，耗资130亿美元，历时10多年，建成了全球卫星导航系统（GPS）。

美国都有GPS了，为什么中国还要投那么多钱建造我们自己的北斗卫星导航系统？这是因为出于军事目的，美国为GPS设置了军码与民码，对国外只开放民码。虽然军用版GPS精度超过民用版的10倍，我们也只能在自己的导弹中加装民用版的GPS（图6-2）。

曾经的台海危机中，我军进行大规模军演，向东海海域发射3枚导弹以示警告。第一枚导弹准确命中目标，第二、第三枚导弹却无法追踪，没有落在既定目标上，这是为什么？因为美国掐断了GPS。当年我国在西昌为外国发射商业卫星的关键时刻，美国又将GPS关闭。是的，一旦美国人不高兴，民用版的GPS也会掐断，这让我国蒙受巨大的军事、经济与名誉损失。因此我们必须下决心建立自己的北斗卫星导航系统（BNS）。

除GPS、BNS外，全球卫星导航系统还有20世纪由苏联开始研制后由俄罗斯继续完善的格拉纳斯系统（GLONASS）、欧盟主导的伽利略系统（Galilei）及国际移动卫星组织开发的全球卫星导航系统（GNSS）。目前真正得到实际应用的只有GPS、GLONASS和BNS三套系统。

图6-2 卫星导航系统示意

北斗卫星导航系统是中国自行研制的全球卫星导航系统，是继美国的GPS、俄罗斯的格拉纳斯之后第三个成熟的卫星导航系统，也是联合国卫星导航委员会认定的卫星导航产品供应商。

173. 北斗导航系统都能做些什么？

2014年，随着北斗导航系统区域导航系统的建成，中国终于拥有了自己的卫星导航定位系统。这也意味着我军精确制导能力，特别是远程打击能力取得了决定性的突破。它带来的巨大战略红利，它的威慑效应，堪比核武器。

北斗二期的建成，可以对所在区域内的任何地方进行精确制导武器攻击。中国军队可以利用北斗卫星导航系统，让我们的飞机、陆地战车、海上舰艇、水下潜艇对周边事态进行必要的回应。2020年，北斗导航系统可以实现35颗卫星全球覆盖。北斗三期完成后，其性能与GPS旗鼓相当。

北斗导航系统都能干啥？其军事功能与美国的GPS类似：可以为运动目标定位导航，为导弹等发射位置快速定位；可以实时确定飞机的瞬间位置，并在大雾气象条件下实现自动盲降，为航行安全提供安全保障；可以为海运与水运的各种舰船提供导航定位及安全保障。其民用功能包括：有利于减缓公路交通阻塞；可以促进铁路交通向智能化转型。

单纯从技术角度来看，北斗可以提供定位、授时和短报文通信三大功能。从商业角度来看，时空信息落地，与不同的专业结合可以产生新的领域和新的成果，比如精准农业、大数据共享经济、智能化交通、大范围气象预报，海上渔业捕捞，等等。

174. 航母编队等多航行器是如何协同导航的？

自20世纪80年代多个航行体协同导航被提出，一直得到各国相关研究者的高度关注，并开展了深入研究。利用多个水面与水下航行器协同作业，不仅能够承担单体航行器难以胜任的诸多复杂任务，例如航母编队航行、大面积海洋环境调查、海底地形地貌勘探、失事船只搜索以及军事上的情报收集、水雷探测、沿岸反潜、中继通信等，而且具有高效率、高可靠性、高质量等优点，实现了1+1>2的效果，具有广阔的应用前景。

进行多航行器协同作业，首先需要确定每个航行器的相对位置关系，即解决多航行器导航定位问题。水面及水下多航行器协同导航技术是基于网络的导航形式，从整体的多个航行器协同进行考虑，需对协同导航系统中的编队构型进行优化设计，利用各航行器携带的导航传感器，结合水声通信技术，完成水声测距及通信一体化，共享多个传感器的量测信息，最后对各单个航行器间的相对位置关系进行融合，以提高整体编队的导航与定位精度。

多航行器协同导航定位，有两种形式：

(1)并行式，即系统中每个航行器的功能和结构相同，使用各自的导航系统进行定位，通过空中和水下通信手段获取其他航行器的位置信息并加以综合。

(2)主从式，即系统中少量的航行器装备高精度的导航设备，辅助以系统中多个航行器的低精度的导航设备，同样可以通过协同导航系统大大提高各个航行器的导航精度，最终保持整个编队中每一个航行器的导航定位准确度。

协同导航具有如下优势：

(1)可以通过系统中主任务平台的高精度导航信息网，提高低精度运动任务平台的导航精度。

(2)利用部分平台的有界定位误差的导航能力，通过信息共享使各个平台都有误差有界的定位能力。

(3)当某个任务平台由于传感器或环境因素丧失独立导航能力时，协同导航可以在一定程度上恢复其导航能力。“协同导航”相对“各自为战”的导航方式，能实现平台间的导航资源共享，将成为未来解决大型任务编队高精度导航定位的重要方法。

175. 为什么减摇鳍能减少舰船摇摆?

舰船在风浪中受到海浪和海风的作用，会产生比较大的摇摆，影响设备的正常工作和舰员的生活。近百年来，人们一直致力于研究减少舰船在风浪中摇摆的措施。西方国家很早就开始这方面的研究和开发工作，我国从20世纪60年代中期开始研究和制造减摇鳍。

目前各种船舶已经采用减摇水舱、舭龙骨和减摇鳍为船舶减摇。军用舰船为了减小摇摆，很早都装有舭龙骨，但效果较差。减摇效果最佳的是减摇鳍，也称减摇装置，减摇效果可以达到85%～90%。

减摇鳍是装于舰船船舯部两舷舭部的鳍，有可收放式和不可收放式两种。可收放式减摇鳍由于有一套收放机构，相对比较复杂，军用舰船多用不可收放式鳍，一般小艇布置一对减摇鳍（图6-3）、大舰布置两对减摇鳍（图6-4）。

减摇鳍由鳍、转鳍的传动液压机构和控制三大部分组成。靠两舷的鳍在舰船有一定的航速时（设计航速一般为18节），进入工作状态。此时两鳍同步运动方向相反，所产生的力矩（也称为扶正力矩）与舰船所受风浪的力矩相反，从而达到减少舰船在风浪中摇摆的目的。鳍的运动是由减摇鳍的控制系统控制的。

图6-3 减摇鳍布置

图6-4 两对减摇鳍布置

176. 为什么船舶可以锚泊定位还需要动力定位?

早期一般的舰舶定位是采用锚泊定位。它是用锚及锚链、锚缆将船或海上浮式结构系于海上，限制外力、风浪引起的漂移，使其保持在预定的位置上。锚泊定位的目的在于限制和减小船舶或浮式结构物在风、浪、流作用下的运动，以减少由于过度运动所造成的海上作业停止时间。锚泊定位水深通常为200～300米。

1988年在墨西哥湾出现了安装深度411米的自动升降式平台，平台自身重量达7.7万吨，由此出现了大深度锚泊钻井船和可移动钻井平台，用一些锚泊系统或重物来固定船舶或钻塔。

抛锚泊位是将锚抛出去，沉于海底，利用锚爪抓住海底。优点是锚是船舶固有的定位设备。其缺点一是定位不准；二是抛锚与起锚费时费力；三是机动性差，且受水深限制。

随着世界经济的发展，能源和资源问题日趋尖锐，过去不为人们重视的海洋，如今已成为国际间激烈争夺的领域。在大风浪或深水情况下，船或海上浮式结构物如果需要采用定位方式，由于海洋环境复杂多变，若没有先进的技术与设备来装备船舶，即使面对丰富的海洋资源，人们也只能望洋兴叹。因此，对于许多海上作业船舶来说，动力定位已成为船舶或海上浮式结构物必备的定位方式。

177. 动力定位系统是如何保持船体相对停止不动的?

船舶动力定位就是船舶不借助锚泊，而单独利用其自身安装的推进器，实现船舶在海面上固定位置或预设航迹的保持。其主要作用是使船舶能够在深海进行定位作业，不受水深的影响。船舶动力定位系统主要由3部分组成：动力系统，推进器系统和控制系统（包括测量系统）。

船泊动力系统包括：

(1) 推进器系统：是指用于动力定位的推进器及其控制装置，用于产生抵消干扰力和干扰力矩。

(2) 动力系统：是指向动力定位系统提供动力的所有部件和系统，包括计算机系统、操作面板和显示系统、位置参考系统以及相关的电缆铺设与线路选择。主要功能为：估算船舶所受的干扰力和干扰力矩大小，然后根据相关控制策略和控制规律，计算出保持船舶位置所需的用于抵抗干扰力的作用力。

(3)测量系统：负责完成对船舶位置和姿态等运动状态和风速、风向等环境参数的测量。

最早作为1957年“美国莫霍深钻计划”的一部分，其深度约4 500米，这对锚泊系统来说太深了。CBSS一号船通过在驳船上携带4个可操纵的推进器解决了这一问题。在海床上放一个位置传感器，用这个传感器来确定驳船与海床的相对位置，传送器将信号传回到驳船上，给出相对位置并能在随船的显示系统读到。另外还试用了4个罗围绕在船周围的锚泊浮标，它们用于向随船雷达发送无线电信号，通过4个不同的推进器及其不同方向的组合，使驳船保持在钻井位置正上方不动。

从1961年至今，船舶动力定位的基本原理都是一样的。只是新技术、新器件不断融入船舶动力定位工程实践中，让船舶动力定位技术更成熟更丰富。

178.船舶动力定位系统在台风中也能控制船舶定位吗?

船舶动力定位的应用范围与其动力定位能力有关。动力定位船舶的定位能力，是指船舶在一定环境条件（风、浪、流）作用下的定位能力。为了在船级符号上表明动力定位系统的能力，在动力定位船舶设计阶段必须考虑。

对于无限航区作业的动力定位系统，可采用一套标准的北海环境条件；对于有限航区作业的动力定位系统，应考虑船舶作业区主要环境状况的长期分布。环境力（风、浪、流）和推力应通过风洞和水池试验或其他公认的方法评估。在航行时，可选择典型的环境条件进行试验。

在船舶设计阶段，需要根据船级符号的要求，根据动力定位船的使命和DP作业特点，对船的动力定位能力进行计算分析，给出设计船舶在给定推进器配置、海洋环境条件下保持船位的能力。

对于某些船舶，配置合理的动力推进器配置，在台风恶劣条件下，动力定位系统也可以安全工作。

船舶动力定位能力计算，还可进行推进器配置方案选择与优化，以及船舶作业海洋环境确定，为优化推进器的配置和极限环境确定提供依据。

179. 船舶动力定位系统按作用大小可分为几个等级?

动力定位系统的设备等级是针对冗余度而言的，DP1没有冗余设计，DP2拥有系统和设备的冗余，而DP3具有舱室冗余。

根据中国船级社（CCS）中动力定位系统设计规范，根据动力定位系统的不同冗余度，经船东申请，可授予DP1、DP2、DP3附加标志。安装有DP1动力定位系统的船舶，可在规定的环境条件下，自动保持船舶的位置和艏向；安装有DP2动力定位系统的船舶，在出现单个故障后（不包括一个舱室或几个舱室的损失），可在规定的环境条件下，在规定的作业范围内自动保持船舶的位置和艏向；安装有DP3动力定位系统的船舶，在出现单个故障后（包括由于失火或进水造成一个舱室的完全损失），可在规定的环境条件下，在规定的作业范围内自动保持船舶的位置和艏向。

DP1、DP2、DP3的动力定位系统配置指南，每个船级社略有不同。表6-1给出了中国船级社DP1、DP2、DP3的动力定位系统配置，根据不同的附加标志，动力定位系统的配置设计应至少满足表6-1的要求。

表6-1 动力定位系统的配置

附加标志 设备		DP-1	DP-2	DP-3	
动力系统	发电机和原动机	无冗余	有冗余	有冗余，舱室分开	
	主配电板	1	1	2，舱室分开	
	功率管理系统	无	有	有	
推进器	推进器布置	无冗余	有冗余	有冗余，舱室分开	
控制	自动控制，计算机系统数量	1	2	3（其中之一在另一控制站）	
	独立的联合操纵杆系统	1	1	1	
	各推进器的单独手柄	有	有	有	
传感器	位置参照系统	2	3	+1	其中之一在另一控制站
	垂直面参照系统	1	2	+1	
	陀螺罗经	1	2	+1	
	风速风向	1	2		
UPS电源		1	2	2+1，舱室分开	
备用控制站		没有	没有	有	
打印机		要求	要求	要求	

舰海

Qianliyan Yu Shunfenger
——Jianchuan Leida、Tongxin Yu Shengna De Aomi

七 千里眼与顺风耳
——舰船雷达、通信与声呐的奥秘

第七章　千里眼与顺风耳
——舰船雷达、通信与声呐的奥秘

180. 为什么打赢战争离不开军事上的顺风耳、千里眼?

“千里眼”和“顺风耳”是中国神话传说里的两个神仙。千里眼能看到远在千里之外的细微物体，顺风耳则能听到千里以外发出的任何声音。小说《封神演义》里，为了获取敌方的作战情报，商纣王手下有两员大将，一个叫高明，一个叫高觉。高明眼观千里，人称“千里眼”；高觉耳听八方，故名“顺风耳”。在商、周交战时，两人各凭本事窥探军情，立下不少功劳。故事虽然是虚构，但“知己知彼，百战不殆”，是战场取胜的基本法则，而做到“知己知彼”，必须采取各种手段进行战场侦察监视，获取准确的情报信息。

现代战争中，作战双方利用陆、海、空、天、电等多维空间、多个系统，构成体系与体系的对抗，战争可能在各种环境下打响。目标多样，机动性强，隐身性能好等，在这种背景下，掌握战场的主动权，是能否打赢战争的前提。因此，对获取战场信息的手段和技术的发展需求显得更加必要和更加迫切。

在战场上，随着军队结构和力量的改变，需要打造的“千里眼”“顺风耳”，必须“能上天”“能入地”“能下海”。从地面、海上、水下一直延伸到空中乃至太空（图7-1）。战略预警、战场情报、侦察监视和情报信息处理系统，成为现代战争中的“千里眼”和“顺风耳”。千里之外，能辨毫发，能听蚊音，无论固定目标、动态目标还是隐形目标，都将无处遁形。

战略预警系统的主要任务包括：早期发现、跟踪、识别来袭的远程弹道导弹、战略轰炸机和巡航导弹等战略武器并及时发出警报。

情报侦察系统的主要任务包括：侦察、接收、处理、显示和储存敌方的各类情报信息，接收上级指令，向上级、战区各部门分发各方所需的情报信息。

情报信息处理系统的主要任务包括：确定敌方目标的位置和运动状态，对敌方目标进行分类和识别，分析敌方的作战意图，评估敌方目标的威胁程度，提供己方部队和武器的位置与状态，显示完整的战场态势，为各级指挥员制定作战决策提供及时、准确、可靠的综合情报。

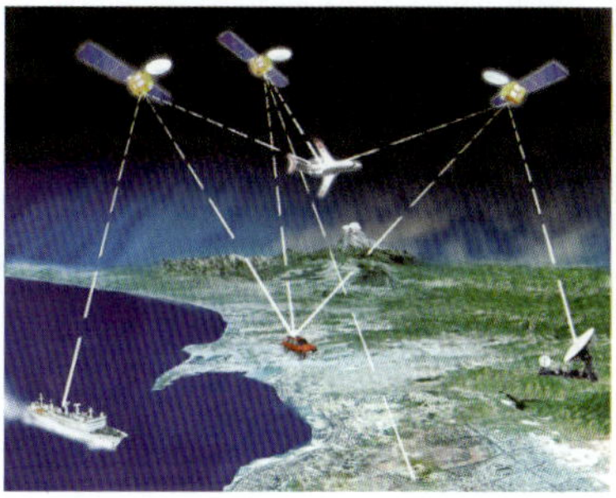

图7-1 海上、海下、陆地、空中无线立体通信系统

181. 为什么说短波通信与卫星通信不会相互取代？

海上无线电通信技术一般是指航行在海上的海军舰船（含水面舰艇、潜艇、舰载飞机和军辅船）和民用船舶，利用舰船上安装的各种类型无线电通信设备，沟通舰船与岸上、舰船与舰船、舰船与飞机的对外无线电通信联络的一种通信技术保障手段。（图7-2）

舰船航行在大洋大海中，为了及时取得来自岸上或其他舰船上的各种信息，或向岸上和其他舰船报告各种情况，只能使用无线电通信设备。海上无线电通信设备常用的有短波单边带通信、卫星通信和超短波通信等。

短波单边带通信设备在海上无线电通信设备中占有特别重要地位。它具有许多突出的特点，如节省功率，节约频带，收发信设备采用载波抠制和独立边带制，可以同时传输两路信息。短波通信的缺点是容量小，受电离层特性影响大，传播介质不稳定， 通信可靠性较低，通信灵活性较差，易被测向等。

卫星通信需要投入的费用较高，而且由于拦截卫星的新技术出现后，卫星通信在未来战争中易被摧毁且难以紧急修复的弱点逐渐暴露，加之短波通信技术也有了飞跃发展，所以海上移动通信中，特别是远、中程移动通信中，短波通信仍被作为船舶对外通信的主要手段。短波通信将与卫星通信发挥各自的特点，互为补充、长期并存发展。

21世纪的海上短波通信技术将朝着自动化、高速化、宽频化、数字化、智能化、小型化和多功能、多用途的方向发展。自适应技术、电子反对抗技术、多路无线通信抗干扰技术、抗窃听技术、计算机组网技术、突发技术等，将成为具有世界水平的主流技术。尤其在军事通信领域中，能自动、实时、可靠地形成一个地面、海上、空中多维体的大区域的综合通信系统，发展短波通信的作用将更加重要。

在现代高科技术带领下， 短波单边带通信和卫星通信技术将得到高度发展， 更好地适应世界航运事业的发展和满足海军现代化建设的要求。

图7-2 无线电通信技术

182. 什么是数字通信?

通信的目的是为了有效、可靠地传递和交换信息。信息可以有多种多样形式，如语言、文字、图像、数据等。传递和交换信息所需要的一切设备的总和称为通信系统（图7-3）。

通信系统包括：信源，信源是发出信息、产生消息的机构，例如语言、文字、图像以及各种控制系统中的传感器的输出。（1）发送设备，将信息源所产生的消息信号变换成便于传送的信号送往信道；（2）信道，信道是指传输信号的通道，信道即是信号的通路，但又是产生各种干扰和噪声的地方；（3）接收设备，可以从混有干扰和噪声的信号中正确恢复出原始信号，完成发送设备的反变换；（4）信宿（收信者），就是信息传输的归宿点。上述通信系统是单向的。在多数情况下，通信双方需要随时交换信息。双向通信，双方的信源都兼为信宿，双方都要有发送和接收设备。如双方共有一个信道，则采用频分或时间等进行分割，实现共享的有频分双工、时分双工。

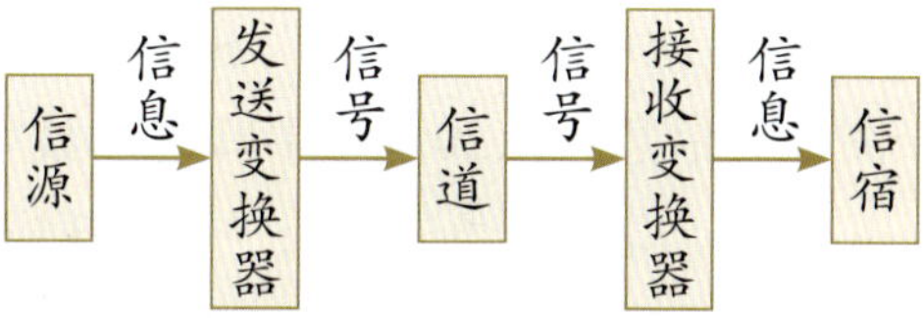

图7-3 通信系统组成框图

如果用数字信号当作载体来传递信息，或用数字信号对载波进行数字调制后再传输的通信方式，称为数字通信（图7-4）。数字通信中，信源编码的作用是把信源输出的模拟信号变换数字信号，也就是常说的模／数变换，然后对变换后的数字信号进行加密。为了减少信道传输中的差错，提高抗干扰能力，信道编码对传输的原始信号按一定的编码规则进行编码，再将待传输的基带信号转换成适于信道传输的波形，利用数字基带信号对载波波形的某些参量进行调制，使载波的这些参量随数字基带信号的变化而变化，放大后在信道中传输。

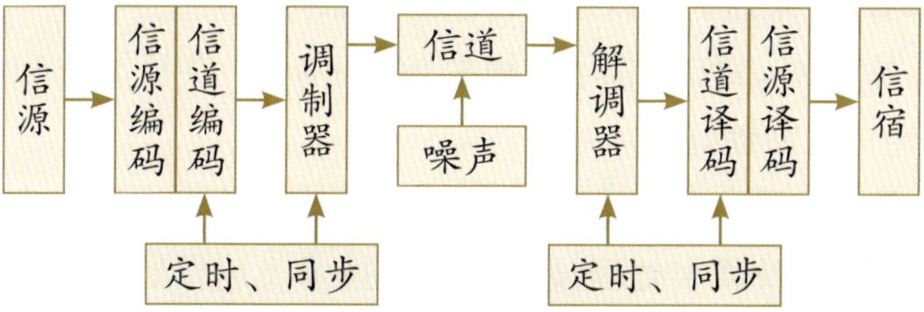

图7-4 数字通信系统框图

数字通信与模拟通信相比具有明显的优点。它抗干扰能力强，通信质量不受距离的影响，在民用通信和军事通信领域中，不仅提供了高效、可靠、保密的通信手段，而且提供了大容量、高速率、多媒介和灵活可靠的通信手段。

183. 数字通信为什么更抗干扰、更易加密？

从通信的发展历史来看，电话是一种模拟式的通信方式，用电流的变化来模拟声音的变化，表达原始的信息。目前一般的电视，也是一种模拟式的通信。模拟信号的形成比较简单、直观，但传输过程中容易受外界干扰，从而降低通信质量。

数字信号就不同了。数字信号传输、记录、处理时，都采用数字“0”和“1”信号，数字通信是利用“0”和“1”两种符号来传送数据、文字、声音、图像等信息。从20世纪中叶起，数字通信日益发展，由于计算机网络的出现，使得数字通信变为一种广泛应用的通信手段。

数字通信能成为当代通信的潮流，除了数字信号本身具有的特点外，数字通信比模拟通信还有很多的突出优点：

（1）抗干扰能力强。由于在数字通信中，传输的信号幅度是离散的，以二进制为例，信号的取值只有两个，这样接收端只需判别两种状态。信号在传输过程中受到噪声的干扰，必然会使波形失真，接收端对其进行抽样判决，以辨别是两种状态中的哪一个。只要噪声的大小不足以影响判决的正确性，就能正确接收（再生）。数字通信抗噪声性能好，还表现在微波中继通信时，它可以消除噪声积累。

（2）差错可控。数字信号在传输过程中出现的错误（差错），可通过纠错编码技术来控制，以提高传输的可靠性。

（3）易加密。数字信号与模拟信号相比，容易加密和解密。因此，数字通信保密性好。

（4）易于与现代技术相结合。由于计算机技术、数字存贮技术、数字交换技术以及数字处理技术等现代技术飞速发展，许多设备、终端接口均是数字信号，因此极易与数字通信系统相连接，实现以计算机为中心的通信网。

（5）采用时分复用，易实现多路通信。

（6）设备置于集成化、小型化。

数字通信系统的缺点主要有：

（1）频带利用率不高。

（2）系统设备比较复杂。

不过，随着新的宽带传输信道（如光导纤维）的采用、窄带调制技术和超大规模集成电路的发展，数字通信的这些缺点已经弱化。随着微电子技术和计算机技术的迅猛发展和广泛应用，数字通信在今后的通信方式中必将逐步取代模拟通信而占主导地位。

184. 在海上移动的船舶是怎样进行通信的？

船舶在海上需要与地面、海上其他船舶、空中飞行物等相互进行联络，那么它们之间是怎样进行通信的呢？

地面移动目标的通信一般采用微波中继站通信方式，微波中继站通信是一种“视距”通信，也就是说只有在“看得见”的范围里才能通信，远距离通信就需要很多地面中继站进行接力。那么船舶在海上要进行通信，中继站怎么设置呢？人造卫星作为微波中继站，可以进行远距离通信。一颗通信卫星和多个地面站，组成了“卫星通信系统”（图7-5）。

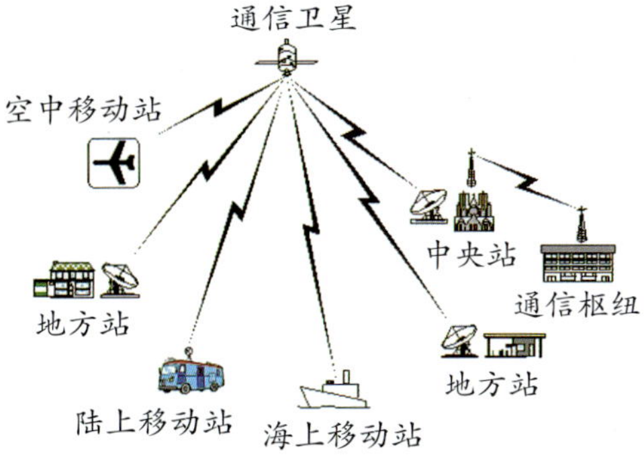

图7-5 卫星通信示意图

卫星通信是在地面微波中继站通信和空间技术的基础上发展起来的。它是利用人造卫星作为中继站转发无线电波，从而实现两个或多个地面站之间通信的网络，其中地面站是指设在地球表面（包括地面、水面、大气层）的通信站，也称地球站，一般工作在微波波段。在卫星通信中，地球静止轨道的同步卫星使用最广泛，目前卫星距离地面高度约为35 800千米，一颗卫星的覆盖面可达到地球面积的40%左右。因此，只需3颗卫星适当配置即可覆盖全球，建立全球性通信系统。(图7-6)

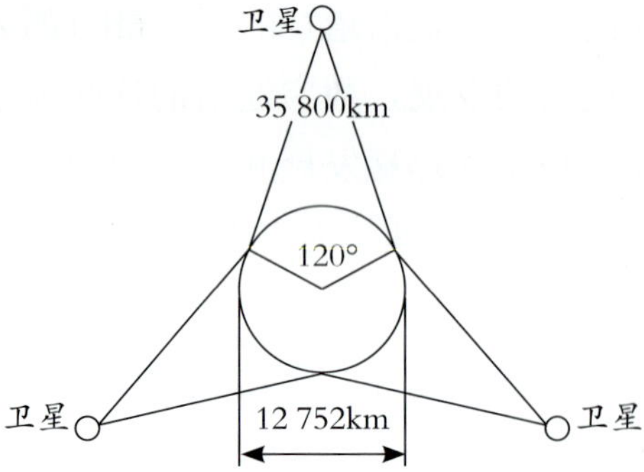

图7-6 全球卫星通信系统示意图

目前，卫星通信的发展趋势：

（1）卫星星体的大型化和微型化。为了提高卫星的灵敏度和星上处理能力，以实现一星多能，把卫星做得越来越大。但卫星大易受电磁干扰和反卫星武器的攻击，而微小卫星、小卫星可以克服这一弱点，用多个小卫星组成网来代替大卫星。

（2）卫星通信向卫星移动通信方向演进。卫星移动通信是利用卫星实现移动用户间或移动用户与固定用户间相互通信。随着技术发展，卫星功能逐渐增强，许多原来地面站执行的功能转移到卫星上去完成。随着频谱扩展、数字无线接入、智能网络技术的发展，卫星移动通信向卫星个人通信发展。（图7-7）

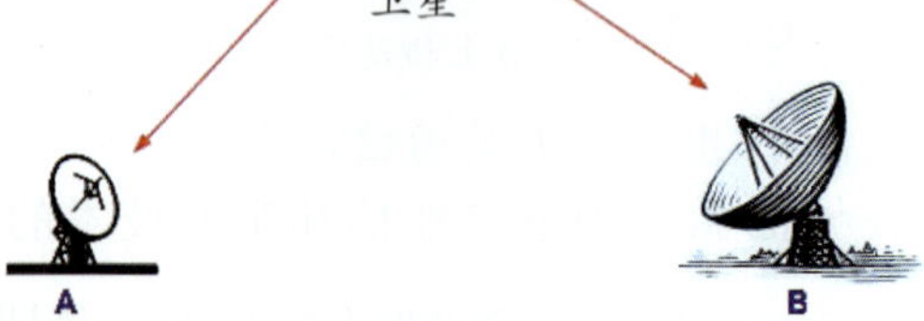

图7-7 全球化通信示意图

（3）卫星通信的宽带化。由目前使用的225/400 MHz和7/8 GHz频段向更高的20/40 GHz 频段发展，采用更高频段的载波。

（4）卫星光通信。卫星光通信是一种新的空间通信手段，利用人造卫星作为中继站转发激光信号，可以实现多个航天器之间以及航天器与地面站之间的通信，使得卫星通信的容量大为增加，而且卫星通信的设备体积和重量大大减小，同时也增加了卫星的保密性。

（5）卫星通信与互联网技术相结合。将卫星通信网络转化为互联网中数据上下交换的链路，可将电话拨号、局域网等其他通信链路作为上行数据链路，还可以将下载和传输作为下行数据链路，利用卫星的特点实现地面随时连接互联网络。

185. 在海中的潜艇和潜艇之间是怎样通信的？

迄今为止，声波仍是水中携带消息的最好载体，无线电波在水中几乎无用武之地。毫无疑问，潜艇与潜艇及水面舰艇的水下通信必须通过声波来进行。

水声通信与无线电通信类似之处在于通信的基本原理相同，都是先将文字、语音或图像等信息转换为电信号，并由传感器将它们变换为一定形式的“波”信号。“波”信号通过介质，将信息传至接收传感器，再转换为电信号，最终还原为文字、声音或图像。不同之处是无线电通信是将电信号通过天线，转化为电磁波，经空气介质传播（甚至无需介质）；而水声通信是将电信号通过电声换能器转换为声波，经水介质传播。

水声通信和无线电通信相比有许多先天不足之处。水声信道是随时间变化的多途径衰落信道。经这样的信道传输后到达接收点的信号，是由不同路径到达的各信号分量的叠加（见图7-8）。各分量的时间延迟和幅度不同，而且具有随机性，无法预测。结果是接收信号因不同路径声波的干涉产生了幅度的衰落现象，时间波形上表现为信号被展宽。对于编码信号就会造成码间干扰，最终产生误码。一般说，水声信道的多途干扰比无线电波的多途干扰更为严重，因此克服多途干扰是水声通信中重点需要解决的问题。

水声通信的传输速率低，作用距离有限。水声通信系统的工作频率和可能的通信距离如表7-1所示。由于声波在海水中的传播损失较大，且与频率有关，频率愈高，损失愈大，传播损失决定了水声通信的最大作用距离和最高工作频率。若要距离大，只能使用较低的频率，结果影响了通信系统的带宽，从而限制了系统的传输速率。水声通信快不了的另一先天性原因是声波在海水中的传播速度只有1 500m/s左右。如果甲乙两个潜艇相距30千米，说一句话要在海水中化20秒才能从甲方传到乙方：若甲方发一个5秒钟的命令，要25秒才被乙方完全接收到；如立即回复“明白”，也需要20秒回到甲方。亦即总共需要至少45秒，甲方才能得知乙方是否收到命令。两者进行语音对话时，一方说完一定要加一句“完毕”，然后静静等待，根本不可能像用手机那样可以互相争吵。

可以说绝大部分的水声通信方案都来自无线电通信，不过许多在无线电通信中成功应用的方法在水声通信中并不适用。

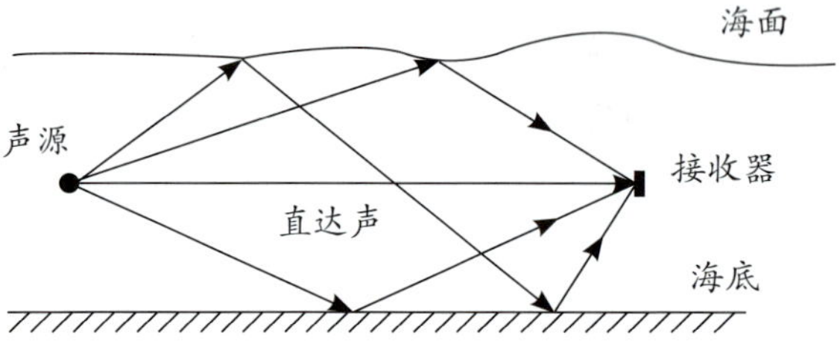

图7-8 典型浅海环境的多途径传播

表7-1 水声通信频率范围和可能的通信距离

频段名称	频率范围 /kHz	通信距离 /km
低频（LF）	1.5~15	1000
中频（MF）	15~150	10~100
高频（HF）	150~1500	<1

186. 什么是舰船旗语和灯光通信?

舰艇之间的通信方式，随着科技的不断发展，从最近距离的灯光旗语通信，到远距离的无线电通信，逐渐发展到现在的模拟通信、数字通信、数字链和卫星通信等先进的通信方式。

灯光通信（图7-9）器材包括：拍压式探照灯、手握式小信号灯以及桅杆信号灯。信号兵操控灯的百叶窗开合时间（桅杆信号灯用电建操作），以不同长短的灯光表示字母、数字或符号组字，表达通信内容。

旗语（图7-10）在古代是一种主要的通信方式，现在仍是各国海军通用的语言。不同的旗语表达不同的意思。手旗旗语是一种海上通信方式，适用于白天、距离较近目视良好的情况下。手旗是一种方形旗，面积较小，根部套有一根木棍。手旗通信需要使用两面旗帜，信号兵每手各持一面旗帜，站在舷边较高、较突出的部位。通过旗帜相对于身体的不同部位，表达不同的字母和符号（图7-11）。

舰船通信现在发展非常快，许多新的通信方式脱颖而出。但传统的灯光、旗语通信依旧发边挥着任何先进通信方式也替代不了的重要作用。这是因为旗语和灯光通信的最大特点，就是器材简单，易于操作，高度保密和生命力强。灯光旗语通信主要是在可视范围内进行，尤其是适合舰艇编队内部的指挥通信。它可以在任何时间和地点，在停电和丧失任何器材的情况下，完成通信任务。

海军还使用国际通用的字母数字旗（图7-12），通过悬挂单面旗或两面以上的字母旗组合表达众多的意义。

满旗(图7-13)的悬挂方式是由舰艏通过桅杆连接到船尾，通常是在庆祝重大节日、迎接国家元首和高级将领等隆重活动时使用。

图7-9 灯光通信

图7-10 旗语通信

图7-11 旗语

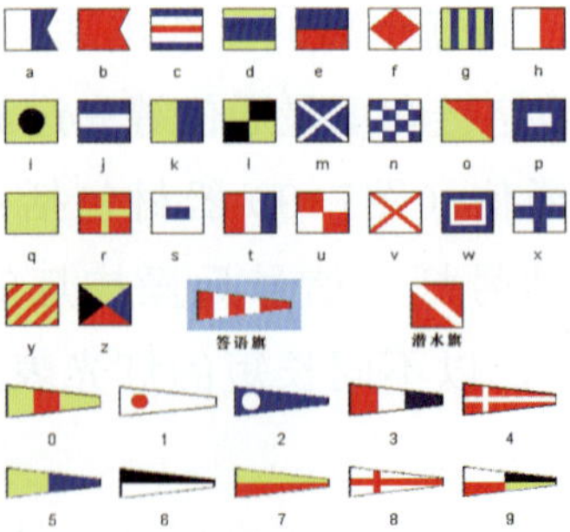

图7-12 字母汉字旗

（a）

（b）

图7-13 满旗

187. 舰载雷达都有哪些用途？

舰载雷达是装备在舰上的各种雷达的总称，用于探测、跟踪海面和空中目标，为武器系统提供目标坐标等数据，引导舰载机飞行和着舰，保障舰艇安全航行和战术机动等。

舰载雷达按战术用途可分为：

（1）警戒雷达。包括对空警戒雷达和对海警戒雷达，用于发现和监视海面、空中目标，与敌我识别系统相配合判定目标的敌我属性，给导弹制导雷达和炮瞄雷达提供目标指示等。

（2）导弹制导雷达。包括舰舰导弹制导雷达和舰空导弹制导雷达，用于跟踪海面和空中目标，为导弹武器系统的计算机或射击指挥仪提供目标的坐标和运动数据。

（3）炮瞄雷达。用于跟踪海面和空中目标，为舰炮射击指挥仪或火控计算机提供目标的坐标数据和炸点偏差数据。

（4）鱼雷攻击雷达。装在鱼雷艇和潜艇上，用于搜索、跟踪海面目标 ，为鱼雷攻击指挥仪提供目标的坐标和运动数据。

（5）航海（导航）雷达。用于观测岛岸目标，以确定舰位，并根据航路情况，利用计算机进行避碰解算和显示，引导舰船安全航行。

（6）舰载机引导雷达。一般装在航空母舰上，用于对舰载机进行指挥引导。

（7）着舰雷达。一般装在航空母舰上，用于在复杂气象条件下引导舰载机安全着舰。

各种舰艇上装备的雷达种类和数量，取决于舰艇的战斗使命、武器装备和吨位大小。通常小型战斗舰艇装1～2部 ，大、中型战斗舰艇装10多部，有的多达20余部。舰载雷达的发展方向是相控阵雷达，装备在舰上，天线采用相位控制的方法实现波束扫描。它的优点是作用距离远，对目标的探测速度快，测得的目标数据精确，高可靠性和高自适应能力，同时捕获的目标多。

图7-14为我国青岛舰舰载雷达。

图7-14 青岛舰舰载雷达

188. 为什么说电扫描三坐标雷达功能更强大 ？

搜索雷达是雷达的种类之一。它的任务是在尽可能大的空域范围内，尽可能早地发现目标。因此搜索雷达必须满足两个要求，即很远的探测距离和很大的覆盖空域范围。

搜索雷达分为对空搜索雷达和对海搜索雷达，主要任务是用于发现和监视空中、海面目标，与敌我识别系统相配合识别目标的敌我属性，给导弹制导雷达和炮瞄雷达提供目标指示。（图7-15）

图7-15 364低空／对海搜索雷达

最广泛使用的是两坐标搜索雷达。它在垂直面上是一个扇形波束，因此在俯仰角上不具备分辨力，在水平面上的波束很窄，在方位角的分辨力较高，达到零点几度到几度，目标的位置由距离和方位两个测量值表示。这种雷达通过机械扫描方式转动天线，使扇形波束在方位上扫过360°，从而获得距离和方位信息。

搜索雷达一般采用较低的频段，通常是L和S频段，有时是UHF频段，特殊情况下是VHF，甚至HF频段(※)。在这些频段上，大气衰减不大，杂波反射低。

20世纪50年代后期，开始出现了电扫描的三坐标雷达。它是一维电扫描雷达，即在水平方向（方位角）上机械扫描，垂直方向（高低角）上电扫描，从而可获得目标的距离、方向和高度信息。它比其他的二坐标雷达多提供了一维高低信息。

三坐标雷达根据电扫描方式不同，可分为频率扫描、相位扫描、频率-相位相结合扫描等，其中频扫在舰载三坐标雷达中最为常见。（图7-16）

三坐标雷达一般装备于大中型舰艇，它的作用距离仅次于对空警戒雷达，一般可达300～400千米左右。此类雷达采用平板阵天线。相控阵雷达是三坐标雷达的一个代表，它不仅能测量大批目标的三个坐标，同时还具有跟踪目标的功能。

图7-16 三坐标雷达

189. 什么是警戒雷达、预警雷达？

警戒雷达有对空警戒雷达、对海警戒雷达（图7-17），用于发现和监视空中和海面的目标，与敌我识别系统配合判定敌我属性，给导弹制导雷达和炮瞄雷达提供目标指示。

战略预警雷达属于一种远距离搜索雷达（图7-18），是防范导弹来袭的第一道关口。它可以监控120度、数千千米距离范围内的的敌情，尽可能早地发现来袭的导弹，并判断出发射点、弹着点、空间位置和速度信息等，进而指示防御系统进行反导拦截。

预警雷达一般都在12 MW以上超高发射功率，高达几十米、宽几百米的电动扫描天线阵列，工作频率在超高频（UHF）和甚高频（VHF）波段，用以降低大气的损耗，作用距离可达几千千米。再配上相应的高性能计算机数据处理系统，能在搜索目标的同时跟踪100～200个目标，主要用来发现远、中、近程弹道导弹，测定其瞬间位置、速度、发射点和弹着点等关键参数，提供导弹预警情报，并进一步指示防御系统根据预警雷达提供的数据进行导弹拦截。

目前，全世界能够自行研制相控阵战略预警雷达的国家只有美国、俄罗斯和中国。我国在上世纪70年代研制成功了“7010”大型相控阵预警雷达。这些雷达都采用了电子扫描天线阵面，平均发射功率都达到了数百千瓦，可连续跟踪多批目标，探测距离均超过3 000千米，最远可达到6 000千米以上。

图7-17 舰载搜索雷达

图7-18 舰载远程警戒雷达

190. 炮瞄雷达、跟踪雷达是干什么用的?

图7-19 90年代后期广泛使用的性能先进的多用途火控雷达

炮瞄雷达是指用于自动跟踪目标、测定目标坐标，并通过指挥仪控制火炮瞄准射击的雷达，又称火炮控制雷达（火控雷达）。（图7-19）

炮瞄雷达一般都具有搜索和跟踪目标的能力，通常根据目标指示雷达(搜索雷达、警戒雷达)提供的情报搜索目标，必要时也可自行搜索目标。它具有方向性很强的天线，定向发射针状波束和接收目标回波信号，发现目标后转入自动跟踪目标。当目标偏离天线轴的方向时，即产生方位角和高低角的误差信号，误差信号作用于天线控制装置，使天线轴又迅速对准目标。

炮瞄雷达一般工作在厘米或更高的波段，包含雷达扫描系统和火力控制系统，通过计算机辅助系统实现对武器系统的综合有效利用。炮瞄雷达一般在综合武器平台如飞机、舰艇上使用。舰艇炮瞄雷达主要用于跟踪空中或海面目标，保证舰炮瞄准射击。

炮瞄雷达的特点是：精度高，测角精度为1～2毫弧度，测距精度为几～十几米；作用距离近，通常15～50千米；具有自动跟踪能力，截获目标后能不断准确给出目标坐标数据，并转换成武器的射击诸元后，通过伺服系统实现火力武器的自动瞄准射击；现代的炮瞄雷达具有多种抗干扰手段以及良好的低空探测和跟踪能力，自动化程度高，系统反应时间短，生存能力强，可靠性高；炮瞄雷达与指挥仪、光学装置以及电视、激光、红外线等光电设备配合使用，可提高多目标探测能力和电子对抗能力。

跟踪雷达起源于对火炮瞄准的需要。最早用于火炮瞄准的雷达是1938年美国研制的手控跟踪雷达SCR-268。跟踪雷达能够连续跟踪一个特定的目标并不断地对目标进行精确测量，输出目标的坐标位置，提供目标的运动轨迹，完成对目标距离、方位、仰角的自动跟踪。雷达跟踪时，雷达天线始终追随目标运动而连续地改变其指向，使天线电轴始终指向目标。要实现这一追随过程，需要在雷达与目标之间建立闭环反馈过程。

191. 相控阵雷达为什么可以同时搜索、跟踪几百个目标？

常规雷达都是靠天线机械旋转搜索四周的目标，是机械扫描式雷达。由于天线旋转的速度与探测目标距离有关，目标距离越远，雷达天线的转速要越慢，才能搜索到目标，所以第一代雷达存在着搜索速度慢，控制不灵活等问题。

相控阵雷达是一种新技术体制的雷达，是现代高新技术发展的产物。它在外观上明显的特征是与众不同的天线。相控阵雷达的天线固定不动，为了覆盖360度的范围，通常由4个相同天线阵面组成，通过计算机控制移相器的相位，改变天线阵面的相位分布，来实现雷达天线波束在空间的扫描。

相控阵雷达解决了传统机械扫描雷达的很多问题，其反应速度、目标更新速率、多目标跟踪能力、分辨率、多功能性、电子对抗能力等，都远优于传统雷达。目前，最具代表性的是美国的AN/SPY－1A相控阵雷达，它是一种多功能相控阵雷达，能搜索、自动探测、跟踪选定空域内的空中和海面目标，是舰上“宙斯盾”作战系统的主要对空、对海雷达。该雷达于1983年在“提康备罗加”号巡洋舰上服役后，已相继装备了几十部。中国海军的相控阵雷达，如图7-20所示，我国比较有名的是052D型驱逐舰的346A型有源相控阵雷达。我国的JY-26相控阵雷达可防F-22，是美军F-22的克星，如图7-21所示。

相控阵雷达的主要优点是：(1) 波束指向灵活，能实现无惯性快速扫描，数据率高，提高了跟踪空中高速机动目标的能力；(2) 一部雷达可同时形成多个独立波束，分别实现搜索、识别、跟踪和制导等多项功能，能对付多个目标；(3) 目标容量大，可在空域内同时监视、跟踪数百个目标；(4) 对复杂目标环境的适应能力强；(5) 抗干扰性能好，全固态相控阵雷达的可靠性高，即是使少量的组件失效仍能正常工作。

相控阵雷达也有不足的地方：(1) 设备复杂，造价昂贵；(2) 波束电扫描范围有限，最大扫描角为90°～120°，当需要进行全方位监视时，需配置3～4个天线阵面。

但是，相控阵雷达与机械扫描雷达相比，优点更为突出，多功能相控阵雷达已被广泛应用于地面远程预警系统、机载和舰载防空系统、炮位测量、靶场测量等。

图7-20 中国海军的相控阵雷达

图7-21 中国JY-26 相控阵雷达

192. 为什么在海水中发现目标和通信都要靠声呐？

声呐是英文Sonar(Sound operation navigation and ranging)的音译，原意是声导航与测距，现在人们将所有利用水下声波工作的电子设备都归入声呐范畴。声呐这一名字与雷达（Radar）很相似，也可说是仿照雷达命名的。声呐和雷达的功能十分相似，差别在于雷达利用电磁波工作，而声呐利用声波工作；雷达主要观察与探测空中目标，声呐则主要观察和探测水下目标。

为什么在海水中发现目标一定要用声呐呢？这是因为无线电信号是通过电磁波传播的，而且无需介质，在空气中和真空中都可以传得很远，比如地面和卫星的通信就是用电磁波。从卫星上传回的各种图像也是通过电磁波传输的。雷达发射电磁波，利用从飞机等目标上反射的回波就可以发现目标。可是在海洋中电磁波基本上不能发挥作用，因为电磁波进入海水中会被海水吸收掉。海水对无线电波的吸收比空气对无线电波的吸收强百万倍。换句话说，一定能量的电磁波如果不考虑其他因素，在空气中可传播1 000千米，在水中只能传播1米。只有波长极长的电磁波（称为长波）才可以穿透到水下几米至几十米深度。光波也是电磁波的一种，在水中利用可见光只能观察到数米内的物体；如果水不太清澈，观察距离更近，所以基本上可以说电磁波在水下无用武之地。

人们发现超声波在海水中可以传播得比较远，而且频率越低（比如低到几十至几百赫兹）传播距离越远。尽管海水中声波也只能传播几千米至几十千米，特殊条件下可达到几百千米，不能和无线电波相比，但它仍是迄今为止海水中传送信息和探测目标的最优手段。所以目前海水中发现目标主要还是依靠声呐。

声呐的用途很广泛，军用声呐的主要工作是探测水下目标以及进行水下通信。对水面舰艇而言，需要面对的水下威胁包括敌方的潜艇、鱼雷和水雷。对潜艇来说，除了上述水下威胁外，水面舰艇也是威胁。所有水下威胁目标中，潜艇的威胁最大，一战和二战中被潜艇击沉的水面舰船不计其数，甚至包括多艘航空母舰。水面舰艇要探测水下是否有潜艇，以及潜艇要探测有无水面舰艇，都只能依靠声呐。

水下通信包括潜艇与潜艇、水面舰艇与潜艇、飞机与潜艇之间的通信，也只能依靠声呐，因此人们常把声呐称为“水中耳目”。

193. 各种用途的声呐为什么多达百种?

到目前为止，国内外已经使用或正在研制的声呐不下百种。声呐的分类方法有很多种。不同的声呐按一种分类方法应属于同一类，而按另一种分类方法有可能属不同的类别。了解不同的分类方法，能使我们从不同角度来认识和评价声呐。最笼统的分类是将它们分为军用声呐和民用声呐两类，这是很容易理解的。

如果按工作原理或工作方式分类，可分为主动声呐和被动声呐。

若按工作性质或战斗任务分类，可分为通信声呐（用于潜艇与潜艇，水面舰艇与潜艇间的通信）、探测声呐（主要用于探测水下各种大小目标）、水下制导声呐（用于引导水中兵器如鱼雷等去攻击目标）、水声对抗系统（用于为保护自身而干扰敌方声呐的正常工作）、侦察声呐（用于侦察对方声呐参数）等。

按声呐换能器基阵扫描方式分类，可分为步距式单波束声呐（每发一个信号声呐换能器停留在一个方向，只能在一个方向探测目标）、环形扫描声呐、相控扫描声呐、多波束声呐等。

按装置体系分类，可分为舰用声呐、潜艇用声呐、海岸用声呐、航空吊放声呐、声呐浮标、座底（座沉于海底）声呐等。

此外人们还可按技术特性来分类，如按发出的信号波形或按信号处理方式进行分类等。

194. 为什么军舰上既要装备主动声呐又要装备被动声呐?

能够主动发出声波的声呐称为主动声呐；自己不主动发出声波，只是收听声波的声呐称为被动声呐。

利用目标回波来探测水下目标的声呐就是军用舰艇上最常用的主

动声呐，这种声呐向水下发射声信号（常常是短脉冲信号），经过传播遇到目标反射产生回波，再传回到声呐。该声呐的接收机接收回波信号，经放大、滤波等一系列处理之后，最后便可判断是否有目标存在，并可判别目标的方位和距离。水面舰艇用它可探测水下的潜艇，潜艇也可用它探测水面舰艇。

通信声呐也是主动声呐的一种，不过它不是用来探测目标，而是用来在水下传输信息的。水下小目标图像声呐、用于测量水深的测深仪、导航用的多普勒计程仪等都是主动声呐。

顾名思义，被动声呐就是只收不发的声呐，就像人的耳朵一样只能听声音。军用舰艇上最常用的被动声呐是利用收听舰艇航行产生的噪声来判断有无目标存在的声呐，习惯上称这种声呐为“噪音声呐”。可以想见，因为它靠接收航行噪声来探测目标，而噪声不是一般信号，是杂乱无章的，并且远距离听到的噪声又很小，所以被动声呐比主动声呐探测目标要困难得多。被动声呐的信号处理手段要比主动声呐复杂，否则根本无法探测到目标，更别谈测出目标的方位和距离。

用于侦察敌方主动声呐信号的声呐也是被动声呐的一种，直升机上的被动式吊放声呐、被动接收的水声无线电声呐浮标、在近海岸布放于海底的警戒性声呐等都属于被动声呐。

195. 为什么水面舰艇多使用主动声呐，而潜艇多使用被动声呐？

水面舰艇声呐的主要用途是搜索潜艇，并引导水中兵器进行攻击。水面舰艇主要用主动声呐来搜索和测定水下目标。水面舰艇通常装有5～7部声呐，来综合完成对潜艇的搜索、跟踪、定位、射击指挥及水下通信、探测水雷、导航、水下目标识别、水声对抗等任务。

因水面舰艇航速高，航行噪声大，所以声呐的工作环境比较恶劣。声呐在反潜作战中的地位极为重要，在设计水面舰艇时不得不适应声呐设备的要求，有时甚至要改变船体的结构。

现代声呐发射功率大，频率低，使得声呐换能器尺寸和质量相应增大（直径近5米，质量超过20吨），以致再也无法升降和旋转换能器基阵，故探测声呐常装在舰船的球鼻艏内，以远离舰艇艉部螺旋桨，也不再使用机械转动的方法改变探测方向，而是使用电子波束控制技术来实现。

水面舰艇上还有一种拖曳式声呐，其换能器通过拖缆拖于水中（图7-22所示）。它的优点是：换能器入水较深，可采用更大的发射功率；入水深度可通过拖缆调节，能利用有利的水声传播途径；换能器远离舰体，舰艇自噪声干扰小，此种声呐比一般舰壳声呐作用距离远。缺点是机械装置较复杂，另外艉部拖一拖体，影响舰艇的航行速度和机动灵活性。

潜艇在水下航行时观察和通信主要依靠声呐，故声呐在潜艇上的地位更为重要。潜艇的最大特点是可在水下隐蔽活动，只要不发声，就能保持它“神出鬼没”的特性，因此平时主要使用被动声呐，对周围进行搜索。

潜艇可以完全依靠被动声呐来完成目标定位、测距、识别，并引导水中兵器对目标进行攻击。潜艇上的主动探测声呐一般不工作，只在对敌舰实施攻击前短暂使用，目的是精确定位。在巡航或远距离航行中，为了导航的需要，也使用如避碰声呐、多普勒计程仪等主动式声呐。

水声通信声呐，水声对抗系统以及敌我识别声呐，也是潜艇上必需的声呐。现代潜艇已将各种声呐组成综合系统，由指挥控制中心统一调度。潜艇的空间毕竟有限，声呐设备占据大量空间，但所有国家在设计潜艇时几乎都不惜空间，以满足各声呐的安装要求。

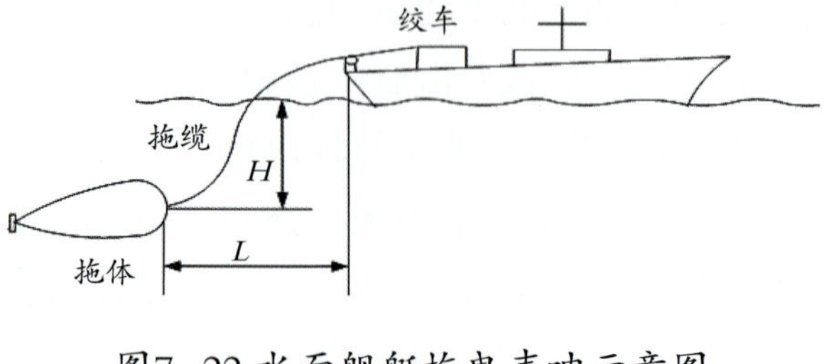

图7-22 水面舰艇拖曳声呐示意图

196. 什么是拖曳线列阵声呐?

拖曳线列阵声呐是将接收线列阵拖曳于船尾部的声呐（图7-23），它分为被动式和主动/被动联合式两类。被动式拖曳线列阵声呐只接收目标辐射噪声，自己不发信号，因而具有良好的隐蔽性。主/被动联合式拖曳线列阵声呐既可接收目标舰船的辐射噪声，又可接收主动声呐发射信号经目标反射的回波。拖曳线列阵声呐可由水面舰艇或潜艇拖曳。图7-24为水面舰艇拖曳线列阵声呐配置示意图。

拖曳线列阵声呐主要由三大部分组成：

（1）线列阵：它是由多个（几十或几百个）水听器按一定的间距布放。拖缆长达千米，线列阵阵长为几十米或几百米。在线列阵上配有各种传感器，用于测量和监视拖曳阵在水下的深度、姿态、航向及温度等参数。隔振段用于隔离拖船、拖缆振动和尾部振动对声学段的影响。

（2）拖曳收放系统：这是一个复杂的包括拖缆和电动绞车的机械装置，用于布放、回收线列阵和舰船航行中的拖曳。

（3）信号处理、显示控制系统：这是拖曳线列阵声呐的核心。它用来处理多个水听器接收的信号和各种其他信息，实现对目标的检测及目标有关参数的估计、显示结果，并与其他系统交换信息。如果是主/被动式拖曳线列阵声呐，则还包括发射换能器基阵、发射机。

拖曳线列阵声呐与舰壳安装声呐相比具有很多明显的优点。首先，它的尺寸不受舰船尺寸的限制，线列阵可以做得很长。其次，因拖曳线列阵使用时远离本船，使本船噪声对声呐性能的影响大幅减小。再者，拖曳线列阵的拖放深度可以调整，从而可利用好海洋传播条件，探测距离远到几十海里甚至几百海里。

由于一些关键技术已逐步得到解决，因此拖曳线列阵声呐得到了广泛应用。然而由于拖曳机构比较复杂，故而潜艇上比水面舰艇上用得少。

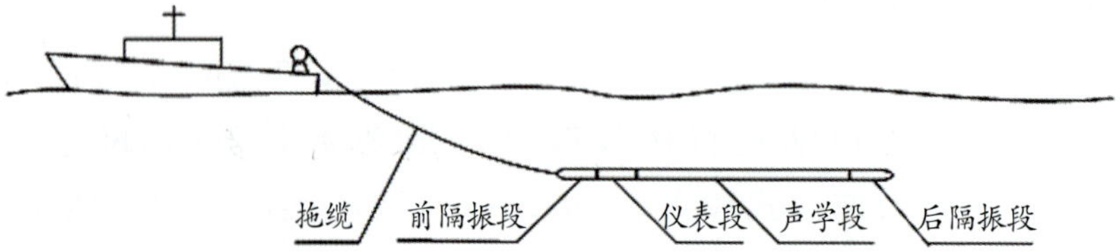

图7-23 水面舰艇拖曳线列阵声呐示意图

197. 什么是舷侧阵声呐?

舷侧阵声呐是将若干个水听器沿艇身纵长方向排列（如图7-24所示），在两舷侧壳上形成两列长线阵。由于水听器安装在潜艇左右舷外壳体上，故得名为舷侧阵声呐。

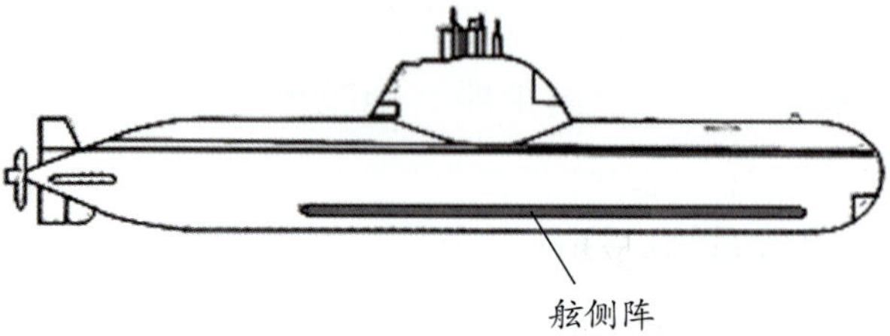

图7-24 舷侧阵声呐基阵布置示意图

舷侧阵声呐是一种低频被动声呐，工作频率可以低至10 Hz，故作用距离远，达几十海里。舷侧阵声呐自20世纪50年代就开始研究，但并未获得应用，主要是因为潜艇自噪声太大，效果并不理想，直到80年代，潜艇自噪声降得很低，才又受到各国海军的重视。

舷侧阵声呐最突出的优点是水听器的安装与潜艇艇壳体共形，不占用艇的空间，因此可保证潜艇有良好的航行性能，并有利于提高潜艇的隐蔽性。由于舷侧阵声呐的水听器安装在两舷，可以分别利用两舷的基阵各自测量两舷的目标，故不存在拖曳线列阵声呐的目标左右舷模糊问题。

舷侧阵声呐原则上是沿艇外壳的平直部分布置，但实际上不可能保持成一直线。在进行多波束形成时，需对各水听器位置误差和相位、幅度误差进行必要的校准，特别是利用其监测测距时，对安装精度的要求更高。

为了尽可能得到大的基阵尺寸（或称孔径），舷侧阵声呐的接收基阵不可避免地要向艇艉部延伸布置。阵的末端将会接近潜艇艉部螺旋桨和主动力装置，从而使基阵受到较大的干扰。与拖曳线列阵声呐相比，舷侧阵声呐受本艇干扰的影响要大得多。在布设舷侧声基阵时必须特别重视反声障板的设计，并采取隔震措施。同时在信号处理上，采取有效的干扰抵消技术，才能使舷侧阵声呐在较高的航速下探测更远的距离。

198. 声呐是如何测定目标距离的?

测定目标的距离是声呐的主要任务之一。在主动声呐中，要利用目标回波或应答信号测定目标距离；而在被动声呐中，只能利用目标发出的噪声。

主动声呐多数发射脉冲信号，所以脉冲测距法是基本的方法。原理是测量发射信号经目标反射后的往返传播时间t和传播声速为c，c和t乘积的二分之一就是目标距离R。影响脉冲测距法测量精度的主要因素是时间t和声速c的测量精度。时间t的测量精度取决于回波到达时间的测量精度，这与发射什么信号和用什么技术测量信号到达时间有关。计算距离所用声速以现场测量的声速最好。

被动声呐测量目标距离则不那么简单，如果用目标发出的声呐信号测量，因不知道发射信号的时刻，无法用主动声呐那套方法计算距离；若接收的是目标发出的噪声，测量目标距离就更加困难。

被动测距方法分为方位法和时差法，其共同点是利用间距相当长的两个或多个传感器基元（或传感器阵）。方位法测距原理如图7-25所示。A、B为两个传感器阵，它们的中心相距为D，它们测量的目标方位角分别为α、β。根据三角函数的正弦定理可求得两个传感器基元与目标S的距离r_1、r_2。然后由三角形的三个边长可求出中线r，这就是所要的目标距离。这个方法误差较大，已被时差法代替。

如图7-26所示，是三基元时差法测距原理，要测的是目标M到三基元中心的距离。各基元接收的都是目标发射的连续噪声，只能用复杂的信号处理算法测定1、2号基元以及2、3号基元信号到达的时间差。再将这两个时间差相减得到一个时差值，然后将此值与测得的方位角 α 一起运算便可求得目标距离。关键是两基元间信号的时间差测量要准确，否则无法计算出目标距离，或算出的距离误差较大。由于声源是舰艇的远场噪声，是一个随机过程，因而要达到很高的测时精度是十分艰巨的任务。

测时误差对距离测量精度影响最大，除此之外，声速误差、基元安装位置误差及方位角测量误差等均对距离测量精度有影响。

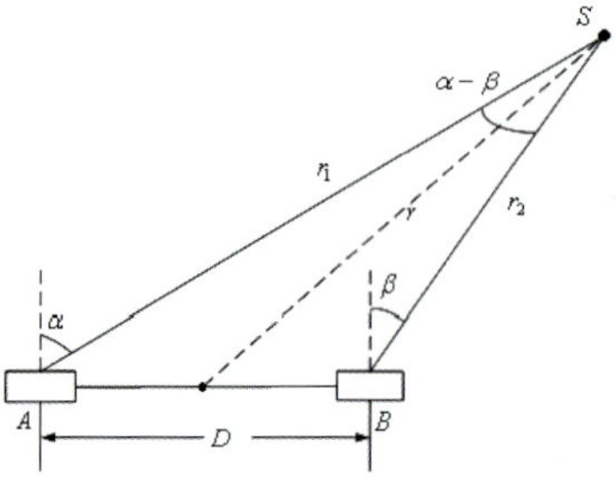

图7−25 方位法被动测距原理

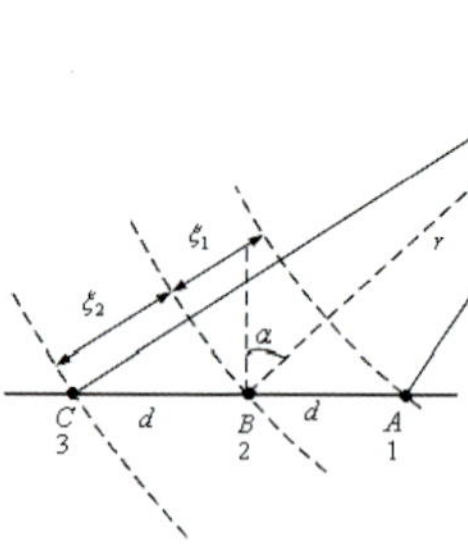

图7−26 三基元时差法被动测距原理

199. 声呐是如何测定目标方位的?

测定目标的方位是声呐的主要任务之一。测向方法与声学系统（即声呐换能器或基阵）有关。采用单个换能器、两个换能器或多个换能器组成的基阵，则有不同的测向方法。

最大值测向方法是声呐系统常用的且行之有效的方法。由于换能器或基阵的输出电压随目标方位角的变化而变化，因而可以利用接收信号的幅度达到最大时换能器的指向来测量目标方位，也就是直接利用声系统的方向性本身来对目标定向。最大值方法的优点是简单易操作，利用人耳或视觉指示器均可判断输出是否达到最大值，此种方法的缺点是定向精度不高。

相位法测向是使用更广泛的测向方法。它的基本原理就和人利用两个耳朵判断声音的方向一样。这种方法需要两个换能器基元，或将换能器基阵分成两个相同的部分，两部分的“等效声学中心”看作两个基元。当目标在正前方时两个基元接收的信号同时到达，没有相位差；偏离正前方则到达时间有先有后，就有了相位差，通过测量这个相位差便可判断出目标方位。许多测向方法（如相关法）都是根据这一原理发展的。

随着信号处理技术的发展，许多声呐都预先形成了多个波束，每个波束对应一个方向。当波束在一个空间扇面内排得很密时，便可利用多波束直接测定目标方位。当几个波束都有信号输出时，输出信号最大的波束的指向就是目标方位；如果相邻两个波束输出信号幅度相同，则可判断目标方位在两个波束指向角的中间。利用多波束和数学上的内插算法还可以进一步提高测向精度，使其达到两个波束夹角的几分之一。

200. 干扰舰艇声呐工作的“混响”是怎么回事？

安装在舰艇上的声呐系统有许多噪声和干扰，而主动声呐和被动声呐的噪声和干扰还有所不同。

主动声呐除了有接收机本身的电气干扰外，更主要的是一些不可避免的外部干扰：自噪声、海洋环境噪声和混响干扰。

自噪声由舰艇的螺旋桨噪声、水动力噪声和机械振动噪声等构成。舰艇靠螺旋桨转动产生推力而航行，螺旋桨转动越快航速越高，噪声也越大；舰艇航行时船体与水产生摩擦就会产生水动力噪声，此种噪声也是随航速增大而增大；机械振动噪声是舰艇上的机械装置工作时产生的各种各样的噪声，它们通过壳体和海水传到声呐的水下传感器上。

海洋环境噪声包括风浪噪声、海流噪声以及海洋生物的噪声等。其中风浪产生的噪声和海况有关：海上风平浪静时这种噪声就很小；海上刮起风暴时，风大浪急，噪声随之增大，就会干扰声呐信号的接收。

主动声呐还有一种特有的干扰叫作混响。很多人都有过这样的体验：在一个山谷中喊叫一声，自己会听到山谷的回声，有时甚至会持续很长时间。主动声呐在水中发射声信号时，因为有海底、海面的反射以及海水中的浮游生物产生的反射（称为散射），在声呐接收端也会形成回声，这就是混响。而且发射的声波能量越大，混响越强。因为混响的许多特征和发射的信号一样，所以是一种严重干扰主动声呐回波接收的干扰。

被动声呐因为不发信号，没有混响干扰，其他各项噪声干扰和主动声呐一样，与主动声呐最大的不同是其接收的是目标辐射噪声，经传播后强度很弱，而自噪声远超过它。因为是在强干扰背景下接收弱信号，更需要特殊信号处理才能探测到目标。

201. 为什么探测和清除水雷需要各种声呐接力完成?

水雷是水中兵器的一种，由舰船、潜艇或飞机携带，布放于港口、航道或近海岸。在作战中，进攻方用水雷封锁对方港口、出海口和航道，阻止对方作战舰艇出海作战。防御方则从防御目的出发，用水雷来进行海上防御，抑制对方进攻、阻止登陆。

水雷一旦布放，便很难发现，因此无论是战争期间还是战后的战场清理，探测水雷并将其清除，都是各国海军十分重视而又艰巨的任务。

水雷有锚雷、漂雷和沉底雷等几种。沉底雷沉于海底，最难探测。销毁水雷（称为灭雷）是一个十分复杂的过程，需由专门的猎雷艇来进行，这个过程包括搜索、识别、定位和摧毁等步骤。

进行猎雷作业时，猎雷艇在可疑雷区水域以一定速度航行，启动前视猎雷声呐，先以较低的频率工作（称为探测方式），作用距离一般在500米以内。当发现可疑目标后转用高频率工作（称为识别方式），作用距离一般小于200米。认为目标可能是水雷后，由猎雷艇放下一个称为灭雷具的无人潜器，并引导其接近可疑目标。潜器上装有近程高分辨图像声呐和水下电视，灭雷具先用近程高分辨图像声呐（作用距离10～15米）进一步观察，当接近目标到更短距离时，启动水下电视。一旦确定可疑目标确为水雷，便采取措施进行处理，比如用机械手剪断锚雷的锚链使其上浮，或将炸药包置于沉底水雷旁，以某种方式引爆。因此，灭雷是一个各种声呐接力的过程，而猎雷声呐是完成这一任务的关键设备。

水雷的特点首先是尺寸小：一个球形水雷直径不超过1米，柱形水雷长约2米，直径小于0.8米，因而目标回波信号很弱。其次，沉底水雷静止不动，不像探测舰艇的主动声呐，可以利用目标的多普勒效应。再有，更重要的是猎雷声呐要在海底反射杂波背景下检测小目标，难度较大。此外，猎雷声呐的战术要求也较高：它应有较高的距离和方位分辨力，并且能实时处理并识别目标形状。这些特点和要求决定了猎雷声呐与一般探测声呐不同，它是一部海底小目标的实时成像声呐，并具有专门的信号处理和识别软件。

202. 天上的飞机是怎样探测水下的潜艇的？

一般高速飞行的战斗机是不能用来探测潜艇的，只有一种称为反潜直升机的军用飞机，才是探测水下潜艇的高手。

反潜直升机探测潜艇的方式有：飞机上的雷达，可用来发现水面潜艇或者潜艇的通气管、潜望镜；磁性探测器，它可以感知海水某一区域因有潜艇存在而发生的磁场变化；红外探测器，用来发现潜艇的废热和潜艇的机械装置；声呐，是最重要的手段。反潜直升机上的声呐主要有两种：一种是吊放声呐（图7-27），另一种是声呐浮标（图7-28）。

反潜直升机搜索潜艇时，会先以磁性探测仪找出可能有隐藏潜艇的小面积区域。接下来投放以被动接收为主的声呐浮标到水面，投放的数量和位置根据搜集到的情报和可疑目标可能存在的地区而异。这些声呐浮标落水后会将听音器（或水听器）放到预先设定好的深度，同时自动将它上面的无线电天线弹出，然后接收水下的声信号，通过海面上的天线传送回反潜机上。

反潜机在投放每一个声呐浮标之前会为他们编号，投放时记录投放点的位置坐标，这些资料都存储在飞机的控制系统内。当某一个浮标传回信号时，反潜人员就能知晓是哪一个浮标传送回来的资料。如果浮标是那种可以进行被动定位的系统，那么也可以知道声信号的大致方位。根据声呐浮标搜集到的情报，反潜机可以投放更多的浮标，进一步缩小搜索范围，确认可疑目标的位置、运动速度和航向。一旦确认了目标后，反潜机便空投鱼雷或深水炸弹对水下潜艇进行攻击。

由于反潜直升机可以悬停在空中，它还可利用吊放声呐设备来探测潜艇。当直升机到达要搜索的区域时，在接近海面的高度，用可以承受重量的特殊电缆将吊放声呐吊放到水下，监视可疑的信号。由于吊放声呐的灵敏度比声呐浮标要高，侦测的效果就比较好。加上信号又是直接通过电缆传到飞机上，所以侦测效率也较高。

当然，利用吊放声呐只能由直升机逐点进行吊放和回收，无法在同一时间于多地点搜索信号与定位，这又是使用吊放声呐的一个不足。

图7-27 反潜直升机正在将吊放声呐吊放到水下

图7-28 反潜直升机正在投放声呐浮标

203. 为什么在冬季比夏季更容易发现潜艇？

我们知道光线通过两种不同光速介质的界面时，传播方向会发生改变，这就是光线的折射现象。声波与光波一样，通过不同传播声速介质的界面时也会发生折射。若介质为多层，各层声速不同，那么声波从一个声速的介质经过各分层介质分界面时，都要发生折射。结果，声波传播途径（称为声线）就不是直线，而是折线了。

图7-29所示为分为4层的水介质，各层的传播声速分别为c_1、c_2、c_3、c_4。图7-29(a)是声波沿垂直面向下传播时的声线；图7-29(b)是各水层沿深度的声速分布，该图常称为声速剖面图，图中θ_1、θ_2、θ_3、θ_4是各声

线到达分界面的掠射角。根据折射定律可知，声线从声速大的介质通过分界面到达声速小的介质时，掠射角变大，反之掠射角变小。声线在分层的水介质中传播，就是一段段的折线。如果海水分层很细密，各层声速都有一点差别，那么在垂直面内传播的声线就变成了一条连续曲线了。

海水中的声速主要和温度、含盐度及压力三个因素有关。盐度对声速影响较小，影响较大的主要是海水温度和压力：温度越高，声速越大；压力越大，声速越大。海水中深度每增加10米，就增加一个大气压。在深海，水越深压力越大，而温度却没什么变化了，所以声速随深度增大而增大，到达海底时达到最大。

几米至几十米浅层海水的状况，随时间、地点、季节、海况而不同。冬季海表面温度低，声速低，向深海处温度逐渐开高；而夏季，白天日晒时间长，表面水温较高，下面水温较低，表面声速比下面声速高。这两种情况分别称为温度（或声速）负梯度和正梯度。如果海上刮起台风，海浪就会把海表面的水搅起来，浅层表面温度不变（称为等温层）。因此夏季若是晴好天气，水面舰艇几百米前方下潜十几米的潜艇，即使人眼都可看到潜望镜了，声呐还是观测不到，原因就是声呐发出的声线弯向海底，大部分能量被海底吸收了。这就是所谓的声呐夏季效应。在冬季，水面舰艇探测水下潜艇就容易一些。

因声速分布不同，声线传播路径不同，会形成很多奇妙的现象，如深海声道。利用深海声速分布特点，将声源放在适当深度，声呐可以探测到远距离的目标。若进行水声通信，甚至可以达到几百千米。

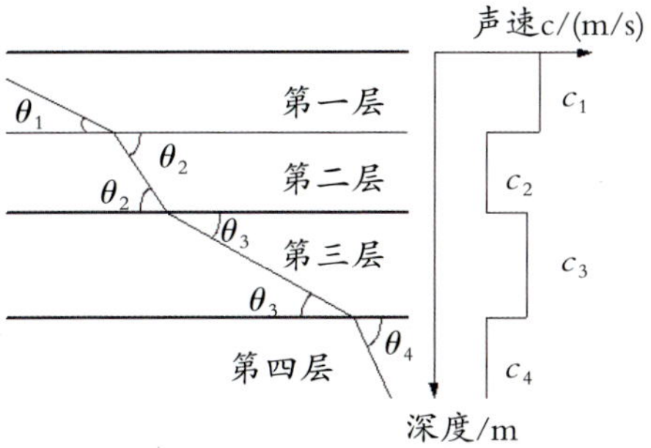

图7-29 分层水介质中声波折射后的传播途径

(a)声波沿垂直面向下传播时的声线；(b)声速沿深度的分布

204. 潜艇已被敌方声呐“盯上”怎样规避脱身?

因为潜艇的被动声呐和侦察声呐能探测到敌方主动声呐发出的信号，潜艇会发现被敌方的主动声呐“盯上”了。当潜艇被敌方水面舰艇的主动声呐或航空吊放声呐发现后，潜艇的首要任务是逃脱敌方的跟踪，战术上的术语称为规避，避免受到水下武器的攻击。若无法躲避，感到威胁很大，则必须用鱼雷等武器进行反击。潜艇所能采取的有利于规避的措施有以下几种：

施放“气幕弹”。气幕弹一旦入水，立即与海水发生化学变化，产生出无数气泡，形成一个“气泡幕”。这个气泡幕处在敌方声呐和潜艇之间，可以阻断声波，使敌方声呐无法发现潜艇。潜艇利用这个气泡幕的掩护，便可逃脱敌方跟踪。

释放强噪声干扰源。噪声干扰源是一个频带很宽、功率很大的发射声源，它发出的噪声可以干扰敌方声呐，使其无法正常工作，更无法再发现潜艇。

释放假目标。这实际上是一个目标模拟器，或声诱饵。当它接收到敌方主动式声呐或鱼雷的主动声呐信号后，立即发出一个具有舰艇回波特性（包括运动特性、目标强度特性以及方位特性）的诱骗信号。敌方声呐误认为接收的信号即为目标艇的回波，从而将此假目标当作潜艇进行跟踪或攻击。而潜艇则迅速改变航向进行规避，逃脱敌方跟踪。潜艇目标模拟器有固定式和自航式两种。自航式模拟器又称活动声靶，能够更加逼真地模拟真实潜艇的特性，对敌方声呐的欺骗效果更好。

为了使潜艇难以被敌方被动声呐发现，就需要尽可能减小潜艇自身的辐射噪声。此外，为尽量不被敌方主动声呐发现，会在潜艇壳体外部涂上一层吸声材料，以减小反射。这些措施都要在潜艇设计和施工阶段加以考虑。

205. 海底地形图是怎样绘制出来的?

人们常看到一张地形图上面地形地貌此起彼伏非常复杂，把地面的实际情况都表现出来了。那么地形图是怎么绘制出来的呢？

绘制地形图之前需要逐点进行人工地形测量，根据测点的经纬度和高程，用等高线画出。现在科技高度发达，地形测量工作可以让飞机或卫星完成，计算机也能完成地形图的绘制。

海底地形图绘制的原理和地面地形图绘制原理相同，需要逐点测量海底各点的深度以及对应的经纬度。然而海深的测量无论从难度还是工作量上说，都是陆地测量无法相比的。

测量海底的深度最原始的方法是在船上将重锤用绳索吊入水中，船员凭感觉判断铅锤是否接触海底，然后记下绳子长度。这种方法只能在船舶停止航行时使用，效率极低，且因有水流带来很大误差。20世纪20年代开始发明了回波测深技术，利用垂直向下的声波束发射声波，记录声波到达海底的往返时间，根据声速计算出海底深度，当海底不平或倾斜时这种方法测量误差极大。

即使船舶可在航行时进行海底深度测量，效率仍然很低，耗时极长。例如测量一个长宽100千米大的海区，若要求每0.5千米一个点，船以6节速度（6海里/小时，近似约为3米/秒）航行，则需要测量船连续航行将近3个月。

近年来发展了一种多波束测深技术。利用此技术，每发一个声脉冲便可测量多个甚至多达几百个海底点的深度数据，比单波束测深仪的效率提高了上百倍。也就是说，上面提到的区域只需不到一天便可完成测量。

图7-30为多波束测深的原理图。图中船上的发射声基阵和接收基阵互相垂直。发射基阵向下激励一个条带（阴影区），接收基阵接收信号后，形成多个接收波束，每个接收波束只接收一个小方块区域的回波。记录的每个测点的数据都包括测量时刻船的经纬度、各点波束的指向以及信号到达时间。根据这些数据算出对应点的海底深度，最终绘制出海底地形图。

图7-31是多波束测深仪测得的深度点构成的海底三维地形图。当然，利用这些数据也可按等高线绘制出海底地形图。

尽管利用多波束测深仪使海底深度测量速度大大提高，但是大家知道，我国的海洋面积近300万平方千米，完成这么大面积的海底地形测绘，无疑仍是一项十分艰巨的任务。

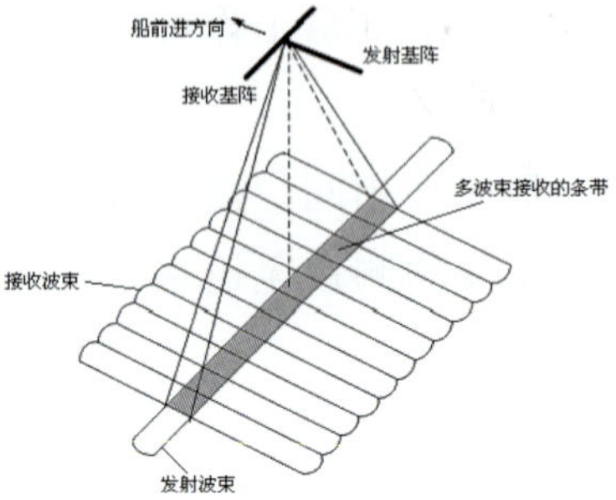

图7−30 多波束测深原理图

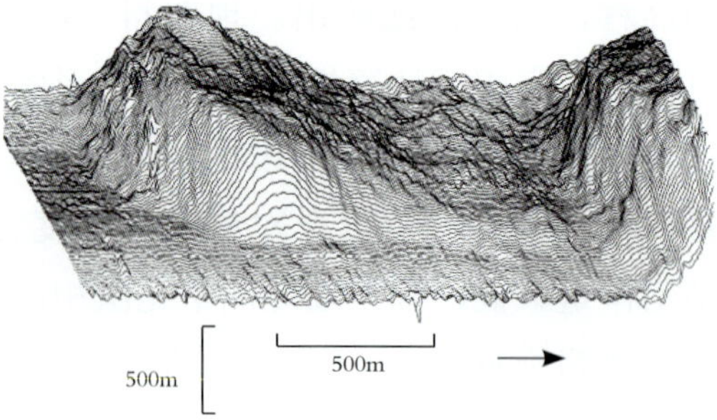

图7−31 多波束测深仪测得的深度点构成的海底三维地形图

206. 为什么说水中兵器都离不开声呐?

水中兵器主要有深水炸弹、水雷和鱼雷三种。声呐在这三种水中兵器上都有极其重要的作用。

深水炸弹又称深弹，是一种用于攻击潜艇的水中武器，通常装有定深引信，在投入水中后下沉到一定深度或接近目标时引爆，以杀伤目标。它一般由舰船或反潜飞机投放。近年来已经研制了使用声引信的深弹，这种深弹上装有“近炸”引信,引信包括一个主动声呐，深弹投放入水到达移动深度后，前部的声呐启动而发出声波，根据目标的回波确定目标距离，决定是否引爆。

水雷是置于水中的针对舰艇或潜艇的爆炸装置。与深水炸弹不同的是，水雷是预先布放于水中，由舰艇靠近或接触而引发的，这一点类似于地雷。水雷分接触式和非接触式两种。压力和磁性水雷都属于非接触性水雷。当船只通过的时候，水雷内部的传感器判断压力或磁场所发生的变化，决定是否引爆。音响式水雷是另一种非接触式水雷，其引信利用船只发出的声音作为引爆的依据，有效范围较大。近年已研制了一种遥控式水雷，通过水声编码遥控指令信号，指定预先布设的水雷引爆。

在水中兵器上发挥作用最大的是鱼雷上的声呐。早期的鱼雷没有制导功能，舰艇发射鱼雷攻击敌舰时，只能根据敌我舰艇的航向、航速设定“提前量”，鱼雷入水后便直奔目标而去，当它正好与敌舰相遇并击中敌舰时立即引爆。如果敌舰指挥员及时发现有鱼雷来袭，就可快速改变航向，躲避攻击，鱼雷会与敌舰擦肩而过，敌舰将毫发无损。

如果鱼雷能在水中咬住目标不放，将使敌舰无处逃遁，声制导鱼雷就可做到这一点。声制导鱼雷有被动式和主动式两种。

被动式声制导鱼雷的雷头上有一个被动声呐，它接收被攻击目标发出的噪声并对其定向，据此实时调整自身航向，自动跟踪目标，接近目标后立即引爆。

主动式声制导鱼雷头部有一部主动声呐，它主动发射声脉冲（称为“寻的信号”），根据舰艇的回波测定目标的距离和方位，自动调整航向跟踪目标，直至命中。有些主动式声制导鱼雷的声呐还有识别敌舰尺寸大小的能力，确保击中其要害部位。

舰海

Zhanjian Yinshen Yu Haizhan Bingqi De Aomi

八 战舰隐身与海战兵器的奥秘

第八章　战舰隐身与海战兵器的奥秘

207. 舰船用哪些方法给自己罩上“隐身衣”？

隐身技术又称目标特征控制技术，是改变目标物理场特征以在作战环境中降低物理场探测器效能的一门涉及目标各种物理场专业技术、材料技术、设计技术、运筹学及战术等多项学科的综合性技术。

根据物理场性能，隐身技术可分为声隐身技术及电磁场隐身技术：声隐身技术包括降低辐射噪声的降噪技术，降低声反射强度的目标强度控制技术；电磁场隐身技术按频率高低可分消磁技术、雷达波隐身技术和可见光伪装技术等。

在物理场探测手段及精确制导武器普遍应用的现代战争中，隐身技术主要有以下方面的作用：可以降低武器或武器平台的被探测距离及被探测概率，使其具有突然性的特点；可降低敌方武器识别、跟踪及命中概率，使隐身目标生存能力得到提高；安全性的提高使人员能集中精力操作武器，提高武器战斗效能；与对抗措施配合，可提高对抗成功率；实施时不会产生另外可探测的同类物理场，是提高隐蔽性的根本性措施。

在这些隐身舰艇中，最具代表性的是“拉斐特”级护卫舰。它是世界上第一型在设计中综合采用隐身技术的作战舰艇，满载排水量3 600吨，已建造13艘。其最大的特征是外形设计上船体舷板外张、上层建筑回壁内倾，甲板上设备与武器隐蔽，采取吸波涂料等技术，其RCS（雷达波散射截面）仅相当于一艘500吨的沿海巡逻艇。该舰还采用了各种红外特征抑制技术与双层隔振、气幕降噪等减振降噪技术。现代探测器向多种物理场复合探测方向发展，在同一目标上实施的隐身技术也向多种物理场综合控制方向发展。

208. 为什么说舰艇“整形”是最重要的雷达波隐身办法？

舰艇雷达波隐身是指舰艇威胁方向雷达波散射截面（RCS）减小，以使敌方雷达探测效能降低，是提高舰艇战斗力及生存能力的极其有效的手段。

雷达波隐身一词出现于20世纪80年代美国F-117A隐身飞机曝光之时。自F-117A取得较普通战斗机降低雷达波散射截面两个数量级的成功后，舰艇隐身通过综合运用整形、隐身材料、涂料等技术，也取得良好效果，受到各国海军的普遍重视。

雷达波隐身具有下述作用：雷达是目前使用最普遍的远程全天候预警、探测手段，因此雷达波隐身技术使舰艇具有战术上的突然性优势及战略威慑作用；电子对抗的有效性取决于所防护目标的雷达波散射截面是否足够小，因此雷达波隐身技术与电子对抗措施配合，可提高对抗成功率；使敌方雷达制导武器命中概率降低甚至无法使用，提高舰艇生存能力；生存能力提高，使操作者可以集中精力操作武器，提高武器作战效能。

整形技术是实现雷达波隐身技术的一个重要措施。利用不同的特点，通过合理设计目标形状，达到降低威胁方向雷达散射截面的目的。海军舰艇是使用整形技术最多的武器平台。第一艘采用整形技术的作战舰艇是英国1986年投入现役的23型护卫舰。该舰采用船体外倾、上层建筑7度倾斜等措施，雷达散射截面较同吨位常规设计舰降低3～5 db。最为典型的是法国“拉斐特”级护卫舰。该舰不仅船体、上层建筑整形，而且舾装、武备等也采用了自整形、隐藏、屏蔽等措施，达到了舰载直升机也无法发现该舰的良好隐身效果。

雷达波隐身材料按机理可分为雷达波透波材料、雷达波吸波材料及雷达波屏蔽材料。透波材料可使雷达波透射而不反射回接收雷达；吸波材料能够吸收入射的雷达波能量，以减少舰艇雷达波散射截面；

屏蔽材料反射雷达波，通常用于遮蔽反射物，然后通过对屏蔽材料的整形来达到隐身目的。

209. 为什么说俄罗斯潜艇在声隐身方面世界领先?

声隐身是通过控制舰艇的声频特性，降低声波探测系统探测概率。它是舰艇隐身技术的一个重要方面。

舰艇有三大噪声源：机械噪声、螺旋桨噪声和水动力噪声。螺旋桨始终是舰艇的主要噪声源，在中高航速下占主导地位；低航速下，舰艇辐射噪声的主要成份来源于经各种途径传递并辐射的机械噪声。实现舰艇特别是潜艇声隐身的减振降噪手段主要有降低声源强度、控制噪声传播途径和舰艇声学总体设计等三方面的技术。

对于一艘常规动力潜艇来说，在总体设计时需要考虑新概念隐身总体技术，如是否采用AIP技术，是否采用全电力推进，能否获得不带齿轮箱、尺寸重量小的推进电机，什么艇型，贴不贴消声瓦，采用喷水推进还是7 叶大侧斜螺旋桨推进，铅酸电池能否换成锂电池等。

在潜艇声源控制方面，首先需要制定一份机电设备上艇噪声控制指标，并在建造过程中严格把关。采用新研制的低噪声机电设备，解决好潜艇艉部、桨、轴耦合振动问题，潜艇水动力噪声控制问题，以及降低鱼雷、导弹发射瞬时噪声等。

在控制振动噪声传播途径方面，除了使用浮筏与舱筏隔振、管路系统噪声控制、吸声隔振、减阻覆盖层、舱室噪声控制，以及艇体表面流场的减阻降噪等常规手段外，还可以运用已经成熟的主动噪声控制技术等。

俄罗斯战后第四代常规动力潜艇“拉达”级，2004年下水，2005年下半年正式服役，在声隐身方面有比较突出的表现。它摒弃了传统的双壳体结构，采用储备浮力较小的单壳体结构。同时，降低了水下噪声，并敷设了“闪电”新型消声瓦覆盖层，大大提高了隐身性能。40毫米厚的“闪电”消声瓦覆盖层，比早先使用的消声瓦要薄1/2，它由7～8层孔状橡胶剖面组成，其设计原理非常简单，单壳体外部的空气孔越大，就越容易有效地吸收不同频率的噪声。

“闪电”对于防敌声呐探测来说，只是一种被动式的手段。现在俄罗斯已经研制出一种主动式防敌声呐探测设备，将安装在出口型677型，即“阿穆尔-1650”型上。俄罗斯在潜艇声隐身技术方面已达公认的世界领先水平。在常规的减振降噪措施基础上再加上述几项措施，便可知677型“拉达”级潜艇应有的声隐身水平。

210. 为什么说舰艇热点降温是红外隐身最常用的办法?

红外隐身是通过隐蔽、降低或改变舰艇的真实红外特征，使之难以被敌方红外探测系统发现、识别、跟踪和攻击的技术方法，它是红外对抗中的无源对抗部分。

舰艇的红外辐射与自身的红外辐射及对环境辐射的反射有关。因此，其特征受到诸多因素的影响，如舰艇的几何形状、表面形貌、清洁度，以及不同天气和作战条件下的海水、大气、云层等，这就决定了红外隐身的复杂性和综合性。目前，红外隐身的主要方法有：采用冷却方法降低舰艇主要热源的温度，如使用冷空气、海水等；采用屏蔽方法降低目标的红外辐射，如使用隔热材料、烟幕、人工水雾等；采用欺骗方法改变舰艇的红外特征，如使用红外过滤器，排气管改道，使用防护（伪装）网（布）、涂料，改变辐射体几何形状，发射红外诱饵等。各种措施中，用得比较多的是通过降低舰艇热点的温度，抑制热点的红外辐射，进而使舰艇整体的红外辐射得到控制，达到红外隐身的目的。

我国054护卫舰柴油主机排气烟囱采用红外抑制装置，利用高速流动的380 ℃烟气通过波瓣喷口引射周围冷空气参混（图8-1），使烟气大幅降温，对于3～5 μm波段抑制前后减小了92%。再如我国039潜艇，在通气管航态下柴油主机排气经消音冷却器和排气鸭嘴水下排气冷

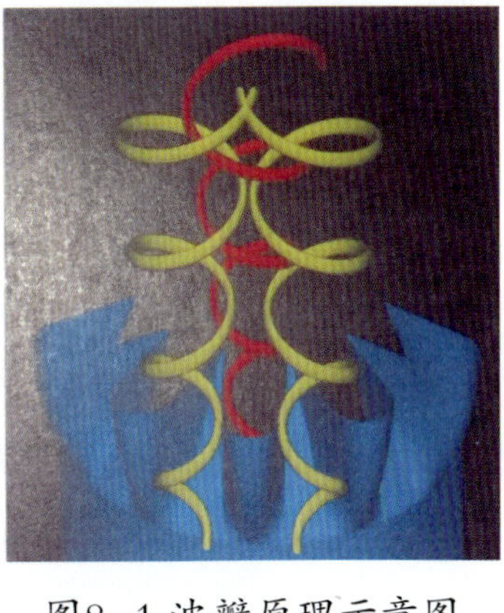

图8-1 波瓣原理示意图

却，鸭嘴周围海水红外辐射仍然过高，后经在排气管水下部分加装海水喷淋装置，彻底将排气温度降了下来。

211. 为什么说低磁化技术既有利隐身也可对抗高灵敏度水雷？

低磁化技术是降低舰艇磁信号特征，提高舰艇磁防护能力的综合性工程技术。它综合应用电磁学、冶金、电子、计算机等多门学科，进行磁场分析、磁性处理和补偿。目前世界上只有少数海军强国掌握该技术。

由于舰艇上的主机、辅机等大型设备不可能实现全部无磁化，只能对其进行消磁或低磁化处理。传统的消磁技术采用临时线圈改变整个船体的磁结构，消除固定磁性，同时采用固定绕组消除船体感应磁性和补偿固定磁性。用这种消磁技术消磁后船体磁场指标仍偏高，无法对抗现代水雷和磁探测设备，更无法用于受到热、振动、冲击等影响，使磁场变化比较大的舰用大型设备。

首先，低磁化技术对设备中不同磁硬度的主要部件用相应方法分别进行退磁处理，消除部件的固定磁性；然后再对整个设备进行处理，消除设备的固定磁性；最后在设备使用过程中采用反偶极子和设备周围的线圈绕组，来补偿设备的固定磁性和感应磁性。与传统的消磁技术相比，低磁化技术可以将设备磁场降低两个数量级（从几千纳特到几十纳特）。同时，设备磁场稳定，受舰艇航向和热、振动、冲击的影响很小。

低磁化技术主要用于提高舰艇对抗高灵敏度水雷的能力和提高潜艇的隐蔽性。目前反水雷舰艇舰体可以采用非磁材料建造，例如美国海军“复仇者”级扫雷舰，舰体采用多层木质结构，外板表面包有浸以环氧树脂的多层玻璃纤维，具有高强度、耐冲击、抗摩擦等特点。但反水雷舰艇上无法做到全部无磁化或装备昂贵的无磁化设备，只能通过低磁化技术来满足其战术技术指标要求。在防磁探测上，潜艇主机也使用该技术，如德国212型潜艇主机是MTU公司的低磁化柴油机。

212. 为什么说消声瓦能大大提高潜艇的隐身能力?

消声瓦是潜艇隐身设计中的一项重要技术，一般由聚脂材料和聚硫橡胶等多种橡胶或塑料制成。

消声瓦主要具有以下功能：吸收敌方主动声呐发来的入射波能量，降低声反射强度，从而降低被敌方主动声呐探测的距离；吸收本艇内部机械振动噪声、降低本艇辐射噪声，从而减小被敌方被动声呐发现的距离；改善本艇声呐平台的噪声环境，从而增加本艇声呐作用距离。

消声瓦技术主要包括消声瓦结构的声学设计和制造，与艇体的粘接技术以及消声瓦表面防海生物涂层技术等。苏联早在20世纪60年代就已开始消声瓦试验，并最先在实艇上应用，隐身效果明显。目前除俄罗斯之外，这一技术在英、美、法、瑞典和挪威等国的潜艇上也得到广泛应用。

苏联某一代消声瓦为双层结构。内层为排列着带有空心小孔的结构，用来衰减本艇辐射噪声，外层则是一个实心体，用于吸收敌方主动声呐发来的入射波，可按敌方主动声呐可能使用的主要频率范围来设计。该种消声瓦已在苏联攻击型核潜艇“鲨鱼”级和“塞拉”级上得到应用。使用该消声瓦，可使该级核潜艇的声目标特征降低10至20分贝。俄罗斯战后第四代大型常规动力潜艇“拉达”级敷设了“闪电”新型消声瓦覆盖层，大大提高了声隐身性能。

213. 海军水中兵器和舰用兵器都有哪些?

海军水中兵器包括鱼雷、水雷、反水雷兵器、反鱼雷兵器以及深水炸弹等，舰用兵器还有各种舰用导弹和舰炮，它们都是海军作战使用的主要兵器之一。

在历次海战中（1965年8月6日八六海战、1965年11月12日崇武以东海战、1974年与越南的西沙之战、1988年与越南南沙赤瓜礁之战），我海军仅使用了舰炮和鱼雷，就发挥了巨大威力，击沉了越南的护卫舰和登陆舰。这些海军兵器在攻击水面舰艇和攻击潜艇中，具有不可替代的地位和作用。

我国海军已经研制和生产了各种各样型号接近世界水平的鱼雷、水雷和深水炸弹等水中兵器、舰炮和导弹，装备了海军部队，提高了部队的战斗力。我国有绵延1.8万多千米的海岸线，有5 000多个星罗棋布的岛屿，为保卫我国领海，兵器在我海军中占据着重要的地位。

多年来，我国相关研究所和院校进行了各种海军兵器的研究设计工作，取得了很大的成绩，并且有相关工厂定点生产。可以相信，我国的科研人员将会研制出更多更先进的海军兵器，保卫我们国家的领海。

214. 深水炸弹有多少种发射方式?

深水炸弹又称深弹，是一种传统、有效的常规反潜武器。深水炸弹通常装有定深引信（根据水压原理进行深度控制），在投入水中下沉到一定深度后或接近目标时爆炸以击毁目标，通常由舰船或反潜飞机投放。深水炸弹可以设定不同的起爆深度，以获得最大爆炸威力。

舰用深弹分为投放式深弹、管式深弹和火箭深弹。舰用深弹主要由弹头和弹尾两部分构成，弹头内装炸药和引信，弹尾有发射部分和稳定装置。舰用投放式深弹安装药量在100千克以上的为大型，装药量在50～100千克的为中型，50千克以下的为小型。投放式深弹一般无弹尾，只有弹头部分，使用定时引信或定深引信。管式发射即深弹直接从炮膛中发射，药筒装在发射炮中。

投放式深弹是从舰尾或飞机投放（图8-2）。火箭式深弹一般由水面舰艇首部深水炸弹发射装置发射（图8-3）。火箭式深弹射程可达5 000米，多用途式可达8 000米。自导深弹是近年来发展最快的水中兵器，在小型深弹上加装简易自导装置，有广阔的应用前景。

深水炸弹发射装置，是按预定的高低角和方向角发射深水炸弹的装置，是深水炸弹武器系统的重要组成部分。分深水炸弹发射炮（图8-4）、多管深水炸弹发射装置和火箭式深水炸弹发射装置。舰船尾部深水炸弹发射炮的原理(如图8-5)，是用发射药发射投放式深水炸弹的一种单管炮，射程可设定40～150米之间。多管深水炸弹发射装置多装于舰首，通常用固定仰角发射，与指挥仪配合一次可发射24发深弹，射程200～600米。火箭式深水炸弹发射装置用来发射火箭式深水炸弹，多装于舰首左右两舷处，通过射击指挥仪和电力瞄准传动装置，控制传动机构，进行炮管的俯仰和旋回，自动跟踪、瞄准和发射、自动和半自动装弹。

图8-2 投放式深弹

图8-3 深水炸弹发射装置

图8-4 深水炸弹发射炮

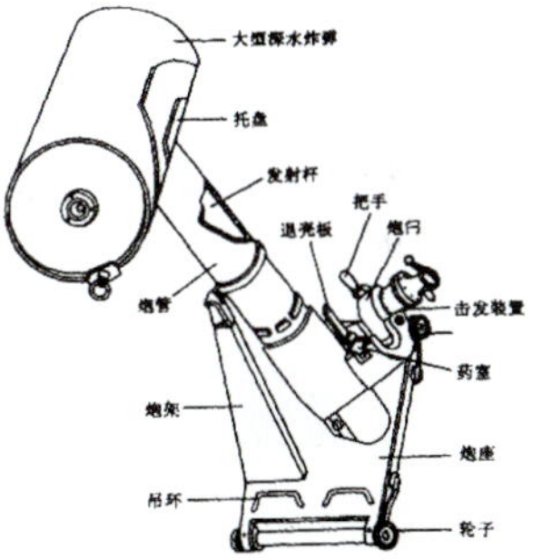

图8-5 深水炸弹发射炮原理图

215. 水雷会自己寻找目标并自航摧毁敌舰吗?

水雷是一种根据战术要求预先布放在水中，并借助水压、声、磁等信号引爆或碰撞，从水下对舰艇进行毁伤或限制其活动的水中兵器，是一种被动性防御武器。

水雷最早是中国人发明的，1558年明朝人唐顺之编辑的《武编》一书中就有介绍。水雷一般为圆形或圆柱形，内部装有引信和炸药，由雷体、引信舱、电池组、起爆装置等组成，可由飞机、水面舰艇或潜艇预先布放在水中，当舰艇靠近或接触时引爆以毁伤敌舰。入水水雷在保险器走完设定时间后即进入战斗状态（即锚雷立刻离开底座，漂浮在水下一定高度），沉底雷靠引信系统感觉舰船等目标存在或按预定条件控制弹药爆炸系统.。

水雷可分为漂雷（图8-6(a)）、锚雷（图8-6(b)）和沉底雷（图8-6(c)）。锚雷内部结构见图8-6(d)。

沉底水雷目前已发展为火箭上浮水雷、自导水雷（图8-6(e)）、水压水雷、自航水雷（图8-6(f)）和遥控水雷。

自航水雷就是离开发射平台后仍具备自行航行能力的水雷，自航水雷能在敌方防潜设施外经潜艇或水面舰船发射（图8-6(g)），利用水雷自身的动力装置航行到预定海域或水域进行封锁。水雷可以封锁敌方港口和航道，限制敌舰行动，保护本方的港口和航道，给敌方增加威胁，限制其舰艇活动范围，对海上入侵敌舰能产生巨大的实战威胁和心理威胁，是一种不引人注意但又十分有效的武器。

(a)

(b)

(c)

(d)

(e)

图8-6 各种水雷外形图

（f）

（g）

图8-6（续）

（a）漂雷；（b）锚雷；（c）沉底水雷；（d）锚雷结构；（e）自导水雷；（f）自航水雷；（g）自航水雷发射状态

216. 怎样发现并清除水雷？

敌方把水雷布置在我方哪个水域和航道内？是不是水雷？要弄清这些问题，一般要对海底进行检查，还要了解检查区域的海底原来有什么，才能对海水中新投入的水雷缩小排查范围。完成这一步一般要靠声呐。

扫雷艇和扫雷舰都装有水雷探测设备，如探雷声呐及各种扫雷具。利用声呐以较为规则的速度运行就可以对海底成像（图8-7(a)），显示海底和海中情况，以确定哪些点疑似水雷，进行分析然后才能进行排除。有的会让扫雷舰在某海域进行往返来回航行进行扫雷。

为了扫除锚雷，在扫雷舰的左右两舷分别张开缆绳，缆绳上有一串串割刀，可以把锚雷的锚链割断，使锚雷漂浮在海面上，然后用火炮将水雷销毁。针对其他在海底的各种引信的沉底雷，如音响水雷、磁性水雷、水压水雷等，扫雷舰可以在舰船尾部拖带一个模拟舰船的电磁、声学的噪声、电子干扰机，诱使海底的水雷自动浮起爆炸。目前，针对压力感应的水雷还没有很好的办法进行排除。

音响扫雷具是一种发声扫雷具，就是在扫雷具内装上一个发声器，内装电动机振动锤和振动板，扫雷舰根据扫雷需要给发声器通电，使振动器发出强大的类似舰船航行的噪声，诱爆音响水雷。电磁扫雷具依靠两个相距较远的水下电极，利用舰船上发电机释放的电脉冲产生的磁场，引爆感应水雷。

海军也可以用武装直升机拖曳扫雷具扫除水雷（图8-7(b)）。我海军已经装备了新型猎扫雷作战武器系统，自动化程度高，扫雷能力强。通过操纵遥控扫雷艇（水下机器人），对高危水雷目标进行探测和确定。搭载和使用扫除智能水雷所用的目标扫雷具，可以准确判别水雷型号和位置，具备水下精确航行、定位和投放灭雷装药的能力，迅速扫除隐蔽在茫茫大海中的各种水雷。

扫雷舰正在施放拖曳式扫雷具（图8-7(c)）。

正在吊放水雷探测系统入海（图8-7(d)）。

（a）　（b）　（c）　（d）

图8-7 水雷清除示意图

217. 水面舰船和潜艇上的鱼雷是如何发射的?

舰船和潜艇上的鱼雷是通过鱼雷发射装置发射出去的。鱼雷发射管一般有两种：一种是装在潜艇和部分水面舰艇的水下发射管（图8-8），另一种是装在水面舰船甲板上的鱼雷发射管（图8-9）。

水面舰船的鱼雷一般是用炸药块来发射的，鱼雷发射状态如图8-10所示。潜艇的鱼雷发射管比水面舰船鱼雷发射管兼容性更强一些，除了能装多种鱼雷，还可以布设水雷，也可以作为潜艇艇员在潜艇水下不能上浮情况下的逃生口。

潜艇鱼雷发射装置，可分为不平衡式和平衡式。不平衡式是利用压缩空气作为发射能源，发射时将压缩空气送到发射管的后部（图8-11），气体在管内直接作用在鱼雷尾部，将鱼雷推出发射管。发射气体在鱼雷出管前收回，将气体排在潜艇舱内，以免形成气泡暴露发射艇位置。平衡式发射装置的原理与不平衡式相反。潜艇鱼雷发射深度一般要小于潜艇的最大下潜深度。平衡式发射装置分为三种：液压平衡式，即用高压空气推动活塞，活塞推动水，水把鱼雷推出鱼雷发射管；气动助推式，利用高压气推动一根直杆把鱼雷顶出去；自助式，即鱼雷依靠自己的动力从发射管发射出去。

潜艇鱼雷发射管都有开口互锁机构，可以保证鱼雷发射管不会出现两头打开的情况。同时，鱼雷发射管内还有鱼雷保险解除环，用于发射鱼雷时打开鱼雷雷体上的保险。

图8-8 水下发射管

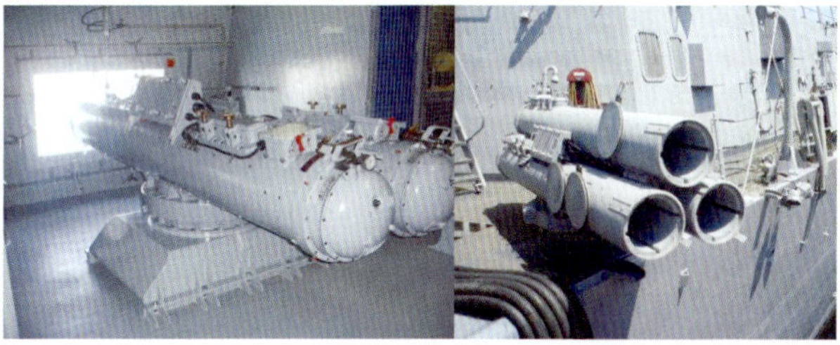

图8-9 鱼雷发射管

图8-10 鱼雷发射图

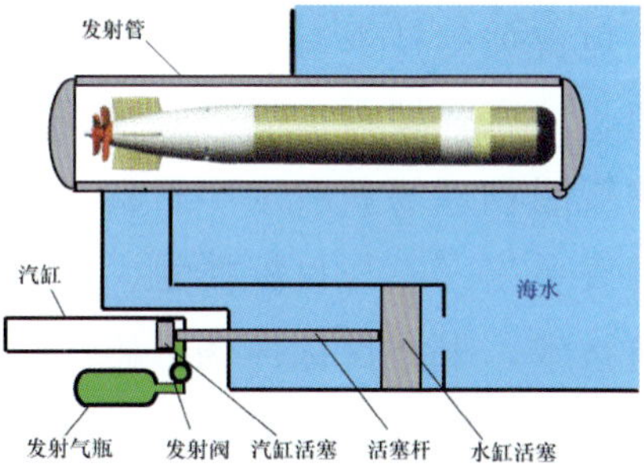

图8-11 鱼雷发射装置原理图

218. 鱼雷是怎样追踪并摧毁目标的?

鱼雷是舰船上的一种攻击性武器（图8-12(a)）。它可以从水面舰艇和潜艇上发射，也可以从飞机上投放。发射（投放）入水后，鱼雷可以自己控制航行方向和深度，只要一接触到舰船或者距舰船一定距离就可以爆炸，用于攻击敌方水面舰船和潜艇。

鱼雷通过自动推进、自动寻的、自动引爆，经舰船鱼雷发射管（图8-12(b)）或飞机空投（图8-12(c)）入水攻击目标，也可由潜艇鱼雷发射管在水下发射（图8-12(d)）。现代鱼雷具有航行速度快、航行远、隐蔽性好、命中率高和破坏性大的特点。鱼雷可分为反舰鱼雷和反潜鱼雷。

鱼雷按预定设计弹道搜索，并在航行中能自动寻找目标和导向目标，当引导到离目标一定距离或碰触时，在鱼雷引信的作用下自动引爆，以攻击和毁伤目标。

鱼雷结构：鱼雷形状似圆柱形，由半圆形头部、中段雷身和后段雷尾三段组成。前部雷头装有炸药和引信，中部雷身装有导航及控制装置，后部雷尾装有发动机和推进器等动力装置。鱼雷可分为热动力鱼雷、电动力鱼雷和火箭助飞鱼雷等，可用舰船和飞机携带，也可从岸上发射。根据不同的需要，鱼雷分为大、中、小三种类型。直径533毫米以上的为大型鱼雷；直径在400～450毫米之间的为中型鱼雷；直径为324毫米以下的为小型鱼雷。鱼雷在水中航行速度为70～90千米/时。

鱼雷关键技术有三种。引信技术，一般引信是一种能够在预定的时间、地点，按预定的方式使弹药起爆的装置；鱼雷引信则是利用一定的舰船物理场获取水中目标信息的一种引爆装置，分为触发引信和非触发引信（不与目标接触，根据声能或磁能大小自动引爆）两种。导航技术，根据目标声场、磁场的变化，实现自动寻的技术，信号处理技术是其核心。动力技术，分别为燃气技术和电力技术等。鱼雷智能化制导技术主要是通过制导系统应用高速数字微处理机，采用自适应技术、最优控制技术来实现的。

防止和减少鱼雷可能的攻击：使用被动防御技术，如降低舰船噪音，使舰船隐身以降低被发现的概率，减少鱼雷的自导作用距离，从而达到减少鱼雷对本舰艇命中的距离；使用主动防御技术，如采用各种声诱饵、干扰器或攻击手段，使来袭鱼雷跟踪假目标或偏离方向、迷茫并消耗鱼雷的动力，或击毁鱼雷，造成鱼雷攻击失效，具体的技术装置有反鱼雷浮标、反鱼雷火箭式深弹、反鱼雷鱼雷等。

（a）鱼雷外形

（b）水面舰艇鱼雷发射

（c）空投鱼雷状态

（d）潜艇发射鱼雷状态

图8-12 各种鱼雷发射示意图

219. 水面舰船和潜艇上的导弹是如何发射的?

最初的水面舰船导弹发射装置是伴随导弹装舰使用，在陆用发射装置的基础上增添上舰所需的伺服系统、导弹防护筒、弹库及装填装置等构成的多联装倾斜式随动发射架，且多是一种导弹配一种专用的发射装置。目前水面舰船导弹发射装置已经发展为由内筒、外筒、端盖、底板和支撑内筒纵梁构成的舰船垂直导弹发射装置（图8-13）。

舰船导弹发射装置分冷发射和热发射装置两种。一些水面舰船仍有使用自动控制倾式导弹发射架的。倾斜式导弹发射方式存在一些缺点：一是作战时发射装置通常要转向目标来的方向，反应时间长；二是发射装置占用面积较大，大舰最多2～3个，小型舰只有一个。每个发射装置上导弹数量少的1枚，最多的8枚。发射完之后重新装弹需花费更多时间，影响舰艇的火力；三是发射装置暴露在甲板上，作战过程中很容易被打坏。

潜艇是通过导弹垂直发射系统将导弹弹射出去的。导弹垂直发射装置系统的作用是储存、保护和发射导弹。潜艇导弹发射管内壁装有泡沫塑料衬套，用于减轻导弹在潜艇运动时所受的横向过载，并支撑导弹。发射时，打开发射筒筒盖之前，需要先向导弹外壳与发射管壁之间的空隙充灌压缩空气，使这里的压力与潜艇外面的水压相等，然后打开发射筒盖进行发射，如图8-14所示。

在潜艇导弹发射装置（图8-15）中，导弹弹头朝上，垂直储放在发射筒中，发射筒与弹射器相连。弹射器提供弹射导弹的动力。根据弹射器所用能源的不同，可分为压缩空气式、燃气发生器式和燃气蒸汽发生器式等类型。这种弹射器实际上就是安装一种燃气—蒸汽发生器，主要由燃气发生器、燃气冷却室混合气体输送管、压力室、密封圈等组成。当点火器通电，火药柱被点燃，产生高温高压燃气流，该气流经过喷管向燃气冷却器喷射，通过冷却器的作用，迅速形成燃气与水蒸气的混合体。当混合体进入压力室后，压力室内的压力即刻升高，此时发射筒盖已被开盖机构打开，于是导弹就在高温高压燃气推动下冲出发射筒，依靠弹射时赋予的初速度向海面升腾飞向打击目标。

利用舰船高压空气气冲的方式将导弹弹射出去的技术，称为外动力发射。舰船导弹垂直发射系统所用装置为弹底板弹射系统，主要由发射筒、弹底板、泄压堵块、垂直锁定钩、筒弹适配器和燃气发生器等组成。导弹在储存时尾部坐在弹底板上，弹体四周通过筒弹适配器与发射筒相连。导弹依靠惯性飞离发射箱，离开舰船（潜艇发射离开水面）一定高度后导弹主发动机空中点火，推动导弹飞向目标，完成整个发射过程。

图8-13 水面舰船导弹发射置

图8-14 舰船垂直导弹发射装置

图8-15 潜艇导弹发射装置

220. 各类舰用导弹分别具有哪些用途和杀伤力?

导弹是依靠自身动力装置推进、由制导系统导引控制其弹道，将战斗部导向并摧毁目标的武器。舰船导弹是指从水面舰船和潜艇发射出去的对空、反舰和实施攻击地面的导弹。采用自主式制导、自控飞行，当导弹进入目标区，导引头自动搜寻、捕捉和攻击目标。

导弹一般分弹头段、导引段和推进段。鹰击18舰用导弹，不但可以舰载垂直发射，还可以由潜艇发射，速度2.5～3马赫，射程40千米。该导弹从舰载垂直发射系统升空后，利用其尾部的燃气舵迅速转向，固体助推段完成助推任务后被抛离；紧接着弹体后部的涡轮发动机点火，使导弹进入匀速巡航阶段，以0.8倍音速的速度飞行180千米，燃料耗尽后再次被抛离；分离出来的前部弹体是一个独立的小导弹，该导弹采用一个固体火箭发动机推动，飞行速度可达2.5～3倍音速，航程达到40千米，依靠命中目标的巨大动能来增强威力，具有很高的的突防概率和命中率。

海军反舰导弹有鹰击系列，C802弹长6.392米，弹径0.36米，弹重715千克，有效射程12～120千米，使用雷达主动导引，巡航高度20～30米，接近目标飞行高度为5～7米。鹰击-62反舰导弹，出口型为C-602(YJ-62)，正常巡航高度30米，在飞行末段导弹高度降低到7～10米，主动雷达导引头搜索范围可达40千米，弹长6.1米，弹径540毫米，弹重1 140公斤。

海军舰用防空导弹按其射程分为远程、中程和近程舰空导弹。海红旗系列防空导弹射程最大100余千米，最大射高20余千米，飞行速度为数倍音速。海红旗-16（HHQ-16）弹长5.5米，弹径0.4米，弹重700千克，可在其前甲板配备32单元的“海红旗-16”垂直发射系统。海红旗-7防空导弹是一种技术十分成熟的近程导弹，主要装备在053H3型护卫舰和052A型驱逐舰上。SAN7防空导弹的射程为25千米，SAN12是SAN7的改进型，射程40千米，052B型驱逐舰装备了SAN12防空导弹。SAN6属于远程防空导弹，射程160千米，装备在051C型驱逐舰上，这种导弹具备拦截弹道导弹的能力。

红旗16和红旗9都是中国海军远程防空的主力武器。红旗9导弹的射程超过150千米，属于新一代远程导弹，这种导弹各方面都超过了SAN6。红旗10防空导弹是中国新一代近程防空导弹，射程与红旗7相当，能够在距离海面1.5～10米的高度摧毁敌军目标，但灵活性和反应速度远强于红旗7。红旗10的体积很小，各种舰船都可以装备。

221.为什么说舰船火炮仍有巨大威力？

舰船火炮是安装在水面舰船上用于作战的海军传统武器，曾经是海军舰艇主要的攻击武器（图8-16至图8-18）。

图8-16 单管舰炮

图8-17 双管舰炮

图8-18 舰炮发射状态

舰炮分类：舰炮作为舰载武器装备的重要组成部分，按口径分为小、中、大3个系列，分别指口径小于76毫米、口径为76毫米～130毫米、口径大于130毫米的舰炮。小口径舰炮主要用于舰艇自身的近程防御，中口径舰炮主要完成对空拦截、对海和对岸打击，大口径舰炮主要完成远程精确打击与对岸火力支援。

舰炮系统组成：舰炮的自动化程度高，使用环境恶劣，一般工作在平台复合运动的条件下。舰炮系统的组成一般包括：发射系统，指完成发射弹丸与重复装填弹药的所有装置的总称；供弹系统，把弹药从舰船上的储存位置输送到舰炮发射系统的所有装置的总称，大口径舰炮通常分为扬弹机与转弹机两部分，小口径舰炮的供弹方式通常有弹链式和弹鼓式；随动系统，指驱动舰炮使其精确地随着火控设备等给定的信号变化而变化，具有闭环控制的系统；瞄准机，使舰炮做旋回和俯仰等运动的装置；炮架，舰炮的主要支承构件，包括托架、旋回座、转台和基座等；防护装置，保护炮上人员和设备免受海水、盐雾或外力损伤的防护壳体，通常固定在转台或托架上；冷却系统，为延长舰炮连续射击时间和身管寿命而增加的身管冷却装置等。

发展趋势：现代海战将是多目标、多批次、全方位空海潜一体的立体战。现代舰炮将以大威力精确打击、远程火力支援和高射速近程防空反导为发展核心。新概念舰炮也是重要的发展方向之一，核心部分是发射系统新概念化：一是采用与传统固体发射药不同的能源，如液体发射药炮、电热化学炮、电磁炮、激光炮等；二是突破现有舰炮原理结构的新原理舰炮，如开膛炮、垂直发射炮等。

随着电子技术、计算机技术、激光技术、新材料的广泛应用，形成了由搜索雷达、跟踪雷达、光电跟踪仪、指挥仪等组成的火控系统和舰炮组成武器系统。制导炮弹的发明，脱壳穿甲弹、预制破片弹、近炸引信等的出现，又使舰炮武器系统兼有精确制导、覆盖面大和持续发射等优点，成为舰艇末端防御的主要手段之一。

《舰海的奥秘》副主编简介

黄胜，教授，男，汉族，1945年生。中共党员、博士导师。毕业于中国人民解放军军事工程学院，现任职于哈尔滨工程大学，先后任教研室主任、系主任、副校长行政工作。享受国务院政府特殊津贴，在船舶推进性能和船舶节能研究方向有较高的学术造诣和影响。在国际学术刊物、会议发表外文科研学术论文66篇、在国内核心学术期刊发表科研论文124篇、在国内省级以上学术会议发表科研学术论文125篇。主编、参编、主审正式出版著作、教材8部；申请国家发明专利获批准15项。先后担任中国造船工程学会常务理事、副理事长、中国力学学会理事省力学学会副理事长、黑龙江省造船工程学会理事长、中国人民解放军海军预研专家水面舰艇专业组副组长、中国人民解放军海军某工程专家组专家、中国人民解放军总装备部舰船总体技术专业组副组长。

王芝秋，教授，男，1935年生，天津人，1961年于中国人民解放军军事工程学院海军工程系内燃机专业毕业后留校任教，任轮机工程学科学术带头人、博士生导师。系国内著名舰船动力专家，为国家的航母动力系统设计运行和海军事业做出了重要贡献，提供了重要的技术支持，也是我国第二代舰船动力发展规划的主要参与者，引进机型消化、吸收和国产化工作的见证人。曾任国防科技预研舰船动力技术专业组组长、中国内燃机学会理事、特种发动机学会副主任、黑龙江省内燃机学会副理事长，担任了我国船舶动力“八五”至“十五”预研计划、“高新工程”、“舰船动力改进提高”、“舰船动力基础科研”、“舰船动力2030规划”等多个重大规划的专家并参与撰稿，曾任哈尔滨船舶工程学院船舶动力系主任，动力装置工程技术研究所第一任所长，是哈尔滨工程大学舰船动力学科群的奠基人之一。2010年，被授予“哈尔滨工程大学终身荣誉教授”称号。

张树侠，教授，男，1941年生。1965年毕业于北京航空学院自动控制系导航专业，曾在某飞机设计研究所，从事某型号飞机导航系统技术工作。1972年至2001年7月在哈尔滨船舶工程学院、哈尔滨工程大学从事舰船导航专业的教学与科研工作。曾主编四部《导航基础》《平台罗经》《捷联式惯性导航系统原理》《数据建模与预报》全国统编教材。主要研究方向：捷联惯性导航系统，各种惯性系统与器件性能参数测试与数据处理，发表论文30余篇。2006年2016回聘于哈尔滨工程大学，任教学督导委会任督学员。

田坦，教授，男，1938年生，江苏泰州人。博士导师，享受政府特殊津贴。1963年毕业于中国人民解放军军事工程学院海军工程系（现改为哈尔滨工程大学），留校后长期从事水声信号处理和声呐系统的教学与科研工作，主要研究方向为水下定位导航、高分辨水下声成像、谱估计、合成孔径声呐技术及水下目标模拟等，是国内知名的水声工程专家之一。1982年9月至1984年10月在英国伯明翰大学电子工程系作为访问学者工作两年。80年代主持研制的“水声高速目标跟踪定位与导引系统”获国家科技进步一等奖，并有多项科研项目获原中船总公司及国防科工委科技进步奖。1992年获光华科技基金一等奖。在国家级学术刊物、国内外学术会议上先后发表论文多篇，并著有《离散估计导论》《声呐技术》《水下定位与导航技术》等专著。

刁秋庭，教授，男，1942年生，上海市人。1966年毕业于中国人民解放军军事工程学院电子工程系雷达专业，毕业后在第七研究院七二三研究所工作，从事电子对抗专业工作。1980年调入哈尔滨船舶工程学院(现改名为哈尔滨工程大学)信息与通信学院任教，被聘为学校首届“示范主讲教师”。1996年主编出版了《网络分析导论》教科书。多次获得一、二、三等教学优秀奖。2005年至2015年聘任为学校教学指导委员会副主席。黑龙江省第七届、第八届、第九届政协委员。

韩伟实，教授，男，1949年生，博士生导师。1982年毕业于哈尔滨船舶工程学院核动力装置专业，工学硕士学位。曾任中国核学会理事、中国核教育学会常务理事、中国人民解放军标准委员会委员。主要从事核工程专业的教学与科研工作，主讲："反应堆热工学""核反应堆工程设计""核动力设备""密封结构与材料""核反应堆物理数值计算""计算机辅助设计"教学；长期从事船用核动力的科研工作，曾获国家发明三等奖1项、省部级科技进步三奖6项。

魏潾，教授，男，1956年生，黑龙江省齐齐哈尔市人。1976年12月年加入中国共产党。毕业于哈尔滨船舶工程学院，哈尔滨工程大学教授，博士研究生导师，原哈尔滨工程大学校党委副书记、副校长。长期从事党建、宣传、思想政治教学与行政管理工作及国际政治和国际关系方面的教学研究，是全国形势与政策课教育教学方面的知名专家和黑龙江省级精品课程"形势与政策"的负责人。曾任黑龙江省高校政治理论课教学指导委员会副主任委员、中国高等教育学会学生工作分会常务理事、省高校思想政治教育研究会副理事长、省高校心理咨询专业委员会主任委员、《学术交流》杂志学术委员会委员。主持完成的教改项目获黑龙江省高等教育教学成果二等奖，主持完成的"形势与政策"课程体系建设获省教委一等奖。曾先后获得"国防科技工业511人才""黑龙江省高校思想政治工作先进个人"等多项荣誉称号。

走近科普世界——《舰海的奥秘》编写分工

主　编：

李国斌　第一章（37）、第六章（175）、第七章（186）、第八章（213—221）

副主编：

黄　胜　第一章（28—34，36）、第二章（38—93）

王芝秋　第五章（147—153）、第八章（207—212）

张树侠　第六章（160—170、172）

田　坦　第一章（1，2，7，13，16，18）、第七章（192—206）

刁秋庭　第七章（180—185、187—191）

韩伟实　第四章（122，125，132，133）、第五章（154—159）

魏　潾　第一章（3—5，8—12，14，17，19，20—27）

编　委：

于　凯　于凯秋　第三章（94—121）、第四章（123—131、134—138）

付明玉　第六章（176—179）

孟繁荣　第五章（141—143）

姚绪梁　第五章（144—146）

刘　厂　第六章（171）

李　慧　第六章（173）

徐　博　第六章（174）